Vakhtang Kipiani (Hg.)

Der Zweite Weltkrieg in der Ukraine

Geschichte und Lebensgeschichten
Übersetzt von Margarita Grinko

UKRAINIAN VOICES

Collected by Andreas Umland

17 *Stanislav Aseyev*
    Heller Weg
    Geschichte eines Konzentrationslagers im Donbass 2017–2019
    Aus dem Ukrainischen und Russischen übersetzt von
    Martina Steis und Charis Haska
    ISBN 978-3-8382-1620-1

18 *Mykola Davydiuk*
    Wie funktioniert Putins Propaganda?
    Anmerkungen zum Informationskrieg des Kremls
    Aus dem Ukrainischen übersetzt von Christian Weise
    ISBN 978-3-8382-1628-7

19 *Olesya Yaremchuk*
    Unsere Anderen
    Geschichten ukrainischer Vielfalt
    Aus dem Ukrainischen übersetzt von Christian Weise
    ISBN 978-3-8382-1635-5

20 *Oleksandr Mykhed*
    „Dein Blut wird die Kohle tränken!"
    Über die Ost-Ukraine
    Aus dem Ukrainischen übersetzt von Simon Muschick
    und Dario Planert
    ISBN 978-3-8382-1648-5

The book series "Ukrainian Voices" publishes English- and German-language monographs, edited volumes, document collections, and anthologies of articles authored and composed by Ukrainian politicians, intellectuals, activists, officials, researchers, and diplomats. The series' aim is to introduce Western and other audiences to Ukrainian explorations, deliberations and interpretations of historic and current, domestic, and international affairs. The purpose of these books is to make non-Ukrainian readers familiar with how some prominent Ukrainians approach, view and assess their country's development and position in the world. The series was founded and the volumes are collected by Andreas Umland, Dr. phil. (FU Berlin), Ph. D. (Cambridge), Associate Professor of Politics at the Kyiv-Mohyla Academy and Senior Expert at the Ukrainian Institute for the Future in Kyiv.

Vakhtang Kipiani (Hg.)

DER ZWEITE WELTKRIEG IN DER UKRAINE

Geschichte und Lebensgeschichten

Übersetzt von Margarita Grinko

Bibliografische Information der Deutschen Nationalbibliothek
Die Deutsche Nationalbibliothek verzeichnet diese Publikation in der Deutschen Nationalbibliografie; detaillierte bibliografische Daten sind im Internet über http://dnb.d-nb.de abrufbar.

Bibliographic information published by the Deutsche Nationalbibliothek
Die Deutsche Nationalbibliothek lists this publication in the Deutsche Nationalbibliografie; detailed bibliographic data are available in the Internet at http://dnb.d-nb.de.

УКРАЇНСЬКИЙ ІНСТИТУТ КНИГИ

Dieses Buch wurde mit Unterstützung des Translate Ukraine Translation Program veröffentlicht.
This book has been published with the support of the Translate Ukraine Translation Program.

© Vivat Publishing Ltd, 2018
ISBN-13: 978-3-8382-1622-5
© *ibidem*-Verlag, Stuttgart 2021
Alle Rechte vorbehalten

Das Werk einschließlich aller seiner Teile ist urheberrechtlich geschützt. Jede Verwertung außerhalb der engen Grenzen des Urheberrechtsgesetzes ist ohne Zustimmung des Verlages unzulässig und strafbar. Dies gilt insbesondere für Vervielfältigungen, Übersetzungen, Mikroverfilmungen und elektronische Speicherformen sowie die Einspeicherung und Verarbeitung in elektronischen Systemen.

All rights reserved. No part of this publication may be reproduced, stored in or introduced into a retrieval system, or transmitted, in any form, or by any means (electronic, mechanical, photocopying, recording or otherwise) without the prior written permission of the publisher. Any person who does any unauthorized act in relation to this publication may be liable to criminal prosecution and civil claims for damages.

Printed in the EU

Inhalt

Vakhtang Kipiani
Die Wahrheit des Krieges … 9

Romko Malko
Der Krieg begann für meine Familie 1939 … 12

Oleh Kozarew
Wie mein Urgroßvater in Charkiw das Dritte Reich ausbaute … 21

Pawlo Solodko
Während der Trennung durch den Krieg haben Oma und Opa sich 250 Briefe geschrieben … 28

Dmytro Krapywenko
„Die Infanterie lief zurück, doch wir waren schon an der Position, also traten wir nicht mehr den Rückzug an" … 43

Taras Schamajda
„Der Deutsche wollte Opa überreden, seine Tochter zu heiraten … damit die Rote Armee ihn in Ruhe lässt" … 48

Serhij Taran
Ein Großvater marschierte 1940 in Bessarabien ein … und der andere ging zu den „Banderiwzi" … 55

Taras Antypowytsch
Ein mit Milch und Käse freigekauftes Leben … 63

Oleh Pokaltschuk
„Der Offizier zeigte Mama, wie Deutschland seinen Lebensraum erweitern würde" … 67

Iryna Slawinska
„Die deutsche ‚Zunge' lockte man mithilfe von Mädchen an …" … 75

Elina Slobodjanjuk
Ein Märchen vom Krieg: „Aschenputtel, das war meine Oma …" … 84

Sevgil Musaieva
Meine Krim. „Wollen sie uns wirklich erneut unsere Heimat wegnehmen?" … 88

Ihor Schtschupak
Warum die Tochter eines NS-Offiziers die Verbrechen ihres Vaters in der Ukraine erforscht … 94

Oleksandr Sintschenko
Petro Mowtschan, der den Krieg gewonnen hat — 100

Swjatoslaw Lypowezkyj
„Das Schrecklichste war, wie wir unsere eigene Artillerie bombardierten" — 106

Valentyn Stezjuk
Krieg, Besatzung, Evakuierung — 111

Eleonora Kowal
Kartoffeln am Tannenbaum ... Frohes neues Jahr 1942! — 131

Juri Kolomyjez
Der Krieg hat begonnen, oh, der Krieg hat begonnen ... — 135

Anastasia Lebid
„Als die Bolschewiki an die Macht kamen, waren sie zuerst sehr milde" — 148

Natalia Popowytsch (Natalka Talantschuk-Hrebinska)
„Mama, wie schwer ist es ohne dich ..." — 159

Oles Kultschynskyj
Beim Nachrichten schauen sagte Oma: „Wie blöd ich war, dass ich nach dem Krieg keinen Nagant genommen habe!" — 170

Stepan Semenjuk
79 Tage in der Todeszelle — 175

Eugeniusz Klimakin
„Mein Großvater war in der SS." „Und meiner wurde in Auschwitz getötet." Die Geschichte einer Liebe zwischen den Nachfahren eines Täters und eines Opfers — 187

Wolodymyr Parchomenko
Im Feuer nicht verbrannt, im Dnepr nicht ertrunken — 203

Borys Artemow
Die zwei Leben und ein Sieg des Juchim Eisenberg — 212

Danuta Kostura
„In der Roten Armee trug Papa ein Gewehr ..." so, wie man es ihm in der Division „Galizien" beigebracht hatte — 221

Maria Matios
Frieden. Krieg. Und Menschen — 231

Dmytro Stembkowskyj
Mein Großvater war im Untergrund in Kyjiw ... und sprengte die Brücke über den Dnepr — 241

Ihor Lubkiwskyj
Mein Großvater hat sowohl im Ersten als auch im Zweiten
Weltkrieg gekämpft ... 250

Iryna Jazyschyn
„Viele Familien wurden nach Sibirien deportiert, und
einige wurden von den eigenen Leuten für angebliche
Kollaboration mit dem KGB bestraft" ... 261

Wolodymyr Uschenko
Drei Geschichten meiner Familie: ein Offizier, ein Partisan
und ein erschossener Lehrer ... 273

Ljudmyla Taran
Wasyl Taran: „Wie ich durch den Krieg kam" ... 276

Eduard Sub
Der Angriff der Deutschen kam nicht unerwartet ...
„Wir wussten alle, dass der Krieg kommt. Wie konnte Stalin
das nicht wissen?!" ... 292

Wladyslaw Faraponow
Der Krieg meiner Familie: Unbekannte Erinnerung und
Heldentaten, die bekannt wurden ... 298

Bohdan Iwtschenko
Die Geschichte der Feier zum Tag des Sieges in der
Sowjetunion (1947 – 1965) ... 303

Unsere Autoren ... 313

Die Wahrheit des Krieges

Als ich etwa sieben Jahre alt war, wurde mir an den Tagen des 9. Mai und 22. Juni etwas anders. Es waren um die 30 Jahre vergangen seit dem Ende des „schrecklichsten Krieges der Menschheitsgeschichte", wie uns damals beigebracht wurde. Die Großmütter und die Großväter aller meiner Klassenkameraden hatten an der Front gekämpft. Die einen kamen noch zu den feierlichen ersten Schultagen, die anderen lagen bereits unter der Erde. Aber es gab sie – die Helden des Zweiten Weltkrieges. Meine Großeltern waren nicht darunter. Drei von ihnen waren zu jung für die Front gewesen, und einer meiner Großväter war als Elektroingenieur und Leiter eines strategischen staatlichen Objektes vom Wehrdienst befreit. Ich war sehr neidisch darauf, dass alle jemanden hatten, der im Krieg gewesen war, und ich nicht.

Erst viele Jahre später habe ich verstanden, was für ein Glück das ist, wenn eine globale Katastrophe die eigene Familie verschont. Wenn die eigenen Verwandten am Leben sind, und Oma und Opa ihre eigene Geschichte dessen erzählen können, was passiert ist und was sie selbst gesehen und erlebt haben. Diese menschliche Wahrheit des Krieges stimmte oft nicht mit dem überein, was im Fernsehen gesagt, im Kino gezeigt und in der Schule als einzig mögliche Version der Ereignisse gelehrt wurde.

Natürlich gab es Filme und Bücher, die den Lügen der Propagandisten des sowjetischen Generalstabs widersprachen. Doch das war nur ein Tropfen auf den heißen Stein. Es schien, als wüsste die Mehrheit der Leute, die in der Sowjetunion geboren wurden, nur das, was die Partei ihnen erlaubte zu wissen und woran sie sich erinnern durften. Doch zum Glück war dem nicht so. Zu Hause – oft mit der Mahnung „Sag das niemandem auf der Straße oder in der Schule!" – erzählten Eltern und ältere Verwandte das, was nicht in den sowjetischen Kanon gepasst hatte. Und diese wahren Geschichten waren später die Saat für die Freiheit zu denken, zu sprechen und zu handeln.

Um den Zweiten Weltkrieg zu begreifen, muss man natürlich mehr lesen als eine wissenschaftliche Monografie oder die Memoiren Churchills, von Mansteins oder Schukows. Doch nicht jeder wird dafür Zeit haben. Manchmal reicht eine kleine Bemerkung, um die Lust am Nachdenken und Recherchieren zu wecken.

Meinerzeit hat mich eine Fotogeschichte unglaublich beeindruckt, die der bekannte Journalist und Fotograf Juri Rost auf den Seiten der damals sehr beliebten Moskauer „Literaturzeitung" erzählt hatte. Er hatte in der ukrainischen Oblast[1] Tscherkassy die Familie Lysenko kennengelernt: Mutter Jewdokija und zehn Söhne: Andrij, Pawlo, Mychajlo, Todos, Mykola, Petro, Oleksandr, Iwan, Stepan und Wasyl. Als der Krieg begann, zogen alle zehn – Andrij, Pawlo, Mychajlo, Todos, Mykola, Petro, Oleksandr, Iwan, Stepan und Wasyl – in den Krieg. Und als der Krieg vorbei war, kehrten alle zehn – Andrij, Pawlo, Mychajlo, Todos, Mykola, Petro, Oleksandr, Iwan, Stepan und Wasyl – zurück zu ihrem Elternhaus, denn dort wartete Mama.

Anschließend, nach dem Krieg, stellte man im Dorf Browachy im Rajon Korsun-Schewtschenko ein Denkmal für die Mutter auf. Und pflanzte zehn Pappeln zu Ehren der Söhne sowie fünf Weiden zu Ehren ihrer Töchter (insgesamt hatte diese Frau siebzehn Kinder geboren). Leider hatte ich noch nicht die Gelegenheit, dorthin zu reisen und mich vor dem symbolischen Denkmal für alle Mütter zu verbeugen, die Kinder für die Liebe und Freude geboren hatten, aber letztendlich auch für den Krieg. Wir suchen uns die Zeiten nicht aus.

Dieses Buch wurde Mitte April 2018 gedruckt. Im Frühjahr 2010 erschien auf den Seiten einiger populärer Webseiten und Zeitungen die Ankündigung des Projektes „1939 – 1945. Ungeschriebene Geschichte. Erzählen Sie, wie Ihre Familie den Zweiten Weltkrieg erlebt hat". Dazu ein kurzer und einfacher Text:

Der Zweite Weltkrieg hat in jeder ukrainischen Familie Spuren hinterlassen. In der Regel wollen Teilnehmer dieser Geschehnisse, egal auf welcher Seite sie gekämpft hatten, nach wie vor keine Einzelheiten erzählen. Die Wahrheit über den Krieg hat man manchmal nur den engsten Verwandten anvertraut.

Wir bieten Journalisten der ukrainischen Medien an, vor dem Jubiläum des Sieges Familiengeschichten und Erzählungen darüber zu veröffentlichen, wie alle unsere Eltern, Großeltern und Urgroßeltern den Krieg erlebt hatten.

Ebenso laden wir unsere Leser dazu ein, sich an dem Projekt zu beteiligen.

Aus dieser Idee waren mehr als hundert Publikationen entstanden. Es sprachen sowohl die, die noch lebten, als auch die, die schon lange nicht mehr auf der Welt sind. Zeugen der Ereignisse nahmen ihre Redefreiheit wahr: Soldaten verschiedener Armeen (der Roten, der Ukrainischen Aufständischen Armee (UPA) und der Division „Galizien"[2]), Bewohner der von Nationalsozialisten,

---

1 Anm. d. Übers.: Verwaltungsbezirk in der Ukraine, der sich wiederum in Rajone (Landkreise) unterteilt. Es gibt in der Ukraine 24 Oblaste, dazu die Städte Kiew und Sewastopol sowie die Autonome Republik Krim.
2 Anm. d. Übers.: Damit ist die 14. Waffen-Grenadier-Division der SS (galizische Nr. 1) gemeint, die u.a. aus ukrainischen Freiwilligen bestand.

ihren Verbündeten und von Bolschewiki besetzten Gebiete, Ostarbeiter, Kinder, Frauen. Und was sehr wichtig war – Kinder und Enkelkinder fanden endlich die Zeit, sich hinzusetzen, ihren Familien zuzuhören und die Erzählungen einer Zeit aufzuschreiben, die scheinbar so fern und gleichzeitig doch nah ist.

Denn Ukrainer streiten nach wie vor darüber, ob es „Zweiter Weltkrieg" oder „Großer Vaterländischer Krieg" heißt, und ein Viertel der ukrainischen Staatsbürger sieht Stalin als effektives Staatsoberhaupt und Drahtzieher des nationalen Sieges. Zur gleichen Zeit erinnern sich viele Menschen an andere Dimensionen dieser Tragödie – vom Heldenmut der einen bis zur Niederträchtigkeit der anderen. Manch einer schweigt nach wie vor über das Gesehene: über Tod, Angst und Tränen. Das vergisst man nicht, auch wenn man nicht darüber redet.

Die Geschichten in diesem Sammelband sind nur ein Teil der Werke von Autoren der populärwissenschaftlichen Websites „Ukrainische Wahrheit" | „Українська правда", „TEXTE" | „ТЕКСТИ" und „Historische Wahrheit" | „Історична правда"[3]. Tatsächlich gibt es viel mehr davon, sodass man auch einen zweiten und dritten Band herausgeben könnte. Wenn Sie noch nicht die Geschichte Ihrer Familie erzählt haben, können Sie das immer noch tun. E-Mail: istpravda@gmail.com.

Vakhtang Kipiani
Chefredakteur der Website „Historische Wahrheit"
| „Історична правда"

---

3 Anm. d. Übers.: https://www.pravda.com.ua/; https://texty.org.ua/; https://www.istpravda.com.ua/

Romko Malko

Der Krieg begann für meine Familie 1939 ...

Die Familie meiner Oma Wira hat der Krieg in ihrem neuen Haus in Ternopil ereilt. Das war nicht im Juni 1941, sondern im September 1939. Eines Nachts hämmerte es an der Tür: „Aufmachen! Eine halbe Stunde zum Packen. Nur das Nötigste mitnehmen ..."

Der Zweite Weltkrieg kam nicht erst im Juni 1941 in die Ukraine, sondern bereits im September 1939. Zumindest die Westukrainer – ihr Land gehörte damals noch zu Polen – erinnern sich genau an dieses Datum. Das polnische Heer war schwach und demoralisiert, daher hatte es keinen Sinn, gegen zwei Millionenarmeen – die deutsche und die sowjetische – zu kämpfen. „Die polnische Armee auf Fahrrädern", scherzten die Ukrainer, und das spiegelte fast vollständig die Wahrheit wider.

Zuerst marschierten die Deutschen in Polen ein, und da es keinen bedeutenden Widerstand gab, konnten sie recht weit vordringen – weiter, als zuvor mit den Sowjets im Deutsch-sowjetischen Nichtangriffspakt vereinbart worden war. Doch dann erschien schnell die „glorreiche" Rote Armee, und die Deutschen mussten sich zurückziehen.

Dass jemand die Deutschen oder die Bolschewiki besonders freudig empfangen hatte, entspricht nicht der Wahrheit. Die Mehrheit empfand ihr Auftauchen als Besatzerwechsel, mehr nicht. Möglicherweise hat der ein oder andere ihnen Brot und Salz gebracht, doch das war eher die Ausnahme als die Regel. In der Gesellschaft herrschten Unsicherheit und Angst. Die Leute wussten genau, wer die Bolschewiki waren, erinnerten sich gut an den kürzlich überstandenen Holodomor[1] in der Großen

Die Deutschen griffen Polen zuerst an, und da es keinen Widerstand gab, drangen sie viel weiter vor, als zuvor im Deutsch-sowjetischen Nichtangriffspakt vereinbart worden war. Doch dann erschien die Rote Armee, und die Deutschen mussten sich zurückziehen.

---

1   Anm. d. Übers.: Eine 1932 – 33 vom sowjetischen Regime

Ukraine und an Hunderte geschwollener Ukrainer von jenseits des Sbrutsch[2], die es für ein Stück Brot nach Galizien geschafft hatten. Man hatte keine Illusionen. Zu den Deutschen war die Einstellung etwas besser: Schließlich war das europäische Deutschland nicht mit den lumpigen Bolschewiki gleichzusetzen. Doch insgesamt lag eine böse Vorahnung schwerer Ereignisse in der Luft, und die Menschen versuchten schlicht, zu überleben. Sehr schnell sollte das, was sie geahnt hatten, jede Erwartung übertreffen ...

Die Familie meiner Oma Wira lebte in Ternopil. Der Krieg ereilte sie in ihrem neuen Haus, das ihre Eltern kurz zuvor nach vielen Jahren der Umzüge zwischen den Dörfern Galiziens gebaut hatten. Früher war mein Uropa – ein Mensch, der sieben Sprachen flüssig beherrschte – als Lehrer tätig, aber er konnte keine Arbeit in Ternopil finden, weil er nicht Polnisch sprechen und kein Pole werden wollte.

Oma ging damals in die Unterstufe des Gymnasiums und ihr Bruder Rodjo (Rodion) stand kurz vor dem Abschluss. Doch dann kamen die Bolschewiki und verwandelten das Gymnasium sogleich in eine normale zehnjährige Gesamtschule. Ehemalige Gymnasiasten, die nur 8 Klassen hatten, bekamen die Gelegenheit, ein Jahr länger zur Schule zu gehen. Vielleicht, um sich die neue Lebensweisheit besser anzueignen.

Die Ankunft der Sowjets brachte zunächst keine nennenswerten Veränderungen mit sich und Leute dachten sogar, ihre Sorgen seien unberechtigt. Es gab natürlich Verständnislosigkeit und Verwunderung, was die sowjetischen Besatzer betraf, doch man maß dem keine besondere Bedeutung zu. Nun, die Leute wunderten sich eben über zerlumpte sowjetische Soldaten, die im Vergleich zu den deutschen oder polnischen wie Bettler wirkten, die Ehefrauen der Offiziere gingen nun mal in den Nachthemden polnischer Damen ins Theater, die

Die Leute wunderten sich über zerlumpte sowjetische Soldaten und Offiziersgattinnen, die in Nachthemden polnischer Damen ins Theater gingen und Blumen in Nachttöpfe stellten ...

---

verursachte Hungersnot in der Ukraine, bei der fast vier Millionen Menschen ums Leben kamen.
2 Anm. d. Übers.: Der Fluss Sbrutsch im Westen der Ukraine trennte bis 1939 die Zweite Polnische Republik von der Ukrainischen Sozialistischen Sowjetrepublik.

sie in verlassenen Anwesen gefunden hatten, und stellten Blumen in Nachttöpfe ... Es gab so einiges, aber schlimm war es ja nicht ...

Doch sehr bald änderte sich die Realität. Die Schrauben wurden allmählich angezogen. Schon bald verbreiteten sich Gerüchte über das Verschwinden von Menschen und Deportationen nach Sibirien.

Eines Tages im Frühjahr 1941, nach einer Feier anlässlich des Geburtstags Taras Schewtschenkos[3] in der Schule, passierten den Schülern plötzlich merkwürdige Dinge. Einer wurde zum Schulleiter bestellt und kam nicht mehr zurück, ein anderer wurde auf der Straße in ein schwarzes Auto gezerrt und war weg, wieder andere verschwanden einfach spurlos. Auf ähnliche Weise wurde ein Junge mit dem Nachnamen Hrynkiw, dessen Familie in der Umgebung meines Urgroßvaters wohnte, entführt. Die besorgten Eltern suchten nach ihren Kindern, doch weder im Gefängnis noch bei der Polizei konnte man ihnen helfen. Die Angst kroch nach und nach unter die Haut ...

Eines Morgens weigerte Rodjo sich, zur Schule zu gehen: „Mir geht es irgendwie nicht gut. Ich fühle mich krank."

Die Mutter, sprich meine Urgroßmutter, zeigte Verständnis für ihren Sohn und erlaubte ihm, zu Hause zu bleiben.

Mittags kam eine besorgte Klassenkameradin vorbei und berichtete, dass Rodjo und andere Jungs zum Direktor gerufen worden waren. Alle Aufgerufenen, die in der Schule gewesen waren, seien nicht mehr in den Unterricht zurückgekehrt. Man habe sie in ein schwarzes Auto gesetzt und irgendwo hingefahren. Es war klar, dass danach niemand mehr zur Schule geschickt wurde. Rodjo blieb noch einige Zeit zu Hause und ging eines Abends ins benachbarte Städtchen zu seinen Verwandten, um unterzutauchen. Ob Uroma Maria ahnte, dass sie ihren Sohn an diesem Abend zum letzten Mal sehen würde, weiß ich nicht. Wahrscheinlich schon.

Es gab bald Gerüchte, dass Leute verschwanden und nach Sibirien deportiert wurden. Menschen wurden zum Schulleiter bestellt oder einfach auf der Straße in ein schwarzes Auto gezerrt, und waren dann einfach weg.

---

3   Anm. d. Übers.: Taras Schewtschenko (1814 – 1861) war ein bedeutender ukrainischer Lyriker und Maler sowie Wegbereiter der modernen ukrainischen Nationalliteratur.

Es vergingen ein paar Wochen, und eines nachts, am 21. Mai, hämmerte es an der Tür und jemand brüllte auf Russisch: „Aufmachen! Eine halbe Stunde zum Packen. Nur das Nötigste mitnehmen …"

Uropa Prokip – der, der sieben Sprachen konnte, ein raffinierter Gelehrter, der sich hervorragend in Recht und Gesetz auskannte und alle seine Schüler ausnahmslos siezte – konnte nicht glauben, dass ihm so etwas überhaupt widerfahren könnte. Er stand wie erschlagen mit zwei Bürsten in den Händen da und wiederholte: „Das kann doch gar nicht sein … Wir haben doch nichts falsch gemacht …"

Wenn meine Uroma nicht gewesen wäre, die die Situation nüchtern einschätzte und schnell anfing zu packen, hätten sie in den Sachen nach Sibirien fahren müssen, in denen sie geschlafen hatten, und mit zwei Kleiderbürsten dazu.

Oma Wira sollte bleiben. Sie schlief mit einer studentischen Untermieterin auf dem Heuboden, und man hatte gar nicht vor, nach ihr zu suchen. Uroma sprach beim Packen bewusst laut, damit Wira hörte, was im Haus vor sich ging, dass ihre Eltern weggebracht wurden, und leise war. Sie nahm nicht einmal Wiras Sachen mit – sie hoffte, dass sie bleiben würde. Doch Oma hielt es nicht aus. Im letzten Moment, als das Auto bereits rollte, sprang sie aus ihrem Versteck und stürmte zu ihren Eltern. Die Soldaten wollten sie zuerst nicht mitnehmen, denn sie dachten, sie wäre eine Fremde, doch sie gelangte trotzdem auf die Ladefläche und klammerte sich an die Hand ihrer Mutter. Die Straße war voller schrecklicher Wehklagen – es wurden gleichzeitig mehrere Familien deportiert. Die Leute weinten wie bei einer Beerdigung. Diejenigen, die zurückblieben, waren aus den Häusern getreten und verabschiedeten ihre Nachbarn ins Ungewisse.

Die Ausgesiedelten wurden zum Bahnhof Ternopil gebracht und in Güterwaggons gesperrt, die für den Viehtransport gedacht waren. Man behielt sie einige Tage dort, bis man eine ganze Truppe zusammen hatte, und fuhr los …

Es war Frühjahr 1941. Das Ziel der Reise meiner Oma, Uroma und meines Uropas war Salechard. Danach ging es mit dem Lastschiff irgendwo zur Mündung des Flusses Ob, hinter den

Als ganze Familien in Wagen gehievt wurden, gingen die Verschonten hinaus und verabschiedeten ihre Nachbarn. Die Deportieren wurden zuerst nach Ternopil gebracht, dann zum Bahnhof. Dort sperrte man sie in Güterwaggons, die für den Viehtransport bestimmt waren, und schickte sie massenhaft ins Ungewisse …

Die Familie Tkatschuk. Vater Prokip, Mutter Maria (geboren Korduba), Sohn Rodjo (Rodion), Tochter Wira. Ternopil, 1929 oder 1930

Polarkreis. Eine hungrige und kalte Existenz, lange Jahre der Waldrodung, zwei Kubikmeter pro Tag (meine Oma war damals dreizehn), die Verhaftung meiner Uroma für den Diebstahl eines Fisches (um nicht zu verhungern) und noch viel mehr ... Das alles für den heroischen Sieg des „großen" Stalin und des nicht minder „großen" sowjetischen Volkes über die bösen Faschisten.

Währenddessen hatte Deutschland die UdSSR angegriffen. Deutsche marschierten in Ternopil ein und öffneten das Gefängnis. Ein solches Grauen hatten weder die Einwohner noch die Deutschen selbst je zuvor gesehen. Das Gefängnis war buchstäblich voller Leichen. Das geronnene Blut stand in Pfützen. Die Toten waren hier und da mit Kalk zugeschüttet, aber die meisten hatte man einfach auf einen Haufen geworfen. Die „glorreichen" sowjetischen Behörden, die die Gefangenen nicht deportieren wollten, hatten sie einfach massenweise direkt im Gefängnis erschossen. Genauer gesagt, nicht einfach erschossen, sondern mit einer besonderen „Behandlung": Sie hatten sie gefoltert, gequält, Stücke vom Fleisch abgeschnitten und erst anschließend ermordet. Unter den Tausenden Körpern fanden sich auch die sterblichen Überreste von Schülern des Ternopiler Gymnasiums – Rodjos Klassenkameraden. An der Wand des Gymnasiums hängt nun eine Tafel mit ihren Nachnamen und ihrem Todesdatum: 21. – 26. Juni 1941.

Aus der ganzen Oblast Ternopil reisten Verwandte der Verschwundenen und Verhafteten in die Stadt, um ihre Leichen zu identifizieren und würdig zu beerdigen. Die Flüche und Tränen kannten kein Ende. Das Gleiche passierte in allen großen und kleinen Städten der Westukraine. Ein solches Leid hatte das Land seit dem Einmarsch der mongolischen Tataren nicht mehr erfahren ...

Gleich nach der Invasion der Deutschen und der erneuten Ausrufung des ukrainischen Nationalstaats am 30. Juni in Lwiw fuhr Omas Bruder Rodjo nach Lwiw und stellte sich nun als Mitglied der Organisation Ukrainischer Nationalisten (OUN) freiwillig der ukrainischen Regierung zu Diensten. Aber ein ukrainischer Staat gehörte nicht zu Hitlers Plänen, daher fing man sehr bald an, alle Beteiligten zu verhaften. Unter anderem auch Rodjo. Möglicherweise wäre ihm das Schicksal vieler ukrainischer Patrioten zuteilgeworden und er hätte seine Kugel bereits in den ersten Tagen des Krieges erhalten, doch seine Bestimmung hielt eine andere Mission für ihn bereit. Der Junge schaffte es irgendwie, den Wärtern zu entkommen und nach Ternopil zurückzukehren. Leider liegen die Einzelheiten dieser Flucht nach wie vor im Dunkeln, denn heute ist niemand mehr da, der davon berichten kann. In Ternopil kam Rodjo semilegal im Elternhaus unter, das von sowjetischer Miliz ausgeraubt worden war, und machte sich daran, ein Organisationsnetzwerk aufzubauen. Dabei half ihm maßgeblich die Schwester seiner Mutter, Tante Stefka, die nebenan wohnte. Sie hatte keine eigenen Kinder, daher war Rodjo für sie wie ein Sohn. Ständig kamen Leute ins Haus, aßen etwas, ruhten sich aus oder übernachteten und gingen dann wieder. Die Frau kochte für sie, erfüllte nach Bedarf die Rolle der Verbindungsfrau, beschaffte Informationen, kaufte Zugfahrkarten, empfing Übergaben. Nach der Überlieferung meiner Familie war Rodjo der regionale Leiter der OUN. Das bestätigten auch Leute, die ihm während des Krieges begegnet waren. Leider konnte man keine privaten Dokumente finden: Im Untergrund griff man kaum zu Bürokratie, und bis Ende 1943, als die Ukrainische Aufständische Armee (UPA) entstand, wurde allgemein sehr wenig dokumentiert.

Etwa gegen Ende 1942 hängte die Gestapo in Ternopil öffentlich einige Mitglieder der OUN. Die

Am 30. Juni 1939 wurde in Lwiw der Ukrainische Nationalstaat erneut ausgerufen. Doch die Existenz der Ukraine passte nicht in Hitlers Pläne, daher wurden viele Beteiligte sehr bald verhaftet.

Rodion Tkatschuk. Ternopil, 1942

Organisation beschloss, sich für die Gebrüder zu rächen und plante eine kühne Operation. Damals gab es im Zentrum von Ternopil das Restaurant „Polonia", das vor allem höherrangige deutsche Beamte und Volksdeutsche besuchten. An der Tür hing das Schild „Nur für Deutsche", deshalb war dem Normalsterblichen der Zutritt verwehrt. Eines schönen Tages betraten zwei Offiziere der Wehrmacht das Restaurant. Nachdem sie sich im Saal umgeschaut hatten, verfeuerten sie einige Magazine in die anwesenden Nationalsozialisten. Sie hinterließen eine blutige Masse aus erlesenen Speisen, Getränken und Soldaten des Führers, bevor sie genauso seelenruhig wieder auf die Straße traten. Dort hielten sie eine Kutsche an, stiegen ein und verschwanden um die Ecke, als hätten sie sich in der Luft aufgelöst. Zu sagen, dass für die Besatzer eine derart dreiste Aktion ein Schock war, wäre eine Untertreibung.

In der Stadt veranstaltete man sogleich eine wahre Menschenjagd, versperrte alle Ein- und Ausgänge, durchkämmte jede Ecke, doch man konnte die beiden Draufgänger in Offiziersuniformen nicht finden. Diese saßen derweil entspannt einige Blocks vom Tatort entfernt im Haus meiner Uroma. Einer davon war Rodjo, doch der Name des anderen bleibt leider unbekannt.

Die organisierte Aktion vor der Nase der Gestapo konnte nicht unbemerkt bleiben, und einige Zeit später fahndete man nach Rodjo.

Er war gezwungen, die Stadt zu verlassen und die Arbeit woanders in einem ihm zugeteilten Gebiet fortzusetzen. Eines Nachts, als er von einem

Dorf zum anderen ging, traf er auf eine deutsche Patrouille. Auf dem Wagen, den ein ihm aus Ternopil bekannter Pole lenkte, saßen Deutsche. Als sie den nächtlichen Passanten erblickten, verlangten sie nach seinem Ausweis. Der Mann sah demjenigen ähnlich, den die Gestapo schon mehrere Monate vergeblich suchte. Rodjo griff nach seiner Tasche mit den Dokumenten, doch zog stattdessen eine Pistole heraus und streckte die Deutschen auf der Stelle nieder. Den polnischen Kutscher ließ er unangetastet.

Nachdem sie ein paar Worte gewechselt hatten, verabschiedeten sie sich und gingen ihrer Wege. Doch der Pole erwies sich als weniger freundlich und großzügig. Er zückte sein Gewehr und schoss Rodjo in den Rücken.

In Ternopil verhaftete man Tante Stefka und brachte sie zur Identifizierung. Interessant war, dass man niemandem erlaubte, den Leichnam von der Straße zu entfernen. Stattdessen stellte man eine Wache daneben. Als die Ermittlungen vor Ort abgeschlossen waren, blieb Rodjos Körper an der Straße liegen, und die Tante wurde von der Gestapo eingesperrt. Irgendwie gelang es den Jungs von der OUN, sie herauszuholen, und einige Wochen später kehrte sie zurück nach Hause, wo sie damit weitermachte, dem Untergrund zu helfen.

Derweil hatten Bewohner des Nachbardorfes Rodjo in der Nacht auf ihrem Friedhof feierlich beerdigt. Auf Befehl der Organisation fanden in der ganzen Oblast, in allen Kirchen, Gedenkfeiern zu Ehren Rodjos statt und die Glocken läuteten trauernd ...

Als Oma, Uroma und Uropa aus Sibirien zurückkamen, wohnte in ihrem Haus bereits ein sowjetischer Beamter mit seiner Familie. Darum mussten sie ihre Verwandten um ein Dach über dem Kopf bitten.

Glücklicherweise lebte Tante Stefka noch und erzählte ihnen von Rodjos Schicksal. Uroma ging lange durch die Dörfer und fragte die Leute nach dem Grab ihres Sohnes. Diese hatten Angst, darüber zu sprechen. Die Zeiten waren grausam, doch Uroma suchte trotzdem weiter. Das Schicksal führte sie mit einer Frau zusammen, deren Vater seiner-

Diejenigen, die das Glück hatten, aus Sibirien zurückzukehren, konnten oft nicht in ihrem eigenen Haus leben - dort wohnten bereits die Familien von Beamten der sowjetischen Regierung. Daher mussten sie ihre Verwandten oder Nachbarn um Obdach bitten.

zeit die Beerdigung organisiert hatte, und die Frau zeigte ihr Rodjos Grab. Uroma stellte für ihren Sohn ein Kreuz auf, doch bis zum Zerfall der Sowjetunion hatte sich doch niemand getraut, seinen Namen auf die Gedenktafel zu schreiben.

So geht die Geschichte. Vieles würde ich gern ergänzen, doch leider kann das heute niemand mehr …

Oleh Kozarew

Wie mein Urgroßvater in Charkiw das Dritte Reich ausbaute

Wie die meisten Leser habe auch ich einen Veteranen-Opa, der mit der Roten Arbeiter- und Bauernarmee von Stalingrad nach Wien marschiert ist (von ihm erzähle ich ein anderes Mal). Genauso haben wohl viele von uns einen Großvater, der sich vor der Mobilisierung versteckt hat. Nicht verwunderlich ist es auch, dass ein Teil meiner Großonkel zur Ukrainischen Hilfspolizei gehört hatte. Aber ich habe in meiner Familiengeschichte auch einen wirklich exklusiven Fall. Mein Urgroßvater war Bürgermeister von Charkiw während der deutschen Besatzung – genau der Bürgermeister Oleksij Kramarenko, dessen Befehl zum Verbot der russischen Sprache in Regierungsinstitutionen der Stadt ab und an von prorussischen Medien zitiert wird.

Oleksij Iwanowytsch Kramarenko wurde am 17. Februar 1882 in Elisabethgrad (heute Kropywnyzkyj) in die Familie eines Eisenbahners hineingeboren. Er studierte Chemie am Technologischen Institut (heute Polytechnisches Institut[1]) in Charkiw und arbeitete in vielen Betrieben der Ukraine als Chefingenieur, beispielsweise baute er die Produktion in der Porzellanmanufaktur in Budjan und in der Tschasiwojarsker Ziegelei auf.

Er wurde als Fachmann sehr geschätzt und bekam sogar einen Adelstitel. Selbst zu Zeiten der sowjetischen Herrschaft reiste er ständig ins Ausland. Er unterrichtete an den Instituten in Kamjanez-Podilskyj und Charkiw. Am polytechnischen Institut Charkiw war er Leiter des Lehrstuhls für Glastechnologie.

Oleksij Iwanowytsch Kramarenko studierte am Technischen Institut in Charkiw, arbeitete daraufhin als Chefingenieur und war ein sehr geschätzter Fachmann. Er dozierte an den Instituten in Kamjanez-Podilskyj und Charkiw und leitete die den Lehrstuhl für Glastechnologie am Charkiwer Technologischen Institut.

---

1 Hier geht es um die Nationale Technische Universität „Polytechnisches Institut Charkiw".

Mein Urgroßvater (Zweiter von links) mit Kameraden und Kameradinnen. 1930er Jahre

Am Kriegstreiben 1917 – 1920 nahm Oleksij Kramarenko nicht teil. Es blieben ungewisse Hinweise auf Sympathie mit der Ukrainischen Volksrepublik. Verwunderlich ist, dass er Lenin verachtete und Trotzki verehrte.

Am Kriegstreiben 1917 – 1920 nahm Oleksij Kramarenko nicht teil, und seine politischen Präferenzen waren widersprüchlich – Hinweise auf Sympathie mit der Ukrainischen Volksrepublik, eine erklärte Russophobie und eine Abneigung gegenüber Lenin vereinten sich mit einer Begeisterung für Trotzki.

Seine Nachkommen erzählen, dass zwei Armeen – eine weiße und eine rote – Oleksij Iwanowytsch und seiner Frau Maria Leonidiwna ein schönes Klavier entwenden wollten, das im Stil der Secession gestaltet war (heute spielt meine Mutter darauf), doch beide Male schaffte es Kramarenko, es zurückzuholen.

Dazu sagte er noch zur weißen Armee, er habe „kein Mitgefühl mit ihrer Bewegung", wonach er sich nur dank einflussreicher Verwandter seiner Frau retten konnte.

Kramarenko hatte eine „anglomanische" Einstellung und einen Geschmack, der damals für konservative Gelehrte alter Schule charakteristisch war: Hoffmann, Blok, Wynnytschenko (er schrieb selbst Gedichte und konnte bei Gelegenheit auch Wasyl Tschumak zitieren), Rezitation von Lyrik mit klassischer Musik, Theater, Kartenspiel, Alkohol und Affären.

Das letzte Hobby endete mit einer Scheidung

Oleksij Kramarenko

von meiner Uroma und einer Hochzeit mit seiner Kollegin, der Chemikerin Natalia Berschadska. Möglicherweise hat das letztendlich unsere Familie gerettet.

Die Deutschen besetzten Charkiw am 21. Oktober 1941. Von allen ukrainischen Großstädten hatte es Charkiw wohl am schwersten getroffen. Die Nazis schnitten den Bürgern bewusst den Zugang zur Grundversorgung ab und führten ungewöhnlich harte Repressionen ein.

Aber auch hier musste zur Unterstützung eine lokale ukrainische Selbstverwaltung organisiert werden. Wie Historiker Anatolij Skorobohatow erzählt, hatten die Deutschen sich mit den Dozenten des Technischen Instituts beraten – wo wahrscheinlich auch ihr Spionagenetz war – und ernannten Oleksij Kramarenko zum Bürgermeister.

Welche Funktionen und Möglichkeiten der damalige „Stadtleiter" von Charkiw wohl hatte (übrigens gehörte Charkiw nicht zur Zivilverwaltung des Reichskommissariats Ukraine, sondern zum Frontgebiet)?

Eher wenige.

Die Deutschen besetzten Charkiw und mussten eine lokale ukrainische Selbstverwaltung organisieren. Oleksij Kramarenko wurde zum Bürgermeister ernannt. Dabei war die wahre Macht in den Händen der Deutschen, daher hinterließ der frischgebackene Gouverneur nur im kulturellen Bereich eine merkliche Spur.

Oleksij Kramarenko auf Dienstreise in den USA

Theoretisch sollte er die Industrie der Stadt erneuern, die von den Bolschewiki zur Zeit des Rückzugs vernichtet worden war, die Bevölkerung mit Waren versorgen und darauf achten, dass die Befehle der deutschen Obrigkeit ausgeführt wurden. Er hatte jedoch keine Gelegenheit, diese Aufgaben wahrzunehmen, denn die wirkliche Macht war nach wie vor in den Händen der Deutschen.

Kramarenko blieb nichts anderes übrig, als seinen sperrigen und korrupten Administrationsapparat „durchzuschütteln", die Menge der „von Juden befreiten" Wohnfläche festzuhalten (übrigens bot er eine solche „befreite" Wohnung seiner Exfrau, meiner Uroma, zum Einzug an – man kann sich vorstellen, was man ihr 1943 gesagt hätte, hätte sie zugestimmt), kümmerliche Kantinen „für seine Leute" herzurichten und sich um den kulturellen Sektor zu kümmern.

Gerade die Kultur wurde die einzige Branche, in der Bürgermeister Kramarenko eine bedeutende Spur hinterlassen hat. Er trug nämlich zur Wiedergeburt der örtlichen Kirchen bei.

Vor dem Krieg war in Charkiw nur noch eine aktive Kirche übrig, und dank dem Bürgermeister wurden viele weitere den Gläubigen zurückgegeben. Darunter sowohl die autokephale als auch die autonome orthodoxe Kirche – letztere ist heute die Kirche des Moskauer Patriarchats (beide Kirchen mussten damals Gottesdienste zu Ehren des „Befreiers" Hitler abhalten).

Oleksij Iwanowytsch war nicht gläubig, doch er freute sich, über der Stadt wieder das Läuten der Kirchenglocken zu hören.

Zum bekanntesten „Streich" Kramarenkos wurde der Erlass, der die Sprache betraf.

Am besten bekannt wurde der Bürgermeister für seine Anordnung zum Verbot der russischen Sprache in staatlichen Einrichtungen der Stadt.

Schon fünf Monate weht über der freien Stadt nebst der siegreichen deutschen Fahne unsere gelb-blaue ukrainische Fahne als Symbol eines neuen Lebens, einer Wiedergeburt unseres geliebten Vaterlandes.

Doch zu unserem großen Bedauern und zur Schande für uns Ukrainer bleibt hier und da nach wie vor ein beschämendes bolschewikisches Erbe. Zu unser aller Schande und zum für uns völlig verständlichen Zorn des ukrainischen Volkes kommt es vor, dass wir die russische Sprache von Seiten der Staatsbeamten hören, die sich anscheinend für ihre Muttersprache schämen.

Schande über die, die freie Bürger eines befreiten Vaterlandes werden. Schämen sollten sich die, die ihre Muttersprache scheuen, und daher keinen Platz unter uns haben. Wir lassen das nicht zu, das darf nicht sein. Deshalb befehle ich, jedem Beamten im Dienst ausnahmslos das Sprechen der russischen Sprache zu verbieten.

„*Zu unser aller Schande und mit für uns völlig verständlichen Zorn des ukrainischen Volkes kommt es vor, dass wir die russische Sprache von Seiten der Regierungsbeamten hören, die sich scheinbar für ihre Muttersprache schämen.*"

Genau wegen dieser Verordnung taucht der Name meines Uropas manchmal in allen möglichen aufgeregten Artikeln der „Iskonniki"[2] auf.

---

2 Anm. d. Übers.: So nennt man eher abwertend die Befürworter der einheitlichen urtümlichen Rus, bestehend

Seine ehemalige Familie unterstützte der Bürgermeister. Manchmal kam er auch zu Besuch.

Währenddessen wurde seine neue Frau schwanger. Im August 1942 wurde Oleksij Kramarenko von der Gestapo verhaftet.

Man sagte, er ging auf der Straße neben der Gestapo, und traf einen Bekannten.

„Wo gehen Sie hin, Oleksij Iwanowytsch?"

„Ach, ich bin wie der Papagei bei Dickens."

Eine recht einfache Anspielung für die damaligen literarische Mode: „Dann muss ich wohl mit, sagte der Papagei, als die Katze ihn am Schwanz zog."

Eine Version besagt, man hätte meinen Uropa wegen irgendwelcher Manipulationen bei der Lebensmittelversorgung verhaftet. In einer anderen hatte er aktiv dabei geholfen, Gefangene eines Konzentrationslagers im Stadtteil Cholodna Hora zu befreien, darunter Partisanen und Juden.

Außerdem habe eine Freundin der Familie, Iwanzowa, vom sowjetischen Geheimdienst Angebote zur Zusammenarbeit übermittelt, doch Kramarenko habe abgelehnt, und aus Rache dafür hätten die Roten ihn bei den Nazi-Kollegen „verpfiffen". Vielleicht war es aber auch umgekehrt, und er kollaborierte mit dem sowjetischen Geheimdienst oder dem Widerstand. Wie die Gestapo meiner Oma Valeria gesagt hat: „Ihr Vater ist bis Kriegsende inhaftiert."

Als er im Gefängnis war, gebar seine Frau Sohn Oleksij, der nur einige Jahre lebte und an einer Hirnhautentzündung starb. Das weitere Schicksal Kramarenkos bleibt im Dunkeln.

Jemand sagte, die Deutschen hätten ihn erschossen, ein anderer, man habe ihn während des Rückzugs nach Polen gebracht. Ein anderer Bekannter unserer Familie hat Oleksij Kramarenko angeblich nach dem Krieg in London gesehen, wo er unter einem anderen Namen gelebt habe. Doch vielleicht sind das alles nur romantische Legenden …

Nachdem die sowjetische Regierung wieder an die Macht kam, hat man meine Oma, Krama-

---

aus Russland, Ukraine und Belarus.

renkos Tochter, einige Male vernommen und dann in Ruhe gelassen. Natalia Berschadksa blieb allem Anschein nach ebenfalls von schlimmer Verfolgung verschont. Doch seine Exfrau, Maria Leonidiwna, starb.

Eine ganze Zeit lang hatte man in meiner Familie vermieden, viel über diese Geschichte zu sprechen, sie jedoch auch nicht vertuscht. Schließlich war sie ziemlich symbolisch: Kollaboration war in Zeiten des schrecklichsten Krieges des 20. Jahrhunderts in Europa kein Privileg großer Staaten.

Dem einen fiel zu, die Tschechoslowakei aufzuteilen, der andere sollte das Dritte Reich bewaffnen und lehren, wieder ein anderer durfte die „nationale Unabhängigkeit" oder „Volksdemokratie" ausrufen, und die einfachen Leute bekamen von der Weltpolitik ihre „Hausaufgaben", vor denen sich selten drücken konnten.

Pawlo Solodko

Während der Trennung durch den Krieg haben Oma und Opa sich 250 Briefe geschrieben

Meine Oma väterlicherseits, Nadija Oleksijiwna Nejischschala, lernte meinen Opa, Pawlo Andrijowytsch Solodko, während der Besatzung kennen. Ich habe sie gebeten, mir mehr über diese romantische Geschichte vor der Kulisse des blutigen Weltkrieges zu erzählen. Von meinem verstorbenen Großvater gibt es Erinnerungen an die Front – ich habe sie an die Erzählungen meiner Oma angepasst.

Die Schlacht bei Charkiw war nicht so gut organisiert. Am 12. Mai 1942, als die sowjetischen Streitkräfte in die Offensive übergingen, hatte niemand vor der Gefahr einer Einkesselung gewarnt.

Oma Nadja hat ihren Schulabschluss in Bachmatsch (Oblast Tschernihiw) im Juni 1941 gemacht. Genau zur gleichen Zeit wie mein Opa Pawlo, aber dieser war in Kurin (ein Dorf bei Bachmatsch) zur Schule gegangen und hatte seine Abschlussfeier am 22. Juni. Sie lernten sich da noch nicht kennen, denn im August wurde Opa in die Armee einberufen. Er war neunzehn Jahre alt.

***

Im November 1941 begann unser Rückzug von der Oblast Luhansk in Richtung Stalingrad[1].

Wir waren vor allem nachts unterwegs, zu Fuß. Manchmal legten wir 60 Kilometer pro Nacht zurück, geschlafen wurde im Gehen. Bei uns trugen wir Rucksäcke. Es regnete, der Zeltmantel half kaum. Wenn es im Morgengrauen fror, wurde der Mantel zum Panzer.

Unsere Kanonen wurden von Pferden gezogen. Wir konnten schon kaum gehen, und da blieb zu allem Überfluss noch eine Kanone stecken. Wir griffen sie von allen Seiten – einige zogen an den Rädern, andere am Pferdegeschirr.

---

1 Heute die Oblast Wolgograd in der Russischen Föderation.

1941 und 1943 sind aus Kurin etwa 1,5 Tausend Personen an die Front gegangen. 867 sind nicht zurückgekommen.

Als wir am Dorf ankamen, waren die Offiziere mit den Wagen und Lebensmitteln nicht da. Man hatte da noch nicht überall in den Kolchosen die Kartoffeln geerntet – und das hat uns gerettet.

So waren wir etwa 750 Kilometer gegangen. Dafür ging es mit dem Zug zurück. Am 12. Mai 1942 gingen wir in die Offensive – das war die Schlacht bei Charkiw. Soweit ich das mit meinem Soldatenverstand beurteilen konnte, haben unsere Oberkommandeure sie nicht auf die beste Art und Weise organisiert.

Niemand sprach darüber, dass uns eine Einkesselung drohte. Als man uns am 22. Mai eine trockene Ration für vier Tage gab und uns ermahnte, sie auf acht Tage aufzuteilen, begannen wir zu ahnen, dass wir im „Kessel" waren.

Eines Mittags Ende Mai sah ich, wie auf unserer Position ein Schwarm „Junkers"-Flieger landete. Ich fiel in den Graben. Die Deutschen schalteten sogar die Sirenen an, um uns psychisch fertigzumachen. Plötzlich gab es eine schreckliche Explosion, die Luft wich mir aus den Lungen. Ich dachte: wahrscheinlich bin ich jetzt tot.

Was dann geschah und wie lange, daran kann ich mich nicht mehr erinnern. Mein Bewusstsein er-

Während des Rückzugs 1941 hatten die hungrigen sowjetischen Soldaten Glück, dass die Kartoffeln noch nicht überall geerntet worden waren.

langte ich immer nur für kurze Zeit: ich lag auf der Ladefläche eines Wagens, Nacht, Brand, Schießerei. Die Schüsse hörte ich nicht – ich hatte mein Gehör und Sprachvermögen verloren.

Das war wahrscheinlich ein Krankenwagen. Wie viele Nächte ich darauf gefahren bin, weiß ich bis heute nicht. Endlich wurde ich wach. Ich öffnete meine Augen – ein klarer, sonniger Tag. Im Kopf und in den Ohren herrschte ein furchtbarer Schmerz und Lärm. Ich drehte meinen Kopf: neben mir auf irgendwelchen Lumpen lagen Verletzte und stöhnten. Um mich herum waren Schubkarren, Autos, viele Verwundete, blutige Verbände. Deutsche liefen mit Maschinengewehren herum.

Ich zog meinen Sack hinter dem Rücken vor – er war komplett durchlöchert. Auch im Feldmantel entdeckte ich Löcher von den Bombensplittern. Aber meinen Körper hat keiner davon berührt.

Anfang Juni fand ich mich in Uman wieder, in einem Lager für Kriegsgefangene – der bekannten Umaner Grube. Danach siedelte man uns um ins Lager im Dorf Iwanhorod, bei Chrystyniwka. Dort traf ich Iwan Zybulka, mit dem ich gemeinsam gekämpft habe.

Iwan und ich lernten zwei Gleichaltrige kennen – zwei Männer aus Sibirien, die bei Kertsch gefangen genommen wurden. Zu viert fingen wir an, unsere Flucht vorzubereiten.

Um uns herum waren zwei Reihen Stacheldraht, über der Erde ebenfalls Draht. An den Ecken standen Türme. Manch einer versuchte, bei der Arbeit zu fliehen, doch die Schneisen im Feld fielen auf – die Wache schwang sich dann aufs Pferd und holte den Flüchtigen ein. Am Abend erschoss man den Unglücklichen beim Lager. Man beerdigte ihn hinter dem Stacheldraht und stellte unbedingt ein Kreuz aus Birkenholz auf (darauf bestanden die Deutschen). Von solchen Kreuzen gab es um das Lager herum bereits etliche.

Unsere Wohnhöhle befand sich in der äußersten Reihe. In der Nacht gruben wir eine Öffnung bis zum Draht. Die Schuhe und Feldmäntel zogen wir aus. Ich kletterte als Letzter durch über den Zaun.

Als ich die erste Reihe überwunden hatte, hör-

Um das Lager im Dorf Iwanhorod bei Chrystynywka waren zwei Reihen Stacheldraht gespannt, und über der Erde war auch so ein Draht. An den Ecken waren Türme. Wenn einer der Gefangenen erschossen wurde, wurde dieser auf Befehl der Deutschen hinter dem Zaun beerdigt und ein Birkenkreuz wurde aufgestellt. Von solchen Kreuzen gab es um das Lager herum bereits etliche.

te ich Schritte. Zwischen den Drahtreihen waren drei Meter. Der Wächter kam näher und mein Herz klopfte, bereit, aus der Brust zu springen. Die Haare standen mir zu Berge und ich dachte: verabschiede dich, Pawlo, mit neunzehn Jahren vom Leben. Ich presste mich an den Boden, und die Schritte des Wächters kamen immer näher. Gleich ist er da, feuert eine Salve aus seinem Gewehr ... Diese Minute schien ewig.

Und da war der Wächter neben mir ... und ging weiter. Vielleicht bemerkte er mich nicht, oder vielleicht war er ein guter Mensch (uns bewachten Letten) und verschonte mich.

***

Der Krieg begann mit einem schrecklichen Bombardement. An der Station Bachmatsch-Kyjiwskyj versammelten sich Unmengen von Militärzügen (später sagte man, es sei die Folge einer Sabotage gewesen) und am 14. Juli hat man sie so beschossen, dass Metallstücke, verbrannte Holzsplitter und Stofffetzen sogar bis zu uns gelangten, dabei waren wir mehrere Kilometer entfernt. Es brannte fürchterlich – auf der Straße, die zur Station Bachmatsch-Homelskyj führt, standen gleich zehn Häuser in Flammen.

Als die Deutschen die Station Bachmatsch-Kyjiwska bombardierten, flogen Metallstücke, verbrannte Holzsplitter und Stofffetzen einige Kilometer. Es brannte fürchterlich: auf der Straße, die zur Station Bachmatsch-Homelskyj führt, standen gleich zehn Häuser in Flammen.

Die Deutschen hatten seltsame Bomben: zwei zusammengesetzte Tröge, und darin war ein Haufen kleiner Brandbomben. Diese Tröge haben die Leute später als Viehtränken benutzt. Und nach dem Krieg war es beliebt, Hunde aus deutschen Helmen zu füttern.

1941 haben die Deutschen statt einer Kolchose eine Gemeinde geschaffen. Sie zahlten nichts für die Arbeit und nahmen sich das Korn und das Vieh. Eine Schule gab es nicht.

1942 begannen sie, einen Wendekreis für Dampflokomotiven zu bauen, und schickten die Jugend dorthin. Angeleitet wurden sie von alten Deutschen, die nicht mehr für die Front taugten. Eines Tages trieben die Deutschen alle Mädels und Jungs, die zur Arbeit gekommen waren, in einem Laden zusammen, um sie nach Deutschland zu bringen. Aber unsere Jungs, die in der Eisenbahnwehr gedient hatten – in so einer schwarzen Uniform – öffneten diesen Laden. Und sie sagten: „Lauft!"

Die Deutschen suchten nicht nach uns – sie wussten nicht, wer uns freigelassen hatte, und hatten selbst Angst, von unseren Jungs bestraft zu werden.

***

Wohin sollten wir gehen? Mit Geographie kannte ich mich aus. Wir brachen nach Nordosten auf und orientierten uns am Polarstern. Wir beschlossen, uns aufzuteilen – Waskow und ich liefen geradeaus, Zybulko und Wasyl bogen links ab.

Überall hingen Erlasse der deutschen Regierung aus, die untersagte, Kriegsgefangenen Essen und Zuflucht zu gewähren, den „Agenten der Bolschewiki". Zuwiderhandlung wurde mit Erschießen bestraft, für eine Auslieferung bekam man ein Grundstück zugeteilt. Es gab wenig hinterhältige Menschen, während der ganzen Reise hat uns niemand verraten.

Einige Male liefen wir der Hilfspolizei in die Hände. Ich gebot Waskow mit seiner russischen Aussprache zu schweigen und redete selbst. Ich zeigte den Hilfspolizisten ein Foto meiner Familie und schilderte unsere Geschichte. Sie ließen uns laufen und gaben uns manchmal sogar Ratschläge, wie man am besten durchkommt.

Ende August 1942 kamen Waskow und ich bis nach Kurin. Der Dorfälteste weigerte sich, ihn anzumelden und schickte uns zum Kommandanten für eine Erlaubnis. Doch Waskow war ein waghalsiger Junge: wenn sie mich einsperren, sagte er, laufe ich wieder weg. Den Krieg überlebte er – 1946 schickte er mir einen Brief aus dem Donbass.

Während der Besatzung betrieb man vor allem Selbstversorgungs- und Tauschwirtschaft. Läden und Poststellen waren geschlossen. Man erzählte sich, dass auf unserem Territorium zuerst die ungarische Armee gewesen war. Sie waren noch grausamer als die Deutschen. So kam es vor, dass eine Person, die aus dem Dorf auf den Markt ging, angehalten und erschossen wurde, ohne jegliche Erklärung.

Ende Februar 1943 führte man in der Region eine Strafexpedition durch. Tausende Menschen wurden erschossen und verbrannt. In Kurin waren

Die Deutschen erteilten Befehle, die Kriegsgefangenen, Partisanen und „Agenten der Bolschowiki" betreffend: den Bewohnern war es untersagt, ihnen Essen und Obdach zu geben. Zuwiderhandlung wurde mit Erschießen bestraft. Denjenigen, der sie verriet, winkte ein Grundstück.

es 34, unter ihnen der Rektor unserer Schule, Iwan Schyhil, Lehrer Anatolij Iwanenko und Lehrerin Lukija Suchodolska, meine Freunde Pawlo Makarenko und Andrij Netschyporenko.

Der Polizist Wasyl Zyban sagte, dass er den Auftrag habe, auch mich mitzunehmen, aber er redete sich heraus und sagte, er habe mich nicht gefunden.

Die Deutschen gingen grausam vor. Nicht einmal die Deutschen, sondern die Magyaren und Asiaten, die bei den Deutschen dienten – sie waren es, die Häuser niederbrannten und Menschen töteten. Sie mordeten überall – in Bachmatsch und Kurin.

In den besetzten Städten hatten die Läden und Poststellen geschlossen. Die Leute überlebten dank der Selbstversorgungs- und Tauschwirtschaft. Man ging grausam mit ihnen um, wobei die Magyaren und Asiaten, die den Deutschen dienten, am schlimmsten waren - sie setzten Häuser samt ihrer Bewohner in Brand und ermordeten sie.

***

Letztendlich wurden doch Kinder nach Deutschland geschickt, diesmal gemäß Listen. Diese erstellte der Gemeindevorstand. Ich stand nicht drauf: mein Vater hatte das irgendwie geregelt. Er ging nicht an die Front, denn er war als Eisenbahner von der Wehrpflicht befreit (wie die meisten Leute aus Bachmatsch, die ihr ganzes Leben bei der Eisenbahn gearbeitet hatten – sowohl unter sowjetischer Herrschaft als auch unter den Deutschen, unter der Weißen Armee von Denikin und der Ukrainischen Volksarmee von Petljura).

Im Oktober 1942 wurde verkündet, dass ein neues landwirtschaftliches Technikum öffne, und wer dort studiert, der komme nicht nach Deutschland. Aus den umliegenden Dörfern ging alle Jugend mit mittlerer Reife in dieses Technikum. Auch Pawlo.

Er wurde auf mich aufmerksam und schicke seinen Kameraden vor, um mich kennenzulernen – der setzte sich zu mir und sagte:

„Nadja, ein Junge möchte mit dir befreundet sein."

Ich sagte: „Wie heißt er?"

„Solodko."

Und dein Opa saß ein paar Reihen weiter und beobachtete meinen Gesichtsausdruck.

Wir begannen, uns abends beim Wohnheim zu treffen. Er gefiel mir, weil man mit ihm interessante Gespräche führen konnte. Wir haben uns natürlich nicht sofort geküsst (*lacht*). Wir waren eben wie Klassenkameraden. Wir sprachen über unsere Bekannten, über Literatur ...Alle, die die Mittelschule abgeschlossen hatten, lasen viel, denn es gab ja nichts anderes zu tun.

Die Deutschen zerbombten die örtliche Bibliothek, und meine Freundin und ich nahmen einen Sack voll Bücher mit – nicht einmal die besten. Als „beste" Literatur bezeichnete die Jugend damals ukrainische Klassiker und moderne ukrainische Literatur.

Iwan Le, Oleksa Desnjak, Kopylenko, die Abenteuerromane von Janowskyj und Smolytsch, „Die Menschenfänger" von Sinajida Tulub. „Krieg und Frieden" hatte ich gefunden und Gogols „Tote Seelen", sogar illustriert.

Als Pawlo erfahren hat, dass ich die zerbombte Bibliothek besucht hatte, freute er sich: „Lass uns Bücher tauschen!"

Ich brachte ihm Bücher aus Bachmatsch, und er mir aus Kurin.

Das Technikum gab es noch bis Dezember, dann eröffnete man dort ein Spital.

Im Mai 1943 rief man alle Studenten angeblich für ein Praktikum zusammen, aber tatsächlich für irgendwelche landwirtschaftlichen Arbeiten. Wir waren auch dort zusammen, und es lief richtig gut. Aber im Juni haben wir uns gestritten.

Pawlo kam mit einem Kumpel zu uns ins Wohnheim, und wir mussten einen Eimer Wasser bringen. Er hat uns nicht geholfen. Ich trug den Eimer selbst und kam danach nicht mehr zu unseren Verabredungen. Nicht, dass er es nicht gemerkt hätte, aber er kam gar nicht auf die Idee, zu helfen. Er war es gewohnt, dass in Kurin die Mädels selbst das Wasser schleppten.

Kurin hieß so, weil dorthin die Disziplinararrestanten des Bachmatscher Kosakischen Regiments geschickt wurden, und diese Halunken wohnten dort in Hütten, die man „Kurin" nennt.

Die Leute aus Kurin nennt man auch heute noch „Brandstifter", denn dort gab es für alltägliche Vergehen eine grausame Vergeltung: das Haus wurde angezündet. Natürlich gibt es auch dort, wie überall sonst, gute Leute und welche, die anders sind.

Beliebt waren unter den Jugendlichen damals russische Klassiker und moderne ukrainische Literatur. Man las die Werke von Iwan Le, Oleksa Desnjak, Oleksandr Kopylenko, Juri Janowski, Juri Smolytsch und Sinajida Tulub.

Bei uns in Bachmatsch war es nicht üblich, es war ja eine Stadt (*lacht*).

Also verabredeten er und ich uns nicht mehr. Pawlo versuchte es, doch ich zeigte ihm meinen weiblichen Trotz, und er zeigte mir wiederum den seinen. Ich gab ihm sein Foto zurück und bat ihn, mir meins wiederzugeben. Aber er tat es nicht.

Meine Oma Nadja in der 10. Klasse – dieses Foto wollte Opa ihr nicht zurückgeben, als er zum zweiten Mal an die Front ging. 1941

Auf der Rückseite meines Fotos hatte ich auf Russisch geschrieben: „Meine junge Liebe soll dir helfen, dich vor Kugeln bewahren." Später hat mir dein Opa geschrieben: „Die Worte, die du mir auf das Foto geschrieben hast, beschützen mich anscheinend wirklich."

Naja, damals schrieben alle so etwas. Auch noch auf Russisch, denn Ukrainisch erschien uns nicht so gehoben, auch wenn alle überall – von der Familie bis zur Schule – unsere Sprache gesprochen

Die Mädels, deren Jungs an die Front gingen, schenkten ihnen Fotos von sich. Auf die Rückseite schrieben sie – auf Russisch, denn das war gehobener Stil!: „Möge dir meine junge Liebe helfen und dich beschützen".

Oma hat Opa in die Armee 130 Briefe geschrieben ...

haben. Übrigens wurde in der Division deines Opas eine Zeitung auf Ukrainisch herausgegeben. Sie hieß „Für das Vaterland!" und sein Kommandeur Kolossow, ein Russe, hat ihn ständig gebeten, zu übersetzen, mit so einem russischen Akzent: „Was schreiben sie dort über das Vaterland?"

Das Foto habe ich ihm noch im Mai geschenkt, und im Juli gab es die ersten Gerüchte, dass die Front näherkomme. Und die Deutschen machten nicht mehr so viel Ärger, wurden ruhig.

Ich habe so etwas geschrieben, denn Pawlo sagte mir mehr als einmal: „Die Front kommt noch zurück, ich gehe noch in den Krieg ..." Aber ich dachte eigentlich nicht darüber nach – ich war achtzehn, und Pawlo zwanzig, und er war bereits Soldat.

Wir trennten uns und sahen uns bis 1946 nicht wieder. „Schreib mir wie einem Kumpel, und Amor hat hier nichts zu suchen" – ich erinnere mich noch genau an seinen ersten Brief von der Front. Er tat mir so leid, hatte er doch so viel durchgemacht ...

Wir schrieben einander viel, doch sehr formell: wir hatten uns ja gestritten, und es gab keine gegenseitigen Liebeserklärungen, alles war sehr ernst.

Aus irgendeinem Grund war ich überzeugt, dass Pawlo zurückkommen würde. Ich schrieb ihm davon, und er antwortete couragiert:

„Wenn deine Worte wahr werden, dann hast du dafür einen Kuss verdient, und sogar mehr."

Ich glaube nicht an das Schicksal – doch manchmal würde ich es so gerne.

* * *

Als man uns nach dem Ende der deutschen Okkupation zum Wehrdienst musterte, sagte der Offizier: „Wer in der Artillerie gedient hat, geht zwei Schritte vor."

Ich trat vor. Von denen, die zurückblieben, starben viele zwei Monate später – während der Schlacht am Dnepr. Gerüchte verbreiteten sich, dass man ihnen nicht einmal eine Uniform gegeben hatte.

Diejenigen, die in der Artillerie dienten, hatten höhere Überlebenschancen. Schließlich ist die Artillerie keine Infanterie.

Im November 1943 schickte der Kommandeur des Bataillons den Spähtruppführer und mich an die Frontlinie, um den Feind zu beobachten. Ljutischer Aufmarschgebiet, bei Jasnohorodka. Wir sprangen in den Graben, holten Luft. Der Graben gefiel mir nicht. Ich schlug dem Feldwebel vor, einen neuen zu graben.

Der Boden war sandig, wir waren im Nu fertig – und genau in dem Moment fiel eine Mine in den alten Graben.

Ein kleiner Splitter bohrte sich in meinen Kopf, doch verschonte den Schädel.

Oder der Fall am 7. Dezember 1943 bei der Siedlung Rosa Luxemburgs bei Korosten. Unsere

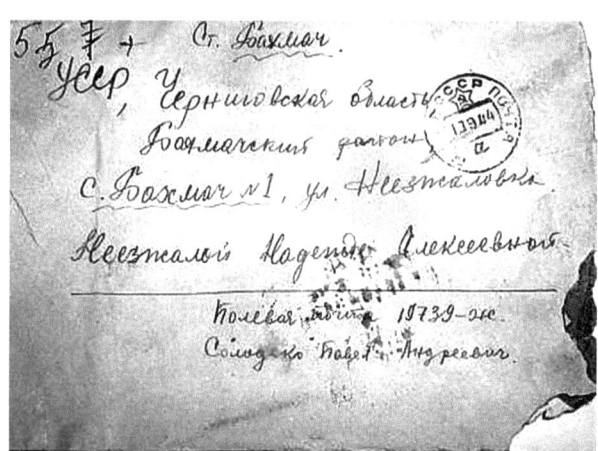

... und Opa schrieb 120. Oma bewahrt sie heute noch auf.

Batterie unterstützte das Bataillon, und die deutsche Infanterie wies zwanzig Panzer auf. Die Kanonen schossen zielgerichtet. Der Bataillonskommandeur, Oberleutnant Rosumowskyj, gab Befehle, ich gab sie weiter an die Batterie.

Wir bemerkten den Panzer, ich lief zur ersten Kanone und zeigte dem Zielführer, woher er kam. Ich lief zurück – gleichzeitig schlug auf dem Gebäude, auf dem der Bataillonskommandeur stand, ein Geschoss ein. Rosumowskyj und der Verbindungsmann Schewtschenko kamen ums Leben.

Ein Ausschnitt aus Omas Brief: „Ich bin aus irgendeinem Grund überzeugt, dass du am Leben bleibst ... Die Zeit mit dir zusammen war die beste meines Lebens."

Am 28. Dezember 1943 schickte der neue Bataillonskommandeur uns an die Frontlinie, um eine deutsche Kanone und Geschosse als Trophäen zu holen. Zu fünft setzten wir uns auf einen Pferdewagen, mit dem normalerweise Kanonen transportiert werden. Wir waren fast am Ziel, als eine Mörser-Batterie auf ihrem Pferdewagen auftauchte. Dmytro Tkatschenko, der unseren Wagen führte, bat einen Teil von uns, sich auf den Wagen der Mörser zu setzen, denn die Deichsel hob sich bereits unter uns. Alle hatten es sich gemütlich gemacht, niemand wollte absteigen.

Aus irgendeinem Grund beschloss ich, aufzuspringen und lief zu den Mörsern, hinter mir Oleksij Schyla. Und da ertönte eine Explosion – unser

Wagen war auf eine Panzerabwehrmine gekommen, und drei Soldaten darauf wurden getötet, die anderen schwer verwundet ...

* * *

Ich glaube, dein Opa blieb auch deshalb am Leben, da er die Bildung liebte. Als sie nach der Besatzung erneut gemustert wurden, sagte der Offizier: „Wer in der Artillerie gedient hat, geht zwei Schritte vor".

Pawlo trat vor, und das rettete ihn. Denn die Artillerie ist ja schließlich keine Infanterie.

Er schrieb mir in seinem Brief: „Ich erinnere mich manchmal an das, was wir in der 10. Klasse in Algebra gelernt hatten. Aber ich weiß nichts mehr: mir schweben irgendwelche Zahlenfolgen vor, Ungleichungen, Wurzeln mit negativen Potenzen usw. Aber mir scheint, als müsste ich da nur ein paar Mal draufschauen und schon könnte ich mich erinnern."

Er schrieb so etwas und nutze im Krieg selbst eine Tabelle von Logarithmen und irgendwelche technischen Geräte.

Nach dem Krieg diente Pawlo noch zu Ende und schrieb dann, dass er schon in Kurin sei. Und

Opa beschreibt die Kriegserfolge in Polen und spielt auf die Schönheit der heimischen Mädchen an: „Damals haben wir diese Nazi-Hunde in Galizien plattgemacht, und jetzt tun wir es in Polen hinter der Weichsel ... Es gibt viel Interessantes, aber keine Zeit, es kennenzulernen. Und die meisten polnischen Mädels sind hübsch."

ich studierte damals in Kyjiw an der Landwirtschaftlichen Akademie – und antwortete ihm:

„Pawlochen, ich bitte dich sehr – ich fahre in den Ferien nach Hause, dann besuche mich in Bachmatsch".

Er ist gekommen, und ich bat ihn um Verzeihung. Wir umarmten uns, weinten, und waren nun doch richtig zusammen.

Er konnte nicht in Präsenz studieren, denn 1944 war sein Vater gestorben und Pawlo musste sich um seine Familie kümmern (von seinen vier Brüdern waren nur zwei von der Front zurückgekehrt). Wir heirateten erst im Februar 1949.

Für die Hochzeit hatte ich nicht einmal ein Kleid, also gab mir Pawlo ein Stück als Kriegstrophäe in Deutschland erbeuteten Satin. Ich ließ mein Kleid privat in Holosijewo, auf der Dobryj-Schljach-Straße nähen, daran erinnere ich mich, als wäre es gestern gewesen. Denn damals konnte man nichts kaufen – nur mein Vater brachte ab und zu Stoff aus Minsk mit, als er als Zugführer auf der Linie Krementschuk – Minsk arbeitete.

Diesen Satin hatte Pawlo mit der Post von der Front gesendet. Er hatte Stücke davon davon nach Hause geschickt. Damals war es so: nach einem Kampf irgendwo in Deutschland brannte ein Laden, einer der Soldaten ging hinein, nahm sich eine Stoffrolle und verteilte sie unter seinen Leuten ...

Ich habe einmal gesagt: „Wenn du mir wenigstens einen goldenen Ring mitbringen würdest."

Mein Opa Pawlo mit den Schulterstücken eines Feldwebels der Artillerie. Unter den Abzeichen ist der Ruhmesorden und die Tapferkeitsmedaille. 1945

Und Pawlo erwiderte: „Wenn du nur wüsstest, wie man an solche Ringe kommt. Ein Soldat hackt einem Toten den Finger von der Hand – und nimmt ihm den Ring ab."

Danach erwähnte ich es nicht mehr.

Etwa zehn Jahre später fuhren wir nach Kyjiw, und da sagte Pawlo: „Lass uns in diesen Laden da gehen."

Es stellte sich heraus, dass es ein Juwelier war. Wir suchten einen Ehering für mich aus, aber Pawlo lief immer noch ohne herum.

Die ersten fünf Jahre schrie er im Schlaf. Er griff an, schoss und rief jemandem zu: „Wirf die Granate!", „Hurra!", und was die Soldaten sonst noch rufen – bis ich ihn in die Seite stieß.

Ansonsten redete er nicht gerne über den Krieg, außer mal unter Männern. Die meisten überlebenden Soldaten erinnerten sich nicht gerne daran.

Familie Solodko. Unten: Pawlo (Opa), Nadija (Oma) und Wolodja (mein Vater, zukünftiger Autoingenieur); oben: Wira (zukünftige Professorin an der Nationalen Universität Kiew-Mohyla-Akademie) und Jura (zukünftiger Arzt). 1966

Er erzählte mir, wie er einmal am Knie verletzt wurde. Außerdem hatte er noch einen Splitter im Hinterkopf. Der war eingewachsen und störte ihn nicht – er ist damit gestorben. Pawlo ezählte, wie er sich weigerte, zwei Kriegsgefangene zu erschießen. Er sagte zu seinem Kommandeur: „In der Schlacht – bitte, aber so kann ich es nicht".

Dann sprach er von einem Fall, ähnlich wie der, als er aus dem Lager geflohen war: wie er eine Schlacht verließ und so tat, als habe er einen verletzten Deutschen nicht bemerkt – und dieser beschloss, auf ihn zu schießen. Doch Pawlo hörte rechtzeitig das Klicken des Abzugs und schaffte es, sich umzudrehen und als Erster zu schießen.

Über den 9. Mai 1945 schrieb er mir in einem Brief: „Alle waren betrunken, außer mir." Er trank und rauchte nicht einmal im Krieg – das war noch etwas, was ich an ihm attraktiv fand.

Von 1952 bis 1984 arbeitete Opa als Schulleiter im Dorf Bachmatsch-1. Oma war dort Lehrerin. Opa starb 2008. Oma wollte ihre Briefe in seinen Sarg legen, doch ihre Kinder erlaubten es nicht.

Dmytro Krapywenko

„Die Infanterie lief zurück, doch wir waren schon an der Position, also traten wir nicht mehr den Rückzug an"

Mein Großvater mütterlicherseits, Iwan Serhijowytsch Michejew, ein ehemaliger Kraftfahrer im Krieg, erinnert sich auch ein halbes Jahrhundert später an jedes Städtchen auf dem Weg nach Uman, als wäre er erst gestern dort gewesen ... Und von meinem Großvater väterlicherseits, Petro Fedorowytsch Krapywenko, habe ich unzählige Medaillen, einen Orden des Vaterländischen Krieges und eine alte, etwas angestaubte Familiengeschichte geerbt.

„Ich weiß noch, wie die Deutschen diese Station bombardiert haben. Das war genau wie man in Büchern schreibt, Himmel und Erde brannten", erinnert sich mein Opa, als wir in Popilna anhalten. Es ist 1995, wir sind im Bus Korosten-Uman unterwegs zur Hochzeit meiner großen Schwester Marina.

Es ist ein halbes Jahrhundert her, aber er, der damalige Kraftfahrer an der Front, kennt jedes Städtchen noch, als wäre er gestern hier gewesen.

„In Skwyr hat uns die Hausherrin zum Schnaps eingeladen, das war wohl das erste Mal für mich, und wie schlecht es mir am Morgen ging", lacht er. „Und in Bila Zerkwa haben wir uns mit der Polizei geprügelt, sie hatten uns zu oft ermahnt."

Mein Großvater mütterlicherseits, Iwan Serhijowytsch Michejew, ist immer schlagfertig im Gespräch, selbst wenn er vom Krieg redet. Nicht, weil er so witzig für ihn gewesen sei. Es ist einfach sein Glück – ich denke, genau dieses hat ihm in schweren Stunden an der Front geholfen.

Wie viele junge Leute damals wollte auch

Iwan Serhijowytsch Michejew: „Ich weiß noch, wie die Deutschen diese Station bombardiert haben. Das war genau wie man in Büchern schreibt, Himmel und Erde brannten"

Mit seinen 86 Jahren fühlt sich Opa Iwan noch jung und verlässt nicht einmal das Steuer.

Iwan Michejew zum Fliegerclub gehen und Pilot werden, doch es kam so, dass er stattdessen zum Kraftfahrer ausgebildet wurde.

„Das war auch besser so", sagt Iwan jetzt. „Sonst wäre ich in den ersten Tagen des Krieges im Gebüsch verbrannt."

In seiner Heimat, dem Rajon Juriew-Polskyj, Oblast Wladimir (Russland) wurde im Juni 1941 eine Schützendivision formiert, die bei der Verteidigung von Smolensk fast komplett gefallen ist. Doch Opa Iwan wurde als gebildetes Mitglied des Komsomol[1] in die Schule für militärpolitisches Kader geschickt, das aus Leningrad evakuiert worden war.

Wer weiß, welche Sterne der frischgebackene Politoffizier Michejew für seine Uniform erhalten hätte ... doch die schnelle deutsche Offensive machte ihm einen Strich durch die Rechnung.

Nach einigen Monaten des Lebens als Kursant[2] mit kaserneninternen Verfeindungen zwischen „Städtern" und „Dörflern", mit der „Dunkelkammer" (wenn einem ein Mantel übergeworfen wird und alle auf einen einprügeln) für den besonders wütenden Unteroffizier, musste er dann doch an die Front, in die Infanterie, als Schütze.

„Die Stadt Lenins ist in Gefahr", sagte der Kommissar in seiner Abschiedsrede.

An den Januar 1942 hat Opa die schlimmsten

---

1 Anm. d. Übers.: Kurz für „Kommunistischer Jugendverband", die Jugendvereinigung der Kommunistischen Partei der Sowjetunion.
2 Anm. d. Übers.: Ein Soldat während seiner Ausbildung an einer Bildungseinrichtung des sowjetischen Militärs.

Erinnerungen. Die Front bei Wolchow. Hunger. Mangel an Waffen und Munition. Frost, unüberwindbare Nowgoroder Moore.

„Horden an Leichen: junge dunkelhaarige Jungs, Spanier aus der Blauen Division. Es schien, als hätten sie gar nicht gekämpft, sondern wären nur erfroren", erinnert sich Opa Iwan. „Und bei uns schaffte es kaum ein Soldat bis zum dritten Angriff."

Während eines solcher Angriffe explodierte ganz in der Nähe eine deutsche Mine – die Splitter bohrten sich ins Bein, manche konnten nicht einmal die Ärzte im Spital herausziehen. Die Wunden zog er sich im Februar zu, und schon im April war die Armee meines Opas in einen Kessel geraten, in einer Ortschaft mit einem furchtbaren menschenfressenden Namen – Mjasnoj Bor [Fleischwald – Anm. d. Übers.].

Es war die 2. Stoßarmee, deren Reste, geführt von General Wlassow, in Gefangenschaft geriet, der später mit den Nazis kollaborieren und die berüchtigte Russische Befreiungsarmee gründen würde. Nur ein kleiner Haufen Soldaten konnte sich aus der Einkesselung befreien und den Beschützern Leningrads anschließen.

Im Spital gab es „ständig Hirsesuppe" und eine Kinokomödie aus der Vorkriegszeit anstelle des Abendessens. Umformierung, Umzüge ... Und schon wurde Iwan Michejew Fahrer bei Kursk in einer Artilleriebrigade von „Katjuschas"[3].

Den ersten Ruhmesorden bekam er für die Schlacht bei Prochorowka, den zweiten für Ochtyrka: „Die Infanterie lief zurück und deckte uns nicht, doch wir waren schon auf der Position und traten nicht mehr den Rückzug an", erklärte mir Opa Iwan endlich, nachdem ich nach einigen seiner Versuche, mit Witzen sich um die Antwort zu drücken, immer noch nicht lockerließ.

Die im Frühlingsschlamm bei Schepetiwka zurückgelassene deutsche Militärtechnik, eine Steppe, in der man sich nirgendwo vor den Bombern verstecken kann, die schweren Leiden des am Bauch

Die schlimmsten Erzählungen I.S. Michejews drehen sich um die Wolchower Front: „Horden an Leichen: junge dunkelhäutige Jungs, Spanier aus der Blauen Division. Es schien, als hätten sie gar nicht gekämpft, sondern wären nur erfroren. Und bei uns schaffte es kaum ein Soldat bis zum dritten Angriff."

---

3   Anm. d. Übers.: Ein sowjetischer Raketenwerfer, auch „Stalinorgel", der seinen Namen dem bekannten russischen Lied verdankt.

verletzten Zugführers bei Proskurow[4], verbitterte Kämpfe um Schytomyr, die Tränen der verängstigten gefangenen Volksstürmer, Verletzungen in den letzten Tagen des Krieges ... Hunderte langer Frontkilometer.

Und gleichzeitig waren sie gut drauf, die Kampfkameraden: Jungs aus Podillja, ehemalige Matrosen, die noch vor dem Krieg in der Flotte dienten und zur Landartillerie geschickt wurden, ulkige Polen in kurzen Hosen, das erste Restaurant, das er in Krakau mit eigenen Augen gesehen hat. Das Witzige und Tragische vermischt sich in den Erzählungen Opa Iwans – das kann nicht einmal jeder talentierte Drehbuchautor. Nun, Opa hat den Krieg nicht nur auf dem Bildschirm gesehen.

An meinen Opa väterlicherseits, Petro Fedorowytsch Krapywenko, erinnere ich mich kaum; er starb, als ich erst acht Jahre alt war. Von ihm habe ich seine unzähligen Medaillen, den Orden des Vaterländischen Krieges und eine alte Familiengeschichte geerbt.

Eine Reihe von Orden ist alles, was mir von meinem Opa Petro aus Kuban geblieben ist. Unter den Medaillen ist der Orden des Vaterländischen Krieges, und der wurde nicht einfach so vergeben.

Petro Krapywenko, ein junger Kerl aus Kuban, gelangte kurz nach Kriegsbeginn an die Front. Genau wie Opa Iwan war auch er Kraftfahrer. Bei der

---

4   Anm. d. Übers.: Heute die ukrainische Stadt Chmelnyzkyj.

Schlacht um den Kaukasus wurde er verletzt und geriet in Gefangenschaft. Er floh und kämpfte entweder bei den slowakischen oder tschechischen Partisanen, dann schloss er sich der Roten Armee an.

Doch nach dem Krieg erinnerten ihn die „zuständigen Beamten" an die Gefangenschaft und schickten ihn in den Ural.

Ich weiß nicht, ob es wegen der Deportation oder der Zwangskollektivierung[5] und der Repressionen war, unter denen die ansonsten gut betuchte Familie Krapywenko gelitten hatte, aber Opa Petro hasste Stalin von ganzem Herzen.

Nach dem Aufenthalt im Ural kam er nach Tiflis, wo er lange als Busfahrer arbeitete. Unter georgischen Fahrern war es damals in Mode, das Porträt des „Koba"[6] in der Kabine aufzuhängen. Petro Krapywenko machte nicht mit und es kam sogar vor, dass er sich mit neuen Kollegen prügelte, die versuchten, Stalin im Bus aufzuhängen.

Petro Fedorowytsch Krapywenko hasste Stalin - entweder wegen der Deportation oder der Kollektivierung und der Repressionen, unter denen die ansonsten gut betuchte Familie Krapywenko gelitten hatte.

---

5   Anm. d. Übers.: Hier ist der Zusammenschluss von landwirtschaftlichen Betrieben zu Kolchosen, also Großbetrieben in der Sowjetunion und die damit verbundene Enteignung samt Zwangsabgaben gemeint.
6   Anm. d. Übers.: Parteipseudonym von Stalin, benannt nach einem legendären und literarischen georgischen Volkshelden.

Taras Schamajda

„Der Deutsche wollte Opa überreden, seine Tochter zu heiraten ... damit die Rote Armee ihn in Ruhe lässt"

Mein Opa, Mykola Wasyljowytsch Kutko, lebte in Lysytschansk in der Oblast Luhansk. Geboren ist er 1921 im Dorf Wilschana des Rajons Dworitschansk in der Oblast Charkiw. Er war Zeuge der Zwangskollektivierung, des Holodomor und aller Schrecken des Krieges. Opa ist 2013 gestorben.

Das Leben vor dem Krieg

Vor der Zwangskollektivierung gehörte die Familie Kutko zu den vermögenden mittelständischen Bauern.

„Wir hatten Land, Vieh, einen großen Garten, haben viel gearbeitet, aber lebten auch gut", erinnert sich Opa. „Doch 1929 begannen die Kommunisten, den Leuten alles wegzunehmen. Sie nahmen uns einen schönen Pflug, Ochsen, Pferde – alles."

Opa Mykola Wasyljowytsch Kutko kann bis heute nicht ohne Tränen vom Holodomor sprechen:

„Die Kommissare nahmen uns alles weg, was sie konnten: Brot, jedwedes Essen, alle Äpfel bis auf den letzten. Die Leute gruben gefrorene Rüben aus den Feldern aus. Auf den Straßen lagen überall Leichen. Die Kommunisten schnüffelten mit ihren Hunden in jedem Hof herum und suchten nach versteckten Lebensmitteln.

In Russland, in unserem Nachbarland, gab es so etwas nicht, und die Leute gingen dorthin, um Gold und Taufkreuzanhänger für Brot einzutauschen, doch sie wurden an der Grenze angehalten und von den Zügen und Wagen geworfen. Man nahm ihnen alles ab und schicke sie zum Sterben zurück."

Mykola Wasyljowytsch Kutko: „Die Kommissare nahmen uns alles weg ... Die Kommunisten schnüffelten mit ihren Hunden in jedem Hof herum und suchten nach versteckten Lebensmitteln. In Russland ... gab es so etwas nicht, und die Leute gingen dorthin, um Gold und Taufkreuze für Brot einzutauschen, doch sie wurden an der Grenze angehalten ... und zum Sterben zurückgeschickt."

In Mykolas Familie sind seine Tante, sein Onkel, sein Opa und seine Oma gestorben. Vater und Mutter wurden krank und starben ebenfalls einige Jahre später. 1937 nahm die Tante den Jungen mit nach Lysytschansk und überzeugte die dortigen Bergarbeiter, ihn als Waisen in die Ausbildung aufzunehmen. Seitdem lebte er im Donbass und 1939 arbeitete er im Melnykow-Bergwerk, wohin er auch nach dem Krieg zurückkehrte und mehr als ein halbes Jahrhundert als Bergmann tätig war.

Rückzug

Mykola wurde im Mai 1941 in die Armee einberufen, und im Juni begann der Krieg. Er diente damals in der Ausbildungsabteilung des Luftregiments bei Kolomyja.

Es gab nicht genug Fahrer für den Rückzug der Menge an Fahrzeugen, daher engagierte man Mykola als Assistent eines Kraftfahrers.

„Wir sind hinter den sich zurückziehenden Panzerverbänden in Richtung Kyjiw gefahren", erinnert sich Opa. „Unsere Flugzeuge waren in Kamjanez, und alles wurde in den ersten Tagen des Krieges zerstört, damals fing man an, uns zu bombardieren. Die ‚Messerschmitts' tauchten plötzlich auf, schossen auf die Fahrzeuge... Die Straßen rauchten und waren mit kaputtem Gerät versperrt, die Massen, die Massen an Toten wurden durch die Gegend gekarrt..."

Beim Rückzug nach Osten brannten sie in Schytomyr eine Tankstelle nieder, damit die Deutschen sie nicht kriegen.

„Unser Autobataillon, bis zu 80 Autos, kam nicht mehr hinterher und versuchte, in diesem Chaos zu seinem Regiment aufzuschließen – mit Treibstoff und Patronen, aber ohne Lebensmittel. Damit uns die deutsche Luftwaffe nicht bemerkte, waren wir nur nachts unterwegs; wer seine Scheinwerfer einschaltete, dem drohte die Todesstrafe.

Doch ohne Scheinwerfer war es sehr schwierig. An der Desna ist ein Wagen im Regen umgekippt, wir haben ihn kaum herausziehen können. Erst bei Bila Zerkwa konnten wir unser Regiment aufholen, nach der Rückkehr aus Tschernihiw."

Als das Autobataillon sich zurückzog, waren wir nur nachts unterwegs; für eingeschaltete Scheinwerfer drohte Erschießung. Es kam deshalb vor, dass Wagen umkippten.

Mein Opa Mykola Kutko. 1945

In Gefangenschaft

Die Deutschen schossen auf die Gefangenen oder schlugen sie mit Gewehren. Zuerst wurden sie zu Fuß getrieben, dann in Waggons gesetzt und nach Holm gebracht. Dort überwinterten sie in Gruben. Polen und manchmal Ukrainer aus der UdSSR konnten freigelassen werden, Russen aber nicht.

Im September 1941 ist die Kolonne in der Oblast Charkiw in einen schweren Bombenangriff geraten. Viele Menschen sind gestorben und Opa wurde am Kopf verletzt. Er wachte erst in der Kriegsgefangenschaft auf.

„Wir wurden jeweils zu fünft in einer langen Kolonne aufgereiht. Neben mir haben Leute geweint und in der Kolonne nach ihren Lieben gesucht. Wer auf das Wort ‚Sohn!' hörte, wurde von den Deutschen erschossen oder mit Gewehren geschlagen. Das Wetter war trocken, über der Kolonne eine Menge Staub. Erst wurden wir zu Fuß nach Westen getrieben, dann in Waggons gesetzt und nach Schytomyr gefahren, und ein paar Tage später nach Holm."

Den Winter 1941 – 1942 verbrachte Mykola Kutko in Holm (das heute zu Polen gehört). Sie überwinterten in Gruben, die in die Erde gegraben wurden. Viele Leute kamen und wollten die Gefangenen zu sich holen. Die Deutschen entließen polnische Staatsangehörige aus der Gefangenschaft, manchmal auch Ukrainer aus der UdSSR, besonders wenn deren Verwandte mit Papieren angereist waren, aber die Russen ließen sie nicht frei. Aus Holm wurden Opa und die anderen weiter in ein Konzentrationslager 120 Kilometer von Berlin entfernt gebracht, danach in ein anderes Lager in der Nähe von Fürstenberg, wo sie den ganzen Winter bleiben mussten.

„Im Frühjahr 1942 wurden wir aus Strahlrohren ‚gebadet' und in die Stadt gebracht. In Fürstenberg suchten sich die deutschen Bauern Gefangene aus. Jeder, der Gefangene auf seinem Hof aufnahm, trug die persönliche Verantwortung für sie. Unser Herr war nicht geizig – er ließ uns im Kornspeicher wohnen und erlaubte uns, Lebensmittel zu nehmen und Essen zu kochen. Wir waren zu zehnt, hauptsächlich Ukrainer."

Die Tatsache, dass Opa sich noch aus dem Donbass mit deutscher Elektrotechnik auskannte und ein wenig Deutsch sprach, sorgte dafür, dass er in eine „privilegierte Position" kam: im Feld arbeitete er kaum, sondern blieb zu Hause und wartete die Ausrüstung.

Die wundersame Rettung

1942 erkrankte Mykola an Fleckfieber. Viele Leute starben daran, und es schien, als würde auch ihm dieses Schicksal zuteilwerden. Im Spital für Kriegsgefangene in Guben wurde Mykola bewusstlos, und als er die Augen aufmachte, wurde er schon als hoffnungsloser Fall in die Leichenhalle gebracht.

Gerettet hatte ihn eine Begegnung, die man nur ein Wunder nennen kann.

„Als man mich zur Leichenhalle brachte, bemerkte dies ein Polizeimajor, ein Ukrainer, und sagte: ‚Wo bringt ihr ihn hin? Er lebt doch noch!' Dann beugte er sich über mich und fragte:

‚Wo kommst du her?'

‚Aus der Oblast Charkiw', sage ich.

‚Aus welchem Rajon?'

‚Aus Dworitschansk.'

‚Und aus welchem Dorf?'

‚Aus Wilschany.'

‚Zu wem gehörst du denn?!'

Ich antwortete ihm.

‚Sofort umdrehen!' – befahl der Polizist. Man brachte mich umgehend ins Krankenhaus, wo der Unbekannte sagte:

‚Passt mir auf diesen Mann auf!', und zu mir sagte er: ‚Ich bin Hryzko Tschubenko, merk' dir das.'

Später fand ich heraus, dass das mein Onkel war. Diese wundersame Begegnung rettete mir das Leben. Ich wurde mit Fischfett gesund, und Tschubenko sah mehrmals nach mir. Später klagten die Deutschen ihn wegen irgendwelcher Zuwiderhandlungen an und erschossen ihn."

Im Krankenhaus

Als Opa wieder gesund war, wurde er zum Aufseher im Krankenhaus und lebte zwei Jahre dort. Er lernte noch besser Deutsch – und das half ihm in vielen Situationen aus der Patsche.

Die Gefangenen hatten nicht genug zu essen, besonders die sowjetischen. Die Franzosen teilten ihr Essen mit ihnen. Dann trafen aus den USA Pakete ohne Empfängernamen für die sowjetischen Gefangenen ein.

Mykola lernte Deutsche in der Küche kennen und konnte daher Essensreste mitnehmen – einige Liter Suppe, die er den Gefangenen im Spital gab. Er versorgte auch die Ärzte, die ebenfalls sowjetische Gefangene waren.

„Im Spital kannte man mich und ließ mich überall hinein. Ich freundete mich mit den Franzosen und Jugoslawen an, die auch in unserem Spital arbeiteten", erzählt Opa. „Die Franzosen durften sich überhaupt in der ganzen Stadt frei bewegen.

Die sowjetischen Gefangenen hatten nicht genug zu essen, weil sich Stalin im Gegensatz zu den Regierungen anderer Länder weigerte, sie über das Rote Kreuz versorgen zu lassen. Franzosen versorgten sie, dann trafen aus den USA Pakete ohne Empfängernamen mit Lebensmitteln ein.

Ich weiß noch, wie der französische Arzt und Major sich immer auf Deutsch mit unserem Chirurgen Rajskyj aus Melitopol über die Operationen beraten hat."

Währenddessen kam die Front immer näher an Deutschland heran.

„Die amerikanische Luftwaffe bombardierte die Nachbarstadt Cottbus so, dass die Erde bebte. Etwa 20 Bomber waren unterwegs, und drumherum noch mehr Jagdflugzeuge als Beschützer".

Die Gefangenen im Spital wurden nicht so gründlich bewacht, und Mykola Kutko beschloss zusammen mit einem verletzten sowjetischen Piloten, zu fliehen. Sie bereiteten sich vor und verließen nachts das Krankenhaus. Doch sie stießen auf einen Polizisten, der die Straße entlangfuhr.

„Der Pilot stürmte nach links, ich blieb stehen, und der Polizist bemerkte mich. ‚Halt! Wo kommst du her?', fragte er mich. Ich sagte ihm, dass ich im Arbeitszimmer eingeschlafen sei und jetzt zum Spital Nr. 104 müsse. Der Polizist brachte mich zum Spital: ‚Hier habt ihr euren Mann.' Die Wachen kannten mich und schöpften daher keinen Verdacht."

Mein Opa ist 89 Jahre alt, doch an die Vergangenheit erinnert er sich sehr gut

Mykola Wasyljowytsch Kutko: „Im Spital ... erinnere ich mich, wie der französische Arzt und Major sich immer auf Deutsch mit unserem Chirurgen Rajskyj aus Melitopol über die Operationen beraten hat."

Ein unerwartetes Angebot

Im Frühjahr 1945 lud Michael, ein Wächter aus dem Spital, Mykola plötzlich zu sich nach Hause ein.

„Als wir ankamen, brachte seine Frau uns etwas zu essen. Und er sagte zu mir:

‚Ich habe eine 18-jährige Tochter und sonst niemanden. Lass mich dich als ihren Ehemann eintragen.'

Er dachte, dass die sowjetische Regierung ihn nicht anrühren würde, wenn er zur Familie eines Mitglieds der Roten Armee gehörte. Die Deutschen hatten große Angst um ihre Familien, denn unsere Soldaten richteten tatsächlich so einiges in Deutschland an, das habe ich später mit eigenen Augen gesehen.

‚Die Sowjets werden mich doch sofort erschießen!', sagte ich zu ihm. ‚Und dich auch.'

Aber Michael glaubte mir nicht und versuchte, mich zu überreden, seine Tochter zu heiraten, versprach mir Kleidung und Geld. Der Mann konnte nicht verstehen, dass für die sowjetische Regierung alle Gefangenen Verräter waren, und wer sich mit einem feindlichen Soldaten verbandelte, der konnte erst recht nicht weiterleben."

Die Befreiung

Im April 1945 nahm die Rote Armee das Spital ein. Niemand wusste, welches Schicksal einen erwartete. Viele Gefangene und Ostarbeiter versuchten, nach Westen zu fliehen. Überall schnüffelten die Spezialeinheiten herum und suchten nach sowjetischen Bürgern.

Im Spital hörte man, dass in anderen von den Sowjets eingenommenen Gebieten Gefangene oft als Volksfeinde verhaftet oder sogar erschossen wurden. Doch Opa und seine Kameraden hatten Glück. Jeder wurde auf die Schnelle verhört, in einer Badestube gewaschen und mit einer Uniform versehen. Sogar die Polizisten, die nicht an den Verbrechen der Nazis beteiligt waren, wurden in der Roten Armee aufgenommen. Mykola Kutko wurde gleich der Rang des Oberfeldwebels verliehen. In Deutschland diente er bis 1946.

Im Februar 1946 wurde Opa zusammen mit anderen Bergarbeitern demobilisiert. Die Bergwerke des Donbass, die die Rote Armee beim Rückzug gesprengt oder geflutet hatte, mussten erneuert werden.

Interessant war, dass er während des gesamten Krieges nicht den Eid der Roten Armee abgelegt hatte: der Krieg hatte ihn in der Ausbildung überrascht, und danach hatten die Kommandeure nicht mehr die Zeit dafür gehabt.

Serhij Taran

Ein Großvater marschierte 1940 in Bessarabien ein ... und der andere ging zu den „Banderiwzi"

Meine beiden Großväter kommen aus dem Dorf Pawlysch in der Oblast Kirowograd. Für den einen endete der Krieg in Prag, für den anderen „in den Wäldern" bei den „Banderiwzi"[1].

Mein Opa väterlicherseits, Wasyl Wasyljowytsch Taran (1908 – 1983) war ein Berufsoffizier, und der Krieg begann für ihn in der Stadt Bolhrad in Bessarabien, wo er schon 1940 mit der 25. Artilleriedivision gekommen war.

Am Morgen des 22. Juni wurde Opa in den Verbandsstab gerufen, und meine Oma Manja, Maria Hnatiwna Taran (geb. Schwatschka, 1908 – 1985) blieb allein mit ihrer sechsjährigen Tochter und einem Sohn zurück, der drauf und dran war, geboren zu werden.

Der Stadtrand wurde zur Front, und Oma packte ihre Habseligkeiten zusammen, setzte sich noch am gleichen Tag in den Zug und fuhr zusammen mit ihren Kindern nach Pawlysch. Sie waren etwa zehn Tage unterwegs, da der Zug zweimal „zerbombt" wurde. Oma erzählte:

„Einmal saßen wir hinten und sie zerbombten den vorderen Teil des Zuges. Beim zweiten Mal saßen wir vorne und sie zerbombten den hinteren Teil."

In ihrem Heimatdorf warteten alle auf die Evakuierung, und hatten bereits gelernt, die Flug-

---

1 Anm. d. Übers.: Damit sind die Anhänger des Anführers der ukrainischen nationalistischen Bewegung und eines Flügels der OUN, Stepan Bandera, gemeint; später im weitesten Sinne alle, die für die nationale Unabhängigkeit der Ukraine stehen und kämpfen. Der andere Flügel der OUN unter Andrij Melnyk wird entsprechend „Melnykiwzi" genannt.

In Pawlysch warteten alle auf die Evakuierung, doch diese war schlecht organisiert, genau wie die Mobilisierung: die Rekruten behielt man drei Tage in der Militärkommission und schicke sie doch nicht an die Front. So wurden sie zu „Verrätern", weil sie im „feindlichen Territorium" geblieben waren. Auf sie wartete ein schreckliches Schicksal: Straf- und Bewährungsbataillone, wo es nur ein Gewehr für vier Personen gab.

zeugtypen am Geräusch zu erkennen – wenn es ein Bomber war, versteckten sich alle in den Kellern. Doch die Evakuierung selbst war schlecht organisiert, genau wie die Mobilisierung: selbst die Rekruten behielt man drei Tage in der Militärkommission und schickte sie doch nicht an die Front. Das spielte später eine fatale Rolle im Schicksal der Jungs aus dem Dorf: weil sie wegen der verzögerten Mobilisierung auf „feindlichem Territorium" blieben, wurden sie bei der Ankunft der Roten Armee zu „Verrätern". Sie wurden durch die Mühle der Straf- und Bewährungsbataillone gejagt, wo es nach Erzählungen der Pawlyscher nur ein Gewehr für vier Personen gab.

Mit der Ankunft der deutschen Armee entschloss sich Manja, zusammen mit sieben anderen aus ihrem Dorf, über den Dnepr zu fliehen. Ihr Sohn, mein Vater, war damals fünf Tage alt. Doch es war bereits zu spät zum Fliehen.

Auf dem Weg zur Fähre in der Nähe des Dorfes Derewijiwka holten deutsche Motorradfahrer sie ein. Sie legten alle ihre Sachen auf einen Haufen und begannen, nach irgendwelcher Beute zu „schnüffeln". In Omas Koffer fanden sie einen grauen Stoff und roten Paspel – das hatte man früher den Offizieren „für die Hosen" gegeben.

Die Deutschen erwiesen sich als schlau und als sie begriffen, dass unter den Flüchtlingen eine Offiziersfamilie war, fragten sie, wem diese Sachen gehörten. Doch niemand sagte etwas und nachdem sie die Geflüchteten bis zum Morgen festgehalten hatten, ließen sie alle laufen mit dem Befehl, nach Hause zurückzukehren.

Im ersten Jahr der Besatzung war das Leben für Oma und ihre zwei kleinen Kinder sehr schwer. Am schlimmsten war, dass seit dem Frühjahr niemand mehr etwas anbaute und es keine Arbeit gab. Gerettet hatte sie Opas Bruder Danylo, der in der Lebensmittelversorgung eingesetzt war und ihnen heimlich, in seinen Stiefeln versteckt, Getreide mitbrachte.

Für die schwere Arbeit auf dem Hof zog Oma ein verwildertes Pferd heran, das sie hinter dem Dorf gefunden hatte – später, als „unsere Leute kamen", wurde es für den Bedarf der Roten Armee konfisziert.

Opa Wasyl, Oma Manja und Tante Larysa – das Foto, das der Familie das Leben gerettet hat. 1940

Von Zeit zu Zeit kamen Deutsche in Omas Haus. Es gab keine Partisanen-Aktivitäten um das Dorf herum. In Pawlysch gab es keine besonderen Konflikte zwischen den Bewohnern und Besatzern. Die Offiziere hatten gar nichts gegen die Bewohner, und die Soldaten gaben den Kindern manchmal von ihrem Essen ab.

Um unvorhersehbare Konsequenzen zu vermeiden, versuchte Oma – vor dem Krieg sehr modebewusst – absichtlich, sich unauffällig zu kleiden, und schmierte ihr Gesicht „aus Versehen" mit Ruß ein, denn sie wusste, dass die Deutschen „keine dreckigen Leute mögen".

Einmal organisierten die Deutschen in ihrem Haus eine Bäckerei. Natürlich bekam auch Oma etwas davon ab. Man brachte Mehl und vor allem Feuerholz zum Haus, das im Dorf aus irgendeinem Grund als besonders wertvoll galt. Ihre Nachbarin Dunja wurde neidisch auf dieses Holz, darum ging sie zur Verwaltung und sagte, dass Oma die Frau eines Kommissars sei, und „ihr hängt doch Kommissare".

Die Familien von Kommissaren brachten die Deutschen tatsächlich um, deshalb kam die Gestapo am nächsten Morgen zum Haus („in einer schwarzen Uniform") und informierte Oma ruhig und bürokratisch darüber, dass, weil sie die Frau eines Kommissars sei, sie und ihre Kinder am nächsten Tag gehängt werden würden.

Widerworte hatten keinen Sinn, und Oma weiß noch genau: sie wollte zuerst gehängt werden, damit sie nicht mit ansehen muss, wie ihre Kinder sterben. Man hätte sie tatsächlich hingerichtet, wenn Oma Manja nicht eingefallen wäre, der Gestapo ein Foto aus der Zeit vor dem Krieg zu zeigen, auf dem man an der Uniform sehen konnte, dass ihr Mann gar kein Kommissar, sondern „nur" ein Offizier der Roten Armee war. Die Exekution wurde abgesagt.

Nachbarin Dunja wurde für die Lüge öffentlich ausgepeitscht. Dazu muss man sagen, dass damals niemand im Dorf Unterwäsche trug, und so konnte das ganze Dorf sehen, was es heißt, die „neue Regierung" anzulügen ...

Währenddessen kämpfte mein Opa an der Front, verteidigte Odessa und Sewastopol. Bei Sewastopol hielt er, schwerverletzt, eingekesselt und zusammen mit seinen Mitstreitern, lange die Stellung in den Katakomben, und als die Schlacht vorbei war, kam er in Kriegsgefangenschaft. Aber vorher versteckte er seine Offiziersabzeichen und ging als einfacher Soldat durch, was seine Überlebenschancen erhöhte.

Das Gefangenenlager war bei Mykolajiw, und die Bedingungen dort waren so schrecklich, dass Opa nach einigen Monaten krank wurde, und trotzdem musste er weiter hart arbeiten. Besonders setzte ihm der Hunger zu, denn die Gefangenen wurden mit halbgarer Kleie ernährt.

Einer der Wärter des Lagers entpuppte sich als Landsmann meines Opas und erkannte ihn. Doch statt der Leitung von seinem Rang als Offizier zu erzählen, warnte er ihn, dass die Deutschen ihn genau beobachteten, denn er „kann überhaupt nicht marschieren", also „ist er wahrscheinlich ein Offizier". Durch diesen Landsmann hat Oma Manja erfahren, dass Opa in Gefangenschaft war und, wenn sie ihn nicht bald rausholte, sicher sterben würde.

Oma wusste sofort, dass sie Opa irgendwie retten musste. Genauso ein Lager gab es auch in Pawlysch und dort waren Hunderte ehemaliger

Die Deutschen beobachteten die Kriegsgefangenen genau: wenn einer „überhaupt nicht marschieren kann", dann „ist er wahrscheinlich ein Offizier".

Soldaten der Roten Armee gestorben. Übrigens erlaubten die Deutschen beim Rückzug den Bewohnern, Gefangene zu sich nach Hause zu holen, falls es sich um ihre Verwandten handelte.

Viele Dörfler nahmen unbekannte Rote zu sich und nannten sie ihre „Verwandten", um ihnen das Leben zu retten.

Oma schnappte sich zwei Stücke Stoff, irgendein Tuch, Hosen, anderen Kram und fuhr los, um Opas Flucht zu organisieren. Alles, was sie mitgenommen hatte, gab sie dem Wärter, und als dieser Dienst hatte, floh Opa zusammen mit einigen Kameraden. Nachts kam er in Pawlysch an. Es gab auch eine Verfolgung: Opa erinnert sich, wie sie lange im Moor saßen, um die Hunde von ihrer Spur abzubringen, und schließlich konnten sie ihre Verfolger abschütteln, indem sie irgendeinem Dörfler einen Pferdewagen abnahmen.

Einige Wochen wohnte Opa neben seinem eigenen Haus, in einem trockenen Brunnen, bis der Dorfälteste Fedot Illo, Opas Stiefbruder, ihm eine Bescheinigung ausstellte – sie war für die damaligen Verhältnisse fantastisch – dass er angeblich „aus gesundheitlichen Gründen" aus dem Lager befreit worden war.

Wie sich später herausstellte, hatte Fedot Illo irgendetwas mit dem Untergrund zu tun, daher waren die Polizisten im Dorf vor allem „unsere Leute": sie warnten zum Beispiel immer vorher, wenn die Kinder versteckt werden mussten, damit man sie nicht „nach Deutschland holte".

Im Winter nähte Opa den Leuten Schuhe aus alten Reifen und im Sommer arbeitete er auf dem Feld.

Nicht nur Kinder wurden nach Deutschland geholt. Als Opa zum ersten Mal mitgenommen werden sollte, ging an seiner Stelle und unter seinem Namen sein leiblicher Bruder Danylo, der selber einwilligte, denn er hatte keine Kinder, und „Wasyl hat sogar zwei".

Beim zweiten Mal schickte man Opa doch noch nach Deutschland, doch er konnte die Bretter im Güterzug durchbrechen und fliehen. Als er ins Dorf zurückkam, versteckte er sich im Keller, wo sie eine Grube gegraben, mit Brettern abgedeckt, mit Heu zugeworfen und eine Ziege draufgestellt hatten. So wartete er „unter der Ziege" auf die Roten.

Als die Deutschen bereits geflohen und die Roten noch nicht angekommen waren, nahmen die Dorffrauen die Heugabeln in die Hand und gingen „plündern" – sie nahmen alles mit, was die Feinde hinterlassen hatten.

Die Kinder trugen noch Jahre später Mäntel aus deutscher Wolle und weichem Kalbsleder – unter dem Kragen. Und die Heugabeln nahmen sie mit, weil sie dachten: „wenn eine Mine oder Granate kommt, dann muss man sie nicht mit den Händen wegwerfen" … Opa Wasyl lachte lange, als er erfuhr, warum „die Weiber die Gabeln in die Hand nahmen" …

Oma und Opa warteten natürlich auf die Rote Armee. Doch sie hatten auch Angst, dass man Opa wegen seiner Gefangenschaft „erschießen könnte". Später stellte sich heraus, dass Sewastopol einer der Kampfgebiete war, in denen man Gefangenschaft nicht als Verrat einstufte – man „verzieh" meinem Opa. Sie befahlen ihm sogar, die Kolchose wiederaufzubauen, denn es gab keine Männer, und die Front brauchte Proviant.

Opa hielt es zwei Monate in der Kolchose aus, stellte die Getreideproduktion wieder her, und im Frühjahr 1944 meldete er sich für die Front und kämpfte in ganz Osteuropa. In der 9. Gardedivision wurde er bekannt dafür, dass er mit seinem Gewehr eine „Messerschmitt 109" abgeschossen hatte, als diese sich im Sturzflug über ihren Positionen befand. Solche vereinzelten Fälle gab es an der Front, und Opa bekam für seine Tat den Orden des Vaterländischen Krieges erster Stufe.

Das Kriegsende erlebte er in der Hauptstadt Tschechiens als Gardehauptmann. Die Führung bot ihm an, den Dienst zu verlängern, und versprach eine richtige militärische Karriere. Und er wäre geblieben, wenn Oma nicht endgültig verkündet hätte: sie hasse den Krieg so sehr, dass sie auf keinen Fall die Frau eines Soldaten sein möchte.

Opa Wasyl kehrte erneut nach Pawlysch zurück.

Als die Deutschen bereits geflohen und die Roten noch nicht angekommen waren, nahmen die Frauen im Dorf sich alles, was die Feinde hinterlassen hatten. Nach einer solchen „Plünderung" trugen die Kinder noch lange danach Mäntel aus deutscher Wolle und weichem Kalbsleder – unter dem Kragen.

Über meinen Opa mütterlicherseits, Iwan Sacharowytsch Skoryk (1906 – ?), ist wenig bekannt. Einiges kam erst heraus, als die Sowjetunion zerfiel.

Vor dem Krieg war seine Familie das Zentrum des lokalen kulturellen Lebens in all seinen Ausprägungen. Opa war, wie man damals im Dorf sagte, gesellig, und sein Cousin Wasyl Suchomlynskyj, ein zukünftiger berühmter Pädagoge, „belesen" und „sehr streng". Meine Oma, Tetjana Jalysejiwna Skoryk (1906 – 1993) erzählte, dass sich bei ihnen vor dem Krieg viele Leute „tummelten" und es viele „Feten" gab.

Opa Iwan beim Buchhalter-Kurs regionaler Konsumgenossenschaften der Charkiwer Konsumgenossenschaft. 1936

Doch seit Opa Iwan 1941 in den Krieg gezogen war, hatte man bis 1947 nichts von ihm gehört. Oma Tanja, die mit ihrem 1941 geborenen Säugling zurückgeblieben war, überlebte die Okkupation. Als die Rote Armee kam, versuchte sie, etwas über meinen Opa herauszufinden.

Das tat sie erst nach dem Krieg von Onkel Dymyd, zu dem sie nach Kyjiw gekommen war. Dieser sagte ihr, dass Iwan noch „in den Wäldern" kämpfte. Damals nannte niemand die UPA beim Namen, man sagte „in den Wäldern" oder „bei den Banderiwzi".

Doch die schlimmste Nachricht war diese: nach acht Jahren Trennung hatte Iwan eine neue Frau, eine „Banderiwka".

Wo und wie Iwan gekämpft hatte oder welches Schicksal ihn nach den 1940ern ereilte, weiß ich nicht. Auch in Pawlysch wusste es niemand, wo ihn keiner gesehen hatte. Erst in den 1960ern erzählte man, dass er am Leben war und mit seiner

Familie in Kirowograd (heute Kropywnyzkyj) oder Snamjanka wohnte.

In den 1970ern tauchten seine erwachsenen Kinder auf, doch leider wollte Oma sie nicht sehen.

Es ging natürlich überhaupt nicht um die „Banderiwzi". Oma Tanja selbst mochte die Kommunisten nicht. Über ihrem Herd in der Küche hingen Portraits kommunistischer Anführer, und sie sagte: die hängen da, „damit nichts auf die weiße Wand spritzt" oder „damit sie heiße Spritzer auf ihre Fressen bekommen". Bei den ersten Wahlen in der UdSSR und in der unabhängigen Ukraine wählte sie immer die „Ruch" und Tschornowil[2].

Dass Opa zu den „Banderiwzi" gegangen war, hatte ihm Oma schon lange verziehen, doch für die „Banderiwka" konnte sie ihm nicht vergeben.

Tetjana Jalysejiwna mochte keine Kommunisten. Über ihrem Herd in der Küche hingen Portraits kommunistischer Anführer, und sie erklärte: die hängen da, „damit nichts auf die weiße Wand spritzt" oder „damit sie heiße Spritzer auf die Fressen bekommen".

---

2   Anm. d. Übers.: Der Politiker und Dissident Wjatscheslaw Tschornowil (1937 - 1999) war seit 1992 der Anführer der ukrainischen Partei „Narodnyj Ruch Ukrajiny"- „Volksbewegung der Ukraine", oder kurz „Ruch", die Mitte rechts angesiedelt ist.

Taras Antypowytsch

Ein mit Milch und Käse freigekauftes Leben

Die Rettung meines Opas, Iwan Tymofijowytsch Denysko, haben wir einem estnischen Hauptmann zu verdanken, der seine Soldaten nicht in eine sinnlose Schießerei gegen deutsche Maschinengewehre schickte, dem Hofherrn Lazis, der ihn für Milch, Käse und Butter von den Deutschen freigekauft hat, und einem unbekannten Mann, der in einer Bescheinigung vom Spital schrieb, dass Opa in der Armee die Position des Schreibers im Hauptquartier innehatte und so geprüft worden war.

Mein Opa aus der Oblast Poltawa, Iwan Tymofijowytsch Denysko (1922 – 1992), hat im Zug vom Beginn des Zweiten Weltkriegs erfahren. Dieser brachte die Rekruten aus der Ukraine in die Rote Arbeiter- und Bauernarmee zum neu vom kommunistischen Imperium eingenommenen Gebiet – in das Baltikum.

Sie bekamen auf die Schnelle vorsintflutliche Gewehre, man zeigte ihnen, wie sie den Abzug drücken mussten – und schickte sie in die Schlacht gegen die Deutschen. Die Kämpfe auf lettischem Territorium endeten für meinen Opa und seine Waffenbrüder (oder eher Brüder ohne Waffen) in einer Einkesselung. Sie versuchten zu fliehen, liefen durch Wälder und Moore nach Osten.

Eines Nachts waren sie erschöpft im Gehölz eingeschlafen. Opa wachte vom Geräusch von Motorrädern auf. Er sprang auf und sah, wie ihr Kommandeur mit einer weißen Fahne im Wald stand – der estnische Hautpmann, und Deutsche mit Maschinengewehren und Motorrädern hatten das Wäldchen eingekesselt. Widerstand war zwecklos. Danke an den estnischen Hauptmann, der seine Jungs nicht in eine sinnlose Schießerei gegen die

Mein Opa Iwan Denysko mit meiner Oma Maria – damals noch seine Verlobte. 1947

motorisierte Armada von Soldaten mit Maschinengewehren geschickt hatte.

In Opas Tasche war ein Häuflein Zucker. Dieses Häuflein, gemischt mit etwas Wasser, war einige Tage lang seine ganze Nahrung im Kriegsgefangenenlager.

Währenddessen hatten die Deutschen die Gefangenen auf die lettischen Höfe verteilt, deren Besitzer das Reich mit Lebensmitteln versorgen sollten und dafür zusätzliche Arbeitskräfte bekamen.

Opa hatte Glück. Sein Herr Lazis vom Hof mit dem gleichen Namen war ein anständiger und gerechter Mensch. Als er sah, dass Opa jede Arbeit machen konnte und gewissenhaft und ordentlich war, begegnete er ihm auf Augenhöhe. Sie aßen am gleichen Tisch zu Mittag, arbeiteten auf demselben Feld.

Doch es waren wahrscheinlich Opas Kosakenwurzeln, die vermutlich aus Krementschuk stammen, die ihm nicht erlaubten, mit einer solchen, auf den ersten Blick komfortablen, Gefangenschaft zufrieden zu sein. Eines Tages floh er mit einem anderen Gefangenen naiverweise ... nach Osten, in die Ukraine.

Natürlich hatten die Deutschen sie sehr schnell geschnappt. Sie wurden stark verprügelt. Man hätte Opa getötet, wenn Herr Lazis ihm nicht zu Hilfe gekommen wäre. Er lud Eier, Milch, Käse und Butter auf einen Wagen – alles, was er mitnehmen konnte – und fuhr los, um Iwan Denysko von den Deutschen freizukaufen. Und er schaffte es. Sein Kamerad wurde wohl doch getötet, denn nach dem Krieg hat Opa ihn nicht wiedergefunden.

Als die Deutschen sich aus Lettland davonmachten, wurden die Gefangenen aus den Höfen wieder eingesammelt und in die Rote Armee mobilisiert. Opa fiel die Rolle zu, an den Schlachten in Richtung Königsberg teilzunehmen.

Er erinnerte sich immer mit Bitterkeit daran, wie man mit ehemaligen Gefangenen umging: morgens gab man ihnen Waffen und sammelte diese abends wieder ein. Auf dem Schlachtfeld waren sie demnach alle gleich, ansonsten jedoch Menschen zweiter Klasse.

Am 9. Oktober 1944 wurde Opa am Bein verletzt. Bombensplitter rissen ihm einen Teil Knochen und Wade heraus. Der Fahrer, der ihn ins Spital brachte, hat gesagt:

„Sei diesem Splitter dankbar, denn du lebst noch, und hast schon ausgekämpft."

Doch Opa dankte diesem Splitter nie, denn die Wunde ging seitdem jeden Sommer auf und verheilte immer langsamer, bis sie ihn ins Jenseits begleitete.

Nach dem Krieg arbeitete er auf dem Mähdrescher. In seinem Heimatdorf Sahruniwka in der Oblast Poltawa brachte er allen Bewohnern bei, Heu nur auf der Raufe zu lagern, wie man es in Lettland macht, und nicht auf dem Boden, wo es feucht wird und rottet.

Seiner Familie erzählte er von den schrecklichen Taten der Moskauer „Befreier" des lettischen Volkes im Sommer 1941. Sie erschossen damals alle politischen Gefangenen, und flohen so schnell vor den Deutschen, dass sie es nicht einmal schafften, sie zu begraben. Als die Kämpfe in vollem Gang waren, zersetzten sich die Leichen in der brennenden Sonne.

Abgesehen vom estnischen Hauptmann und Herrn Lazis ist Opas Leben einem unbekannten Mann zu verdanken, der Opa im Spital eine Bescheinigung ausstellte, dass dieser im Hauptquartier Schreiber wäre. Opa war nie Schreiber gewesen, selbst seine Schrift eignete sich überhaupt nicht für so einen Posten. Offensichtlich war der Mann von Mitgefühl für den Jungen erfüllt, der so sehr nach Hause wollte und nicht wusste, wie es den ehemaligen Gefangenen ergehen würde, die auf

In den von Deutschen befreiten Gebieten wurden die Gefangenen wieder eingesammelt und in die Reihen der Roten Armee mobilisiert. Man ging mit ihnen nicht so um wie mit anderen Soldaten: morgens verteilte man Waffen und nahm sie ihnen abends wieder weg.

Die, die in den Gebieten waren, die vor dem Krieg der UdSSR einverleibt wurden, erzählten von den Verbrechen der sowjetischen „Befreier": sie flüchteten so eilig vor den Deutschen, dass sie die erschossenen politischen Gefangenen nicht mehr begraben hatten. Während der Schlachten zersetzten sich die Leichen in der brennenden Sonne.

den Gutshöfen der Lazis arbeiteten. Opa wurde ein Posten „zugeschrieben", der zum „Blitzableiter" werden sollte: er diente im Hauptquartier und war daher geprüft.

Und tatsächlich entging Opa der Verfolgung.

Übrigens schrieb man, als Opa im Krankenhaus lag, eine Todesmeldung über ihn und schickte sie an seine Mutter, meine Uroma Oleksandra Karpiwna Denysko. Wenn der Brief aus dem Spital diese Nachricht nicht überholt hätte, dann wäre Uroma wahrscheinlich verrückt geworden vor Trauer. Denn es gingen drei Todesmeldungen gleichzeitig bei ihr ein: von ihren Söhnen Iwan und Petro sowie ihrem Vater Tymofij Josypowytsch Denysko. Die Formulierung war immer gleich:

„Wird an der Front seit Dezember 1943 vermisst."

Tatsächlich ist Opas Bruder Petro, den man als Lehrer 1940 in den Grenzschutzdienst bei Brest einberufen hatte, in den ersten Kriegstagen gefallen.

Uropas Tymofijs Geschichte war dagegen noch tragischer. Ihn und andere ältere Herren aus Sahruniwka mobilisierte man in die Nachschubtruppen der Armee. Uropa wurde Stallbursche in der Konsumgenossenschaft im Dorf Narymaniw in der Oblast Astrachan. Er transportierte Waren in Läden. Für die gesparten Kopeken kaufte er chromgegerbtes Leder für Stiefel, um bei seiner Rückkehr seine Familie mit Schuhen zu versorgen. Man sagt, dass lokale Banditen ihn deswegen umgebracht hatten. Nachdem er deutsche Kugeln vermieden hatte, ist er Opfer irgendwelchen Gesindels an der Wolga geworden.

Oleh Pokaltschuk

„Der Offizier zeigte Mama, wie Deutschland seinen Lebensraum erweitern würde"

Für meine Eltern begann der Krieg so, wie für die Mehrheit der Ukrainer: deutsche Flugzeuge in der Luft, flüchtende Sowjets, Bewohner in Panik ...

Meine Mutter, Oksana Tuschkan, wurde in der Oblast Katerynoslaw (heute Dnipropetrowsk) in die Familie des Staatsrats und Professors für Agrarwissenschaften Pawlo Tuschkan hineingeboren. Sie kam nach Kyjiw, als ihr Vater eine Stelle in der Regierung der Ukrainischen Volksrepublik bekam und mit der Erstellung des Liegenschaftskatasters beauftragt wurde.

Mein Vater, Wolodymyr Pokaltschuk, ist in der Oblast Schytomyr geboren, hat das Luzker Gymnasium abgeschlossen und kämpfte in der Armee der Volksrepublik unter dem Hundertschaftsführer Omeljanowytsch-Pawlenko. In Kyjiw war er Doktorand bei Professor Mykola Serow. Zu dieser Zeit lernte er meine Mutter kennen.

Nachdem er seine Strafe im Lukjaniwska-Gefängnis abgesessen hatte, die er im Zuge des Prozesses gegen die Organisation „Vereinigung für die Befreiung der Ukraine"[1] bekommen hatte (ein Kommilitone, der spätere sowjetische Dramaturg Kornijtschuk, hatte ihn angezeigt), war es Papa verboten, irgendetwas mit der ukrainischen Sprache und Literatur zu tun zu haben.

Wolodymyr Pokaltschuk, kämpfte der in der Armee der Ukrainischen Volksrepublik, war Doktorand des Professors Mykola Serow und saß im Lukjaniwska-Gefängnis im Zuge des Prozesses gegen die Organisation „Vereinigung für die Befreiung der Ukraine". Danach war es ihm verboten, irgendetwas mit der ukrainischen Sprache und Literatur zu tun zu haben.

---

1   Anm. d. Übers.: Ein Schauprozess der sowjetischen Regierung Ende der 1920er Jahre, der sich gegen eine fiktive „antisowjetische Vereinigung" richtete. Das Ziel war die Diskreditierung ukrainischer Akademiker und Kulturschaffender, darunter viele ehemalige Politiker. 45 Personen wurden angeklagt, von denen 30 zu einer Gefängnisstrafe von bis zu 10 Jahren verurteilt wurden.

Einstellen wollte ihn niemand, erst 1939 fand er eine Arbeit in der neu angegliederten Oblast Ternopil, und auch nur als Russischlehrer. Dort, in Kremenez, ereilte sie alle der Krieg.

Der Krieg begann für sie so, wie für die Mehrheit der Ukrainer: deutsche Flugzeuge in der Luft, die nach Osten flogen; Sowjets, die still und heimlich aus der Stadt geflüchtet waren; Panik unter den Bewohnern; ein Versuch der Evakuierung. Meine Eltern rollten hastig einige auf die Schnelle gefundene Habseligkeiten und Familienerbstücke in ihren letzten Teppich. Sie schmissen alles auf den Wagen und versuchten, mit anderen nach Osten zu fliehen – sie planten, nach Charkiw zu kommen, wo Mamas Vater als Professor arbeitete.

Doch ihnen kamen Leute entgegen, die sagten, dass dort schon lange die Front sei und erbitterte Schlachten wüteten – sie würden nicht durchkommen. Vor ihnen hörten sie Bomben, deutsche LKWs mit Soldaten fuhren an ihnen vorbei, und deutsche Soldaten riefen Zivilisten zu, dass sie nicht weitergehen sollten, es sei zu gefährlich. Sie verstanden damals Deutsch, denn es war so bekannt wie heute Englisch: die Mehrheit lernte es in der Schule.

Sie kehrten nach Kremenez zurück, wo bereits eine temporäre ukrainisch-deutsche Administration herrschte. Mama wollte eine Abkürzung nehmen: sie fand später heraus, dass sie durch ein Minenfeld gegangen war – unbeschadet.

In Kremenez fragte man nach ihren Ausweisen, die Deutschen suchten nach sowjetischen Aktivisten. Meinen Vater hielten sie zuerst an, da er kein Einheimischer war, doch sie ließen ihn schnell laufen. Sie fragten nach ihren Plänen – Papa antwortete, dass er zu seinem Vater und seinen Schwestern nach Luzk fahren wollte, und man stellte ihm einen deutschen Ausweis und eine Bescheinigung aus, auf der stand, wohin er mit seiner Familie reiste und warum.

Die deutsche Bürokratie funktionierte einwandfrei: am nächsten Tag öffnete bereits die Post, die Polizei usw. Mein Vater bekam einen Brief aus Wolyn, dass dort alles gut sei und er kommen könne. Mein Opa Feofan Karpowytsch Pokaltschuk lebte auf einem Hof bei Luzk. Die Deutschen hatten

---

Seit der Ankunft der deutschen Armee in Kremenez herrschte eine temporäre ukrainisch-deutsche Administration. Es gab eine funktionierende Post, Polizei usw. Die Deutschen suchten nach sowjetischen Aktivisten, prüften Dokumente, stellten Ausweise aus ...

Papa und Mama. Anfang der 1950er

allen Einheimischen Besitzrechte erteilt, daher hatte Opa Papiere auf Deutsch und Ukrainisch erhalten, dass das Land und der Hof ihm gehören, ein Dokument aus der Schreibmaschine mit roter Tinte, das Siegel war auch rot, auf jedem Text ein eigenes. Ich habe dieses Papier selbst gesehen.

Vater kam erst nach Luzk, als die Deutschen die Tore des örtlichen Gefängnisses geöffnet und die Toten hinausgetragen hatten – einige Tausende Menschen aus der ganzen Oblast Wolyn. Das Schrecklichste war nicht einmal, dass sie erschossen oder von Granaten zerfetzt worden waren, welche das NKWD[2] einfach in die Zellen warf, wenn sie keine Zeit für Erschießungen hatten; sondern, wie bestialisch die Roten die Gefangenen gefoltert hatten. Die Leute reisten einige Tage aus der ganzen Oblast an, suchten nach ihren Verwandten und fanden sie. In den Kirchen (die Deutschen öffneten alle Kirchen und Klöster, die die Sowjets geschlossen hatten) schlugen die Glocken zur Trauer.

Das passierte in der ganzen Westukraine – ich erwähne es nur, um darauf hinzuweisen, dass hiernach die Bewohner die Deutschen nicht bloß als Retter oder Befreier wahrnahmen: die Leute baten

In Luzk öffneten die Deutschen die Tore des örtlichen Gefängnisses und brachten einige tausend verstorbene Wolyner hinaus. Das NKWD hatte sie erschossen, und wenn sie keine Zeit hatten, einfach Granaten in die Zellen geworfen. Es gab auch Gefangene, die bestialisch gefoltert worden waren. Die Deutschen erlaubten den Bewohnern, unter den Leichen ihre Verwandten zu suchen und diese zu beerdigen.

---

2 Anm. d. Übers.: Das Volkskommissariat für Innere Angelegenheiten der UdSSR, also der sowjetische Geheimdienst und Vorläufer des KGB.

darum, sich der Deutschen Armee anzuschließen oder um Waffen.

Die Leute waren so wütend, dass sie bereit waren, selbst nach Osten zu gehen und sich zu rächen. Sie waren zuerst sogar neidisch auf die Leute aus Galizien: ihnen erlaubten die Deutschen, eine Division aus Ukrainern aufzustellen. Alle Historiker sind der einhelligen Meinung, dass die erste Dummheit Hitlers darin bestand, diese Massenbewegung zu ignorieren.

Zur nationalen Frage: zu Beginn des Krieges sind die polnischen Siedler in Massen nach Westen geflohen, die kommunistischen Juden nach Osten. Opa sagte, dass, als 1939 die Roten kamen, die Juden und Polen die Ukrainer an die Sowjets verrieten, und als die Deutschen kamen, die Ukrainer wiederum die Juden und Polen verrieten.

Es gab keine ethnischen Konflikte, dafür Streit, Schießereien und Denunziationen über Eigentum und Land, denn jeder Staat – der sowjetische, polnische und deutsche – hatte für seine Anhänger von seinen Gegnern Gutes abgezwackt, und dann wurde es unweigerlich über die ethnische Linie weitergegeben. Dort, wo es keinen Eigentumsstreit gab, gingen alle miteinander um wie vor dem Krieg, denn es gab nichts aufzuteilen. Man tauschte Lebensmittel, gab sich gegenseitig Verdienstmöglichkeiten usw.

Etwa bis 1943 war die Situation in Luzk relativ ruhig, man konnte die Stadt nicht im heutigen Sinn „okkupiert" nennen. Es wurde sofort eine Ordnung hergestellt, Verbrecher wurden auf der Stelle erschossen oder öffentlich gehängt, für die dritte Verspätung bei der Arbeit konnte man mit einer Lederpeitsche geschlagen werden (so eine Form der Strafe gab es); ich glaube, auch die Polizei hatte das Recht dazu.

Vater war es nicht vergönnt, auf dem Hof zu bleiben: man „bot ihm nachdrücklich an", Lehrer für ukrainische Sprache an einem ukrainischen Gymnasium zu werden, das Professor Bilezkyj leitete. Doch als sich wegen Bandera das Verhältnis zwischen Ukrainern und Deutschen verschlechterte, wurde das Gymnasium geschlossen. Es blieben nur noch ukrainische Matura-Kurse (de facto

Grundschulniveau) und Vater wurde zum Leiter dieser Kurse.

Aus der historischen Sicht der OUN gehörte Wolyn eher zum Flügel Melnyks, und die Wolyner Nationalisten – von denen es noch seit der Volksrepublik genug gab – betrachteten die Banderiwzi als „galizische Bettler" und „Abtrünnige", doch sie unterschätzten deren Beharrlichkeit. Als die Deutschen Bandera ins Lager steckten, war die gesamte ukrainische Polizei über Nacht aus den ehemaligen polnischen Kasernen verschwunden, wo sie untergebracht war. Sie desertierten mit ihren Waffen und gingen zum Bandera-Flügel der OUN. Die Banderiwzi haben oft mit Waffengewalt Melnykiwzi rekrutiert: sie umzingelten und überredeten sie, und wenn diese sich weigerten, wurden sie erschossen.

In der ukrainischen Gesellschaft von Luzk, wie auch überall, gab es zwei Meinungen: entweder man kämpfte gegen die Deutschen, oder man kollaborierte, denn sie ließen die Gründung einer unabhängigen Ukraine zu. Die Abwehr- und Wehrmachtsoffiziere glaubten es selbst und sagten es den Ukrainern, wobei sie sich auf die Ideen Kanaris' und Rosenbergs stützten.

Der Gestapo und SS dagegen waren die Ukrainer egal, und ihre Taten machten deutlich, dass die Deutschen aus der Ukraine vertrieben werden mussten, wie man es mit den Sowjets getan hatte.

Zu der Zeit gab es keine Sympathisanten mit Moskau mehr – die Sowjets hatten die gesamte Kommunistische Partei der Westukraine schon 1939 erschossen, die Überlebenden waren zu den Nationalisten übergelaufen und wurden überwiegend zu radikalen Banderiwzi.

Meine Mutter erzählte, wie ein deutscher Offizier ihr auf einer Karte gezeigt hatte, wie das Dritte Reich vorhatte, den Lebensraum für sich zu „säubern", und sie begriff, dass er Menschen als Müll betrachtete. Aus dem, wie er es erklärte – umsichtig, gründlich und sogar freundlich – wurde deutlich: er ließ nicht einmal den Gedanken zu, dass die Frau, bei der er hauste, sich mit diesem „überflüssigen" Teil des Volkes identifizieren könnte.

Die Ukrainer in den Wäldern fingen langsam an, auf die Deutschen einzuschlagen, und

In der ukrainischen Gesellschaft gab es zwei Meinungen: entweder man kämpfte gegen die Deutschen, oder man kollaborierte. Man glaubte, dass diese den Aufbau eines unabhängigen ukrainischen Staates zulassen würden. Doch die Taten der SS und der Gestapo stimmten sie dahingehend um, dass die Deutschen, genau wie die sowjetischen Machthaber, aus der Ukraine vertrieben werden müssen.

das machte sich im fast kompletten Zusammenbruch des ukrainischen Lebens in Luzk bemerkbar. An der Front ging es den Deutschen zunehmend schlechter, und die gesamten hinteren Reihen verwandelten sich in eine bloße Ressourcenbasis, ohne kulturelle Kinkerlitzchen. Mein Vater arbeitete in einer Art Konsumgenossenschaft des Rajons – ein Beschaffungsbetrieb für Pilze, Beeren, allerlei Heilkräuter.

Meine Eltern haben die Soldaten der Wehrmacht als sehr ordentlich, extrem pünktlich und sogar etwas naiv in Erinnerung, die im Alltag stets ihr Wort hielten.

SS-Mitglieder gab es wenige in Luzk, doch alle hatten Angst vor den „Männern in schwarz": sie waren immer bemüht, vor den gewöhnlichen Soldaten zu zeigen, wie wichtig sie waren, und konnten einen Menschen für eine Kleinigkeit mitten auf der Straße demonstrativ erschießen.

Die deutschen Wehrmachtsoldaten mochten die SS ebenfalls nicht. Für sie war sie eine übermäßig aufgeblasene, arrogante „Rückhand".

Als mein Vater bei der Beschaffung arbeitete, leitete er regelmäßig einen Teil des „Beschafften" und Essen „in die Wälder" um. Der Begriff „UPA" und das ganze moderne politische Geschwätz waren nicht in Gebrauch. Sie sagten „Partisanen", „unsere Jungs" usw. Das ging so. Im Erdkeller unter den Stufen machten sie ein Versteck, das mit Ziegeln zugemauert wurde, wo einige Leute kauernd ausharren konnten. Abgesehen von Lebensmitteln versteckte man dort auch ein Röhrenradio von Grundig. Auf dem Boden lagen Ziegeln der gleichen Farbe wie die Mauer – damit konnte man das Versteck schnell verbergen und die Lücken mit Erde füllen. Die „Jungs" gingen nachts selbst ein und aus, die Türen standen offen. Als Signal diente eine Kerze am Fenster, das zum Feld hinausging, hinter dem der Wald war.

In diesem Netzwerk war auch unser Nachbar verwickelt, der Dorfpfarrer der Ukrainischen Autokephalen Orthodoxen Kirche mit dem Nachnamen Tkatsch. Sein Sohn, der genauso alt ist wie ich, hatte einmal versehentlich auf seinem Grundstück eine Pistole ausgegraben – wenn ich mich richtig erin-

Den Begriff „UPA" verwendete damals niemand, man sagte einfach: „Partisanen", „unsere Jungs" usw. Die Bewohner schickten ihnen währenddessen Hilfsgüter „in die Wälder".

nere, sah sie einer „Walter PPK" ähnlich – wofür er sich zu Hause eine ordentliche Tracht Prügel einfing; die Pistole versenkte man in einem Brunnen.

Einige Zeit habe ich auch auf meinem Grundstück gegraben, hatte jedoch kein Glück. Damals wusste ich noch nicht, dass Papa nichts damit zu zu tun gehabt hatte – er hatte irgendwelche aufständischen Flugblätter editiert. Das habe ich zufällig erfahren, erst als Jugendlicher, als ich aus dem Keller einen Haufen schmutziger Ziegel räumen wollte – und Papa und Mama führten eine Diskussion, ob man das noch einmal gebrauchen könne.

Als die Deutschen sich zurückzogen, boten sie meinem Vater an, mit ihnen zu kommen. Er beriet sich mit Opa und lehnte ab. Sie zuckten mit den Schultern, äußerten ihr Bedauern und gingen. Bis heute weiß ich nicht, ob er die richtige Entscheidung getroffen hat, denn Anfang der 1990er kamen seine ehemaligen Schüler aus dem Westen, wo sie mit den Deutschen hingegangen waren. Sie dachten, Papa wäre noch am Leben, und wollten ihm danken – so gut war es ihnen im Leben ergangen.

Der Einmarsch der Roten Armee war rasant, und das hat de facto das Leben meines Vaters gerettet. Denn bei der zweiten Roten Okkupation – „unter den zweiten Sowjets", wie man in Luzk sagte – wurde er von Nachrichtendienstlern der Armee verhört. Auf die Frage, wie er mit den Deutschen kollaboriert habe, antwortete Papa, er habe bloß Menschen Lesen und Schreiben beigebracht, und wenn er sich weigerte, getrocknete Pilze zu zählen, wäre er erschossen worden, und das sei es nicht wert gewesen. Andere konnten das bezeugen. Der Hauptmann, der das Verhör führte, kam aus Poltawa. Er seufzte und riet meinem Vater leise, was genau er zu sagen habe, wenn das NKWD kommen würde. Er stellte ihm ein Schreiben aus, dass er vom Nachrichtendienst bereits gründlich verhört worden war – und dass man ihm kein Verbrechen nachweisen könnte.

Als ihn eine Woche später das NKWD holte, sagte er ruhig: ihr könnt mich verhaften, ich habe bereits euretwegen gesessen und habe nicht so viel Angst, aber dass ihr einen Konflikt zwischen den Abteilungen verursacht, kreide ich euch an, denn ich wurde bereits vom Militär verhört, hier ist die Bescheinigung, und sie haben alles notiert. „Glaubt ihr etwa der siegreichen Roten Armee nicht? Was, wenn Genosse Stalin davon erfährt?"

Der NKWDler jagte ihn mit Flüchen und Fußtritten davon.

In den 60er Jahren, als die echten Kriegsveteranen fast alle an Verletzungen und anderen Kriegsleiden gestorben waren, mobilisierten die Kommunisten alle, die mehr oder weniger das richtige Alter hatten, damit sie in den Schulen im „Erinnerungsunterricht" irgendwelche Geschichten über den Krieg erzählten, ob aus Büchern oder Heften. Sprechen sollten sie dabei unbedingt a) von den deutschen Unmenschen und den Schrecken der Besatzung, b) vom Heldentum der Kommunisten und den Verbrechen der Nationalisten und c) von der siegreichen Lehre Lenins. Mein Vater war parteilos, und man konnte es ihm nicht befehlen, doch er wurde so „nachdrücklich darum gebeten" wie in der Gestapo. Man sagte ihm, wenn er nicht ginge, würde man ihm für den Anfang die Stromzufuhr im Haus abschneiden und sein Grundstück wegnehmen.

Zu Hause beriet man sich hinter zugezogenen Vorhängen – was tun? Es fand sich ein genialer Ausweg. Papa sagte, er würde es nicht schaffen, alles zu lernen und es wäre doch schlimmer, wenn er sich in den „Erinnerungen" an den 9. Mai verheddere. Stattdessen könnte er den Kindern aber am Tag der Oktoberrevolution vom Bürgerkrieg erzählen ...

Meine Klassenkameraden fragten ihn, wie es damals üblich war, ob er selbst Lenin gesehen hätte. Mein Vater, der damals noch in der Armee der OUN war, bekam einen langen Hustenanfall und verdeckte sein Gesicht, um sein Lachen zu verbergen. Er sagte, er habe ihn nicht gesehen, aber viel von ihm gehört.

Denn in Wirklichkeit hatte er Symon Petljura gesehen[3].

In der Nachkriegszeit führte man in der Schule sogenannten „Erinnerungsunterricht" ein, in dem „Kommunistenveteranen" „vom Krieg" erzählten. Sprechen sollten sie dabei unbedingt a) von den deutschen Unmenschen und den Schrecken der Besatzung, b) vom Heldentum der Kommunisten und den Verbrechen der Nationalisten und c) von der siegreichen Lehre Lenins.

---

3   Anm. d. Übers.: Ukrainischer Politiker und letzter Präsident der Volksrepublik. Heute wird er als einer der Gründer der unabhängigen Ukraine gefeiert.

Iryna Slawinska

„Die deutsche ‚Zunge' lockte man mithilfe von Mädchen an ..."

Ich möchte von meinem Opa und meiner Oma erzählen, Iwan Serhijowytsch Kornijenko und Jewdokija Wasyliwna Kornijenko (geb. Holowko). Dabei erzähle ich gemäß den Worten ihres Sohnes, meines Vaters – Iwan Iwanowytsch Kornijenko.

Opa kämpfte im Krieg. Dieser ereilte ihn an der Grenze – er diente gerade bei den Grenztruppen, konnte gut schießen und war zuständig für die Einstellung der Gewehrvisiere.

Es gab keine Schlacht – die Deutschen hatten sie umzingelt. Damit sie nicht in Kriegsgefangenschaft gerieten, versuchten die Grenzsoldaten, die Frontlinie einzuholen. Doch die Deutschen waren mit einem solchen Tempo unterwegs, dass sie das nicht mehr schafften. So kam Opa in Kriegsgefangenschaft und blieb drei Tage dort. Dann floh er.

Nach einiger Zeit hatten die Grenzsoldaten einander gefunden – zu Beginn waren sie nur zu fünft –, organisierten sich und gründeten ihre eigene Partisanengruppe. In Belarus. Sie nahmen Kontakt mit der Militärführung auf und bekamen Waffen und Aufgaben aus dem „großen Land". Danach schlossen sich andere an – solche, die ebenfalls aus der Gefangenschaft geflohen waren.

Anfangs diente Opa im Spähtrupp, dann wurde man auf ihn aufmerksam und bot ihm Führungspositionen in den Partisaneneinheiten. Dafür brauchte er den Rang eines Offiziers, aber er war nur ein Feldwebel, daher übertrug man ihm nur ausnahmsweise das Kommando. So wurde Opa zum Zugführer, später zum Kompaniechef in der Partisanenbrigade Woroschylow im Rajon Kapyl in der Minskaja Woblasz. 1944 organisierte er dort selbst die Gruppe „Patriot der Heimat" der gleichen Brigade.

Opas Biographie, die er eigenhändig geschrieben hat. 1945

Für das neue, mit Perlmutt verzierte, deutsche Akkordeon, das noch im Instrumentenkoffer steckte – offensichtlich ein Konzertinstrument – erlaubte der Lagerleiter, so viele Waffen mitzunehmen, wie sie tragen konnten.

Die Waffen, die aus dem „großen Land" geliefert worden waren, stellte man den Partisanen nach Bedarf zur Verfügung. Ihre Gruppe war kaum bewaffnet – es gab nicht genug Granaten, Maschinengewehre usw. Aber Opa war erfinderisch.

Einmal hatte seine Gruppe eine kleine Transportkolonne überfallen, und dort drin war ein brandneues deutsches Akkordeon, mit Perlmutt verziert, auch noch im Instrumentenkoffer. Das war offensichtlich ein Konzertinstrument. Niemand aus der Gruppe konnte darauf spielen. Daher nahm Opa es mit, als er Waffen holen fuhr, und schenkte es dem Lagerleiter. Dieser erlaubte ihnen, so viele Waffen mitzunehmen, wie sie tragen konnten. Die Jungs aus Opas Gruppe packten die Schlitten voll mit Munition. Solche „korrupten" Verhältnisse herrschten damals.

In Belarus traf er auf Soldaten der Ukrainischen Aufständischen Armee. Die Partisanen und die UPA hatten nichts miteinander zu tun – sie existierten und arbeiteten parallel. Opa hat nie etwas Schlechtes über die UPA gesagt.

Während des Krieges wurde Opa zweimal verletzt – einmal am Bein, einmal am Arm, beide Male mit Sprenggranatpatronen. Damals gab es Medizin nur in Wald und Wiese … Die Patrone platzte, die

Scherben flogen um den ganzen Körper – gut, dass die Knochen beide Male unversehrt blieben. Damals bohrte man, um die Splitter herauszuholen, eine Nadel in den Körper – die Scherben klirrten, und der Arzt konnte hören, wo er sie herausnehmen musste.

Opa erzählte, wie schwer es war, Leuten Befehle zu erteilen ... Als man ihn seinen 200 oder 300 Untergebenen vorstellte, blickte er sie an und erschrak, denn die Leute waren alle so unterschiedlich. Und alle bewaffnet. Und alle wollten mit Nahrung, Kleidung, Disziplin versorgt werden. Er sah, dass es nicht einfach werden würde. Dennoch schaffte er es.

Opa war mit dem Partisanenverbandsführer, Pylyp Pylypowytsch Kapusta, befreundet – einem der ersten fünf, die sich vereinigt hatten. Opa und der zukünftige General Kapusta freundeten sich an, als sie zwei Schwestern in derselben Familie

Die Liste der Brigade, in der Iwan Kornijenko seine Partisanen-„Karriere" begonnen hatte. Man kann sehen, was seinen Kameraden widerfahren ist. Wolodymyr Korban beispielsweise wurde Chefredakteur der Zeitschrift „Woschyk" (Igel) – der belarussischen Analogie unseres „Perez" [Anm. d. Übers.: Ein beliebtes ukrainisches Satiremagazin, das von 1922 bis 2014 herausgegeben wurde].

Die Freundschaft mit dem Kommandeur des Verbandes und dem Stabschef war sehr hilfreich: Opa kam leichter an Waffen heran oder konnte mehr Munition für die Gruppe mitnehmen.

den Hof machten. Später freundeten sie sich auch mit dem Stabschef Wasyl Hryhorowytsch Jeremenko an. Diese Freundschaft hat ihnen sehr geholfen: Man kam etwas leichter an Waffen oder konnte etwas mehr Munition für die Gruppe mitnehmen. Überhaupt war es eine sehr ungewöhnliche Freundschaft, denn Opa stand weit unter ihnen im Rang, und die Höheren hatten mit den Niederen in der Regel nichts zu tun. Ihre Freundschaft blieb auch nach dem Krieg erhalten – General Kapusta reiste mit seiner Ehefrau aus Kyjiw oft in das Dorf Bessidka (Oblast Kyjiw, Rajon Stawyschtsche), wo Opa die Kolchose anführte.

Außerdem hat Opa erzählt, wie sie die „Zunge" holten.

Die „Zunge" war ein Deutscher, der verhört werden konnte. Für gewöhnlich holte man ihn sich mithilfe von Mädchen. Man vereinbarte mit einem Mädchen, dass sie nach einem Tanzabend im Club einen Deutschen zu sich nach Hause einladen würde. Dort schnappte man ihn.

Auf die Frage, ob er diejenigen tötete, die so festgenommen wurden, antwortete Opa, dass er versuchte, es nicht zu tun, denn für einen toten Soldaten konnten die Deutschen das ganze Dorf abbrennen lassen. Die Gefangenen wurden mit Flugzeugen ins „große Land" geschickt – dort wurden sie verhört und man „kümmerte" sich dann um ihr weiteres Schicksal.

Mein Opa, Vater meines Vaters, Grenzsoldat und Partisan Iwan Kornijenko. Ausschnitt aus einer Zeitung nach dem Krieg

Einmal hätte man Opa fast erschossen.

Damals gehörte er zum Nachrichtendienst in der Gruppe. Seine Aufgabe war die Beobachtung aus dem Hinterhalt, jedoch ohne zu schießen, um nicht auf sich aufmerksam zu machen. Vor allem durfte er nicht auf Motorradfahrer schießen. Man sagte, dass Deutsche gepanzerte Motorräder hatten und es deshalb keinen Sinn hatte, auf sie zu schießen – es sei bloße Verschwendung von Munition und ein unnötiges Risiko.

Es war mal verboten, auf deutsche Motorradfahrer zu schießen. Man sagte, dass ihre Motorräder gepanzert waren und es deshalb keinen Sinn hatte, auf sie zu schießen – es sei bloße Verschwendung von Munition und ein unnötiges Risiko.

Einmal sah Opa aus dem Hinterhalt, wie zwei Motorradfahrer über eine Wiese fuhren, wie auf der Silbertablett. Er schoss aus seinem Maschinengewehr – es stellte sich heraus, dass die Motorräder nicht gepanzert waren. Sie wurden durchlöchert wie ein Sieb. Alle waren schockiert. Niemand konnte glauben, dass die Motorräder der Deutschen wie Konservendosen waren. Man konnte also durchaus auf sie schießen.

Die Partisanengruppe. Opa ist der Größte, im Hintergrund in der Mitte

Doch Opa wurde vor ein Tribunal gestellt, denn er hatte seinen Befehl missachtet. Vor der Hinrichtung bewahrte ihn nur, dass dieser Ungehorsam in der Partisanengruppe den Kampfgeist anheizte und den Mythos der Unverwundbarkeit und Unbesiegbarkeit der deutschen Motorradtruppen zerstreute.

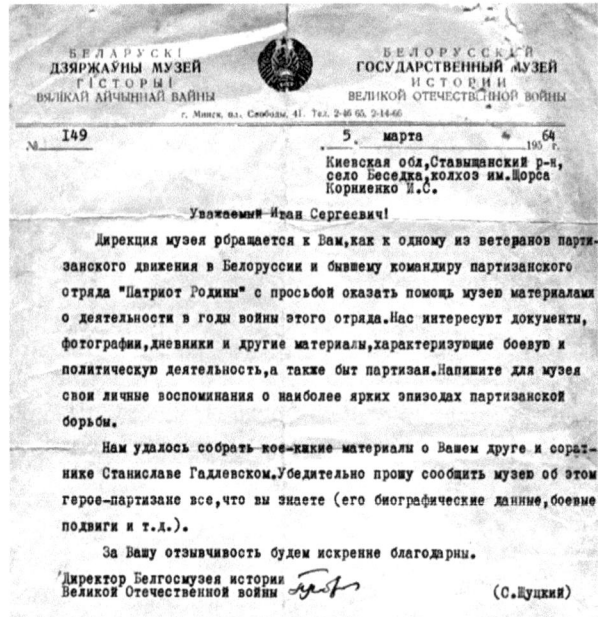

Dieser Brief ist ein Ausstellungsstück im Belarussischen Staatlichen Museum der Geschichte des Großen Vaterländischen Krieges

Das Schicksal führe meinen Opa mit guten Menschen zusammen – und er konnte den Krieg in Ruhe beenden. Er bekam die Tapferkeitsmedaille 1943 (damals wurde sie noch selten verteilt, während gegen Ende des Krieges die Medaille an Wert verlor, weil jeder sie bekam). Auch hatte er den „Roten Stern", den Rotbannerorden und andere, weniger bedeutende Auszeichnungen. Im Belarussischen Staatlichen Museum der Geschichte des Großen Vaterländischen Krieges kann man mehr über seine Tätigkeit erfahren.

Iwan Serhijowytsch Kornijenko war Vater von fünf Kindern und Leiter der Kolchose des Dorfes Bessidka im Rajon Stawyschtsche, Oblast Kyjiw. Er organisierte im Dorf den Bau von Dämmen, um Teiche für die Fischzucht zu schaffen. Zudem kam er auf die Idee, ein ganzes Feld dem Anbau von Wassermelonen zu widmen. Seine ehemaligen Kameraden lud er jeden Sommer zum Wassermelonenessen ein – wie er selbst scherzte, um „gegen Nierensteine zu kämpfen".

... Auch Oma hatte den Krieg erlebt, Jewdokija Wasyliwna Holowko. Damals lebte sie mit ihren Eltern und ihren Brüdern im Vorort von Mariupol (sie waren ursprünglich aus Berdjansk und waren während des Holodomor nach Mariupol umgezogen). Dort passierte die wundersame Geschichte der Rettung vor dem Hunger. Interessanterweise gibt es in meiner Familie zwei Legenden über dieses Wunder – beide beschreiben einen glücklichen Zufall, der eine Rettung bescherte, doch unterscheiden sich in ihren Einzelheiten.

Papa erzählt die Geschichte so: während des Holodomor träumte Oma Ahafia (meine Uroma) von einer Frau in Weiß. Im Traum sagte sie, dass sie nicht vor Hunger weinen solle, denn Ahafia habe zu Hause sehr viel Brot. Uroma hat ihrem Mann von diesem Traum erzählt, meinem Uropa Wasyl. Dieser setzte die Axt dort an, wo die Frau aus dem Traum hingezeigt hatte – so fanden sie im Haus eine versteckte Kornkammer, die die Familie retten sollte.

Meine Tante hat wiederum diese Version: im Winter packte Ahafia einige Sachen und Kleidung zusammen und ging in die Stadt, um die Sachen auf dem Markt gegen Lebensmittel einzutauschen. Sie ging über ein Feld und stolperte dabei über etwas, das im Schnee vergraben war. Es war ein Sack Weizen, etwa 50 Kilo. Oma war nicht groß und eher

Abschlussfeier der 8. Klasse. Meine Oma ist in der zweiten Reihe von unten die Vierte von links

zierlich, doch sie schaffte es, sich den Sack über die Schulter zu werfen und damit zurück nach Hause zu gehen. Sie trug den Sack und dazu die Sachen, die sie eintauschen wollte. Auf dem halben Weg holte sie ein Mann auf einem Wagen ein und bot ihr an, sie mitzunehmen, genauer, den schweren Sack auf den Wagen zu hieven und nebenher zu laufen, denn sie war schon ganz verschwitzt und hätte sich erkälten können – es war schließlich Winter. Oma legte den Sack auf den Wagen und ging los, sich am Wagen festhaltend. Sie dachte, dieser Mann müsste nur einmal seine Pferde antreiben – und sie könnte ihn niemals einholen und hätte gar nichts mehr. Doch der Mann erwies sich als anständig. Erst zu Hause legte sie den Sack in der Scheune ab, denn sie hörte, dass die Kinder Besuch von den benachbarten Zigeunerkindern hatten. Sie betrat das Haus mit den Sachen, die sie zum Tauschen mitgenommen hatte, daher dachten, sie hätte nichts eingetauscht und es würde nichts zu essen geben. Erst als alle Nachbarn nach Hause gegangen waren, erfreute sie ihre Familie mit dem seltenen Fund. Wer diesen Sack mitten auf dem Feld verloren hatte, weiß bis heute niemand.

Papa erzählte, dass seine Mutter, meine Oma Jewdokija, sich an die Okkupation Mariupols erinnerte. Als die Deutschen noch nicht die Stadt betreten hatten und die sowjetische Regierung bereits verschwunden war, liefen die Bewohner los, um die Läden zu plündern – damit für die Deutschen nichts mehr übrigblieb, sozusagen. Sie sagte, dass ihre Familie erst spät dran war – sie bekamen nur eine Kiste Bonbons. Den ganzen Krieg über tranken sie Tee damit, denn Zucker gab es nicht. Sie dachte noch lange an diese Bonbons.

Papa sagt: „Mama ist Folgendes passiert. Man wollte sie zur Arbeit nach Deutschland mitnehmen. Vor der Abfahrt musste sie vor eine medizinische Kommission. Sie zerbrach sich den Kopf, wie sie durch die Untersuchung ‚durchfallen' konnte. Irgendjemand verkaufte ihr eine Zigarette und sagte ihr, sie sollte diese einen Tag vor der Untersuchung rauchen. Mama rauchte diese Zigarette und ging am nächsten Tag zur Kommission, dort wurden ihre Lungen abgehört und sie als untauglich für die

Arbeit eingestuft. Die Leute kannten immer irgendwelche Tricks."

Das erzählte Papa auch noch: „Mamas großer Bruder, Wolodymyr Wasyljowytsch Holowko, war Panzerfahrer im Krieg. Er hatte viele Dankesbriefe von Stalin erhalten. Als das Panzerheer zuerst in eine Stadt einfiel, erhielten alle Krieger Dankesbriefe im Namen Stalins. Mamas kleiner Bruder Dmytro war damals noch ein Kind. Einmal hütete er die Kühe bei Mariupol und fand eine Granate. Diese explodierte und der Junge wurde schwer verletzt.

Jewdokija Holowko – meine Oma, Mutter meines Vaters. 1940er Jahre

Alle sowjetischen Ärzte waren beim Militär an der Front, sodass es in der Stadt nur ein deutsches Krankenhaus gab. Oma Ahafia lief dorthin, um ihren Sohn zu retten. Sie brachte alles mit, was sie kriegen konnte: Milch, Eier, Speck. Das Kind wurde wieder gesund. So kann es gehen: ein Bruder kämpft gegen die Deutschen, dem anderen rettet ein deutscher Arzt das Leben. Mama sagte immer, dass es im Krieg nicht Schwarz und Weiß gab."

Elina Slobodjanjuk

Ein Märchen vom Krieg: „Aschenputtel, das war meine Oma ..."

Meine Eltern hatten das Glück, im Zug aus Riga zu sitzen ... Unterwegs wurde der Zug bombardiert. Meine Mutter, damals noch klein, kam mit einem Splitter im Schulterblatt davon. Als ich genauso alt war, durfte ich Mamas Rücken waschen, und ich versuchte, die Narbe auf ihrem Schulterblatt wegzuwischen. Von dieser Berührung weiß ich, wie sich der Krieg anfühlt ...

Ich habe schon immer an das Märchen von Aschenputtel geglaubt. Denn Aschenputtel, das war meine Oma. Ihre märchenhaften Schuhe Größe 33 stehen heute noch in meinem Schrank.

Mein Opa wiederum ist der Prinz. Sein Foto mit den „Würfeln" im Kragenspiegel ist der historische Beweis dafür: so schön wie mein Opa auf dem Foto konnte nur ein Prinz sein.

Doch der Märchenerzähler brachte alles durcheinander. Es war nicht ihr Schuh, der den Prinzen zu Aschenputtel geführt hatte, sondern der Prinz verliebte sich so in die immer mit Ruß und Schmutz beschmierte Aschenputtel, dass er ihr ein Paar märchenhafter Schuhe und zwei Kinder schenkte.

In Wirklichkeit war es so. Mein Opa war ein Besatzer, und meine Oma eine Besatzerin, so wie auch meine damals dreijährige Mutter und mein zukünftiger Onkel, der gerade mal gehen und sprechen gelernt hatte ...

Im Sommer 1940 ist der junge Regimentskommissar mit seiner Familie in Riga angekommen, wo wo sich das Hauptquartier seines Infanterieregiments befand. Mein Opa hatte kein blaues Blut. Der schlaue „Bauernjunge" lernte und diente fleißig. Das Einzige, was er angesammelt hatte, war eine beachtliche Bibliothek.

Mein Opa war ein Besatzer, und meine Oma eine Besatzerin, so wie auch meine damals dreijährige Mutter und mein zukünftiger Onkel, der gerade mal gehen und sprechen gelernt hatte ...
Und zwar deswegen, weil Opa Hryhorij Klymowytsch Kolomyjez zum Regimentskommissar ernannt wurde und mit seiner Familie in die Hauptstadt Lettlands gezogen war.

Die Partei wurde auf den Burschen aufmerksam und zog ihn seit 1937 rasant auf der Karriereleiter nach oben.

Noch bevor er 30 wurde, war er bereits zum Regimentskommissar aufgestiegen und brachte seine Familie in die märchenhafte Hauptstadt Lettlands.

Sie durften in dem märchenhaften Häuschen einer Apothekerin wohnen. Die Apothekerin war eine kinderlose, gutmütige Frau. Daher ahnten die Kinder nicht einmal, dass sie Okkupanten waren.

Oma wiederum genoss das märchenhafte Leben. Jeden Monat ging sie mit ihrem Prinzen ins Theater und bestellte sich – nicht ein, sondern gleich zwei! – Paar Schuhe bei einem Schustermeister auf der Marijas iela 21.

Mein Opa Hryhorij Klymowytsch Kolomyjez. Vor dem Krieg aufgenommen

Das einzige Foto aus diesem märchenhaften Jahr zeigt Mama und meinen Onkel – zwei engelsgleiche Kinder ...

Als der Krieg begann und die Apothekerin statt Besatzern Flüchtlinge einsammelte, zeigte sie keine Freude und begleitete sie bedächtig zum Zug.

Meine Großeltern hatten märchenhaftes Glück, sofort nach Kriegsbeginn in den Zug aus Riga zu steigen ... naja, was heißt Glück: Opa hatte sich Mühe gegeben.

Mit seinen „Würfeln" auf dem Kragenspiegel glänzend pferchte er seine Frau, seine Kinder und einen Koffer mit Büchern in einen Güterwaggon. Wie es damals üblich war, wurde der Zug bombardiert. Meine damals vierjährige Mutter kam mit einem Splitter im Schulterblatt davon, alle anderen blieben unverletzt. Als ich genauso alt war, durfte ich Mamas Rücken waschen, und ich versuchte,

Meine Mama Nelja (rechts) und mein Onkel Tolja Kolomyjez. Winter 1940 – 1941

die Narbe auf ihrem Schulterblatt wegzuwischen und wegzuschrubben. Ich glaube, von dieser Berührung weiß ich, wie sich der Krieg anfühlt ...

Als er seine Familie in den Waggon pferchte, machte Opa zum ersten Mal Gebrauch von seinem militärischen Rang. Zum zweiten und letzten Mal tat er dies bei Kaliningrad Anfang 1942.

Die Kameraden aus seinem Regiment erzählten, dass er nach dem Tod des Regimentskommandeurs als ranghöchster Kommissar die Befehlsgewalt an sich nahm, die Truppe zum Angriff anführte und ebenfalls heroisch im Kampf gefallen war. Ich weiß nicht, ob das stimmt. Aber im Märchen müsste alles genauso kommen.

Und dann ... was dann? Es war so wie bei allen anderen. Auch in Märchen gibt es Witwen mit zwei Kindern. In diesem Märchen waren es Tausende.

Opas Bibliothek war sehr wertvoll geworden: glücklicherweise konnte man dafür nicht wenige Lebensmittel bekommen. Oma war der Meinung, dass sie während des Krieges überhaupt keinen Hunger litten. Sie weiß, wovon sie sprach: sie hatte den Holodomor 1933 überlebt.

Seitdem hat man nicht mehr auf meine Mama geschossen. Auf meinen Vater schon. Nun, man wollte es zumindest.

Zu Beginn der 1950er hatte der 20-jährige Schulleiter nebenbei als Parteiorganisator der Kolchose in Prykarpattja[1] gearbeitet. Nachts kamen

---

1   Anm. d. Übers.: Eine Region im nordöstlichen Teil der Karpaten, die v.a. die Oblaste Iwano-Frankiwsk und Lwiw einschließt.

die Banderiwzi ins Haus. Doch die Hausherrin hatte ihren Mitbewohner auf dem Dachboden versteckt und bat die bewaffneten Schatten darum, den Jungen zu verschonen und sie nicht ins Gefängnis zu stecken.

Als ich klein war und diese Geschichte über die Banderiwzi hörte, ohne etwas über sie zu wissen, war ich aus irgendeinem Grund überzeugt, dass sie dem Gesetz entsprechend gehandelt hatten. Ich hatte das Gefühl, dass sie das Recht hatten, dem Parteiorganisator der Kolchose den Tod zu wünschen, und gleichzeitig in der Lage waren, die alte Frau und den Jungen zu verschonen.

Ich dachte, warum auch immer, dass das Wort „Banderiwzi" nicht von „Bande" kommt, wie mir meine Klassenkameraden erklärten. Ich war überzeugt, dass die Banderiwzi märchenhafte Waldkrieger waren. Bis heute weiß ich nicht, woher diese Überzeugung kam.

Doch das gehört zu einem anderen Märchen über einen ganz anderen Krieg ...

Die Banderiwzi handelten dem Gesetz entsprechend. Sie hatten das Recht, dem Parteiorganisator der Kolchose den Tod zu wünschen. Gleichzeitig waren sie in der Lage, die Frau, die den Parteiorganisator versteckte, und ihn selbst – einen 20-jährigen Burschen – zu verschonen.

Sevgil Musaieva

Meine Krim. „Wollen sie uns wirklich erneut unsere Heimat wegnehmen?"

Im Zuge der Massenemigration 1854 – 1862 verließen nach dem Krimkrieg etwa 180.000 Krimtataren die Halbinsel. Die Emigration hielt bis 1920 an. Anfang des 20. Jahrhunderts machten die Tataren nur noch etwa 20% der Bevölkerung auf der Krim aus. Danach kam die sowjetische Deportation im Zweiten Weltkrieg. Die Tataren kehrten erst 1989 in ihre Heimat zurück. Das, was gerade auf der Krim passiert, ist für sie wie ein Stich ins Herz.

Ich erinnere mich gut an diesen Tag. Ich war erst zehn Jahre alt geworden und fuhr mit meinen Eltern nach Feodossija zu meiner Großtante.

Ich klopfe an das grüne Törchen. Durch die kleinen Lücken zwischen den Brettern versuche ich, in den Innenhof zu spähen.

„Wer ist da?", antwortet eine ängstliche Kinderstimme. Ich weiß nicht, was ich sagen soll, darum erwidere ich mit Schweigen.

„Meine Eltern sind nicht zu Hause, kommen Sie später wieder", sagt das Mädchen, ohne das Tor zu öffnen.

„Warum musstest du klopfen?", liest mir Mama die Leviten. „Und was hättest du gesagt, wenn sie geöffnet hätten?"

Ich schäme mich ein wenig. Zusammen mit meinen Cousins und Cousinen lasse ich mich vor dem Haus ablichten. In diesem Dorf wohnte vor der Deportation 1944 die große Familie meiner Oma. Als ich fünf Jahre alt war, schlüpfte ich gerne zu ihr unter die Decke und hörte ihren Geschichten zu, wie sie als Kind durch die gewundenen Gassen Feodossijas gelaufen waren. Wie ihre Mutter mit ihnen geschimpft hatte, wenn sie im Mai heimlich ins Meer baden gegangen waren. Wie Oma zum ersten Mal ein großes Flugzeug gesehen hatte. Wie mein Uropa, der einen eigenen Friseurladen hatte, jeden Abend nach der Arbeit seinen Kindern und den Nachbarskindern Süßigkeiten geschenkt hatte.

Wie oft habe ich schon meinen Mitstudierenden, zufälligen Gefährten in Zügen und Kollegen von den Krimtataren erzählt! Ich habe um die zehn Geschichten im Repertoire, die meine Omas und Opas mir erzählt hatten, einen Haufen ausgelesener Bücher über das Khanat der Krim und die Krim vor dem Krieg. Und eine Frage, auf die ich lange eine Antwort gesucht habe: wie ist es diesem kleinen Volk trotz aller geschichtlichen Widrigkeiten gelungen, zu überleben?

Noman Çelebicihan, Oberhaupt der nationalen Regierung der Krim (1917 – 1918)

Der Lokalhistoriker Feoktyst Hartahaj hatte die Geschichte meines Volkes bereits im 19. Jahrhundert für beendet erklärt, in seinem Artikel „Das historische Schicksal der Krimtataren".

Das Material wurde kurz nach der Massenemigration 1854 – 1862 im Zuge des Krimkrieges veröffentlicht.

In weniger als zehn Jahren, und das nur nach offiziellen Angaben, hatten um die 180.000 Krimtataren die Krim verlassen. Der Emigrationsprozess dauerte bis ins folgende Jahrhundert an – bis 1920 machten die Tataren nur etwa 20% der Bevölkerung auf der Halbinsel aus.

Dann kam der Unabhängigkeitskrieg. Im Frühjahr 1917 verkündete der erste Kurultai [Kongress] der Krimtataren den Kurs auf den Aufbau einer unabhängigen multinationalen Krim.

„Unsere Aufgabe ist die Errichtung eines solchen Staates wie die Schweiz", sagte einer der autoritärsten Anführer des krimtatarischen Volkes, Noman Çelebicihan.

Noman Çelebicihan: „Unsere Aufgabe ist die Errichtung eines solchen Staates wie die Schweiz".

Das alte Kafa

Kurz darauf wurde Çelebicihan von den Bolschewiki erschossen und seine Leiche ins Schwarze Meer geworfen.

Diesem Mann haben wir unsere Hymne zu verdanken: Çelebicihan schrieb den Text und die Musik für das Lied „Ant Etkenmen" („Ich habe geschworen"). Es enthält folgende Zeilen:

> Ich habe geschworen, ich versprach, dass ich für mein Volk lasse mein Leben!
> Was macht mir der Tod, wenn ich nicht fähig bin zu trocknen seine Tränen.

Als die Tataren von der Krim deportiert wurden, war meine Oma gerade erst 18 Jahre alt. Die Barakke ohne Fenster und Türen irgendwo im Ural, der Umzug nach Usbekistan, die Rückkehr der Verwandten von der Front, die ihre Familien in Städten und Dörfern suchten, die Ausgangssperre.

Ihre Familie versuchte, zurückzukehren und ihren Wohnsitz anzumelden: sie kauften ein Haus auf der Krim, doch an einem Wintertag kamen Leute aus dem Dorfrat, warfen alle Sachen der Familie in einen LKW und fuhren sie zur Station Wadym – hinter der Grenze der Halbinsel.

Jeden Sommer ist Oma in ihre Heimat Feodossija gefahren, nach der ihre Eltern sie auch benannt hatten – Kafije (Kafa ist der alte krimtatarische Name der Stadt).

Die Uferpromenade von Feodossija. Anfang des 20. Jahrhunderts

Genau wie Tausende Krimtataren kam auch meine Familie 1989 zurück auf die Krim. Meine Eltern lehnten Arbeitsstellen, ein neues Haus, Stabilität in der Fremde ab im Tausch gegen die Möglichkeit, in der Heimat ihrer Großväter zu leben.

Die ersten Jahre nach unserer Rückkehr hatten wir es sehr schwer. Meinen Vater wollte niemand einstellen, und meine Mutter musste mit ihrem Wirtschaftsdiplom die Böden im Kertscher Flughafen wischen.

Als ich 16 Jahre alt wurde, verstand ich plötzlich meine Eltern nicht mehr. Wie kann man alles zurücklassen: eine bezahlte Arbeit, eine Wohnung, den Freundeskreis – und in die historische Heimat zurückkehren, wo sie weder Haus noch Hof hatten.

Ich kenne meine Eltern gut – sie sind keine Menschen, die zu Abenteuern neigen. Als ich meine Mutter vorsichtig fragte, was sie dazu bewogen hatte, antwortete sie, ohne nachzudenken:

„Oma wollte so sehr zurückkommen, und auch wir haben uns fehl am Platz gefühlt."

„Es ist nichts mehr übrig, alles ist zerstört" – so beendete meine Oma alle Geschichten über die Vorkriegszeit der Krim und ihre Kindheit.

Die Krimtataren sind wirklich in ein anderes Land zurückgekommen: die Gärten waren zugewachsen, viele Dörfer waren einfach zerstört oder

Tausende krimtatarischer Familien kehrten 1989 auf die Krim zurück. Sie betraten eine völlig andere Halbinsel, auf der sie nichts mehr hatten. Die Leute tauschten die Stabilität in der Fremde gegen die Möglichkeit des Lebens in der Heimat ihrer Großväter ein.

Ein Dokument von groteskem Zynismus. Die sowjetische Regierung beschlagnahmt Dinge von den Deportierten, die eine „künstlerisch-museale Bedeutung" haben. Wir werden wohl nie erfahren, wie viele Familien auf diese Weise ausgeraubt wurden ...

umbenannt, es gab keine Moscheen mehr, Hunderte Manuskripte sind aus den Bibliotheken des Khanpalastes verschwunden.

An der Stelle des Friseurladens meines Uropas steht jetzt ein Lebensmittelgeschäft. Die Touristen, die in die Krim kommen, können sich nur anhand des erhaltenen Palastes von Bachtschyssaraj einen Eindruck von unserer Kultur machen.

Unsere einfachen Leute, meine Landsleute, haben trotz aller Entbehrungen das erhalten, was übriggeblieben ist. Dank ihnen haben wir unser eigenes Musiktheater, Ateliers, Musikensembles. Dank ihnen werden die Traditionen Stück für Stück wiederbelebt, werden die verlassenen Moscheen wiederaufgebaut, die bis vor kurzem als Lager genutzt wurden, bestenfalls als Bibliotheken.

Diese bedingungslose Liebe zum Heimatland hat uns geholfen, zu überleben. Fragen Sie jeden beliebigen Krimtataren, wo er auch wohnen und arbeiten mag – das Vaterland bleibt für ihn immer die Krim. Meine Freunde – Krimtataren – studieren in verschiedenen Städten in der Ukraine und in aller

Die Krimtataren haben trotz aller Entbehrungen ihre Kultur und Traditionen erhalten. Dank den einfachen Leuten werden die verlassenen Moscheen wiederaufgebaut. Die bedingungslose Liebe zum Heimatland hilft ihnen dabei.

Welt, doch so gut wie alle träumen davon, im Alter nach Hause zurückzukehren.

Das, was gerade auf der Krim passiert, ist für uns wie ein Stich mitten ins Herz. Dort sind noch nicht ganz die Wunden der Deportation und Erniedrigung verheilt, die wir uns damals zugezogen haben. Daran erinnern sich nicht nur unsere Großmütter – dieser Schmerz wird Generation für Generation weitergegeben. Jeden Tag beruhige ich meine weinende Mama am Telefon.

„Wer kann uns im Ernstfall beschützen?", fragt sie mich. Ich weiß nicht, was ich ihr antworten soll.

„Wollen sie uns wirklich erneut die Heimat wegnehmen?", sagt mein Freund, ein Krimtatar. Er ist 28 Jahre alt, wohnt in Kiew und arbeitet in einer angesehenen Firma. Er sagte, er wollte kündigen und nach Hause fahren, in die Heimat – sie verteidigen und helfen, wenn etwas passieren sollte. Drei Monate stand er auf dem Maidan, schob Schichten an den Barrikaden, half wo er konnte.

„Wir halten auf jeden Fall durch", sagt er. „Mach dir keine Sorgen. Wir haben doch die Deportation überlebt und sind nach Hause gekommen. Das schaffen wir dieses Mal auch."

Ihor Schtschupak

Warum die Tochter eines NS-Offiziers die Verbrechen ihres Vaters in der Ukraine erforscht

Lilo Bhatia, die Tochter eines NS-Offiziers, der Menschen im besetzten Dnipropetrowsk erschossen hatte, reiste in die Ukraine. Sie hatte die Personalakte ihres Vaters gefunden, aus der sie von seinen Kriegsverbrechen erfuhr. Sie legte Wert darauf, dass die Erinnerung an das Vergangene bewahrt wird, wie auch immer es aussehen mag.

Die Tochter eines NS-Offiziers, der Menschen im besetzten Dnipropetrowsk erschossen hatte, reiste in das heutige Dnipro. Begleitet wurde sie von deutschen Historikern, Journalisten und Aktivisten.

Während der Reise, organisiert von der internationalen Stiftung „Verständigung und Toleranz", waren sie in Kyjiw und besuchten das Babyn Jar[1]. Und dann besuchte uns die deutsche Gruppe.

Eine Exkursion ins Museum „Erinnerung an das jüdische Volk und den Holocaust in der Ukraine", ein Treffen mit dem Hauptrabbiner von Dnipro und der Oblast, Schmuel Kaminezki, Besuch des Denkmals für die gefolterten und erschossenen Psychiatriepatienten, Ärzte, sowjetische Kriegsgefangene und Juden in Igren.

Danach ein Treffen der deutschen Delegation mit Kriegsveteranen, im Institut „Tkuma"[2] mit Hi-

---

1 Anm. d. Übers.: Das Tal Babyn Jar in Kyjiw ist bekannt für das Massaker an ukrainischen Juden, das die Sicherheitspolizei und SD am 29. und 30. September 1941 dort verübte. Es starben mehr als 33.000 Menschen. Auch davor und bis 1943 wurden dort Menschen Opfer des Holocaust, darunter Sinti und Roma, Psychiatriepatienten, Politiker, Nationalisten und Aktivisten.
2 Das ukrainische Institut für Holocaustforschung „Tkuma" („Wiedergeburt") ist das erste nationale Zentrum für die Erforschung der Geschichte des Holocaust.

storikern. Fragen, Emotionen, Gedanken ...

Dokument: „31.12.1943. Dem Vorsitzenden der Außerordentlichen Kommission für die Feststellung und Ermittlung der Verbrechen der deutsch-faschistischen Aggressoren, Genosse Schwernyk.

Während der deutschen Okkupation in der Siedlung Igren, in der Region der Dnipropetrowsker Vorstadt, verübten deutsche Besatzungsmächte unter Mitwirkung einer Gruppe medizinischer Angestellter aus den Reihen sowjetischer Bürger eine Massenvernichtung Kranker, die sich in der Igrener psychiatrischen Klinik in Behandlung befanden, 1300 Menschen an der Zahl ...

Die deutsche Gruppe beim Denkmal für Geisteskranke, Ärzte und Kriegsgefangene, die von Nazis auf dem Gelände des Krankenhauses in Igren bei Dnipro erschossen wurden. 2016

... Anfang Oktober 1941 sind in der Igrener Psychiatrie 4 Offiziere der Gestapo eingetroffen, die dem Klinikleiter Gontscharow anboten, alle in Behandlung befindlichen Patienten zu töten. Dieser gab seine Zustimmung ..."

Der Name der deutschen Frau war Lilo Bhatia (sie nahm den Namen ihres Mannes mit indischen Wurzeln an). Ihr Vater, deutscher Offizier des Einsatzkommandos C6, das Juden und „Feinde des Reiches" im besetzten Dnipropetrowsk vernichtete, hieß Wilhelm Ober.

„... Mitte Oktober 1941 gingen die Abteilungsleiter der Klinik gemeinsam mit dem ihnen unterstellten medizinischen Personal zur methodischen Vernichtung der Kranken über, mittels Injektion von narkotisierenden Substanzen unter die Haut ...

... Im Zusammenhang mit einem Mangel an Morphium zur Tötung der Kranken wurden auch tödliche Dosen Ammoniak, Strychnin, Insulin oder anderer Gifte unter die Haut verabreicht, die einen qualvollen Tod hervorriefen.

Die Leichen wurden in eigens dafür vorbereiteten Gruben begraben.

Im Sommer 1943 wurden auf dem Gelände der Klinik nach Zustimmung Gontscharows die letzten 80 Patienten erschossen ..."

„60.000 Reichsmark kostet dieser Erbkranke die Volksgemeinschaft auf Lebenszeit. Volksgenosse, das ist auch dein Geld!" Nationalsozialistisches Plakat. Schätzungsweise 1938

Dokument: „*Aus den Zeugenaussagen Sofia Nadels: Unter dem Personal der Klinik waren auch Juden: der erste Vorsitzende der Abteilung für Psychiatrie Professor D.B. Frank, der die Abteilung 1921 bis 1937 leitete; der Apothekenleiter Schymon Wolfowitsch mit seiner Familie und der Leiter der Personalabteilung Ostrowski. Sie wurden vom Polizisten Berg (von den lokalen Volksdeutschen) erschossen.*"

Dokument: „*Aus den Erzählungen Wladimir Sergejewitsch Ostaschko, mit 13 Jahren Gefangener der Igrener Konzentrationslagers Nr. 956, später Gefangener in Dachau und Mauthausen:*

Das Igrener KZ war ein Sammelbecken für das Lager ‚Dora', das sich in Deutschland befand. Von alten Bekannten hörten wir, dass es in dem Lager zwei Rabbiner gab. Die Faschisten versprachen, ihnen das Leben zu schenken, wenn sie zustimmten, für sie zu arbeiten.

Doch die Rabbiner lehnten ab und wurden vernichtet. Soweit ich mich erinnere, wurden Tausende Gefangene in diesem KZ bei 30 Grad unter null nackt ausgezogen und erschossen."

Ich sagte Lilo, dass ich mir nicht vorstellen kann, wie ich mich an ihrer Stelle fühlen würde, und fragte sie: Was waren ihre Gründe für die Erforschung der Verbrechen ihres Vaters, und wie fühlte sie sich dabei?

Lilo erzählte mir ihre Geschichte. Ihr Vater, Wilhelm Ober, diente dem nationalsozialistischen Reich, kämpfte an der Ostfront. Nach dem Krieg wurde er 1947 von der deutschen Justiz für die Verbrechen angeklagt, die er in Deutschland verübt hatte. Lilo hatte gedacht, dass die Geschichte von Schuld und Sühne hier beendet wäre.

Wilhelm Ober diente dem nationalsozialistischen Reich und kämpfte an der Ostfront. 1941 – 1943 hielt er sich im okkupierten Dnipropetrowsk auf und diente im Einsatzkommando C6.

Eine Straße des besetzten Dnipropetrowsk

Ihr Vater wollte ihr nicht erzählen, was er im besetzten Gebiet der Ukraine gemacht hatte, und erwähnte nur, dass er im „Nachrichtendienst" tätig gewesen sei. Er berichtete wortkarg vom reichen Boden, von riesigen Sonnenblumen, die auf ihm wuchsen, und von „naiven Menschen", die laut ihm nach der Ankunft von Hitlers Armee nicht wussten, dass es in ihrem Land keinen Zaren mehr gab ...

Wilhelm starb 1996. Lilo fand wie durch ein Wunder seine Unterlagen – die Personalakte ihres Vaters (obwohl es zunächst in der offiziellen Antwort des Archivs hieß, es gäbe keine solche Akte). Aus den Unterlagen wurde bekannt, dass W. Ober sich 1941 – 1943 im okkupierten Dnipropetrowsk aufgehalten hatte und im Einsatzkommando C6 diente.

Lilo erfuhr aus den deutschen Unterlagen (sie konnte sie später auf Genehmigung des Archivs ans Institut „Tkuma" und das Holocaust-Museum weiterleiten), dass zu den Opfern der Schießkommandos alte und kranke Menschen gehörten, Frauen in Nachthemden, die vor Angst und Entsetzen geschrien hatten.

Die Mitglieder des Einsatzkommandos beteuerten, sie glaubten nicht, dass diese Leute Saboteu-

Lilo Bhatia (Mitte) in Dnipro

re oder Diversanten waren, doch „sie machten ihre Arbeit".

Lilo war erschüttert darüber, dass die deutschen Soldaten „alles in vollem Bewusstsein taten". Sie schossen ihren Opfern aus Maschinengewehren und Pistolen nacheinander in den Nacken ...

Lilo hatte Angst, nach Dnipro zu fahren. Sie fürchtete, dass sie weitaus Schlimmeres über ihren Vater erfahren könnte.

„Aber was könnte schrecklicher sein?"

Beim Treffen der Historiker erzählte der Mitarbeiter des Holocaust-Museums Pawlo Pollul, dass unter den Opfern der Massaker sein eigener Onkel gewesen sei, Serhij Pollul, deutscher Herkunft. Er wurde zusammen mit anderen Patienten der Klinik getötet.

Die Historiker wissen, dass die Nazis schon in den 1930ern in Deutschland Zehntausende Menschen vernichtet hatten, die an psychischen und anderen Krankheiten litten. Wenn die Anhänger Hitlers selbst „überflüssige Deutsche" – Bürger ihres eigenen Staates – töteten, dann war ja klar, welches Schicksal die Bewohner der von der Wehrmacht okkupierten Regionen erwartete.

Unter den Opfern der Nazi-Verbrechen waren Juden, die dafür erschossen wurden, dass sie Juden waren. Einer der ermordeten Juden war Rebbe Dow Ber Schneerson, der Bruder des Lubawytscher Rebbe Menachem Mendel Schneerson.

2008, als das Denkmal für Dow Ber eröffnet wurde, erzählte Rabbi Schmuel Kaminezki:

„In Dow Bers Krankenhauszimmer lag ein Mann, den die Deutschen nicht erschossen hatten, denn er war stark. Man brachte ihn ins Konzentrationslager. Dieser Mann überlebte den Krieg, er erinnerte sich an diese Ereignisse und berichtete uns davon."

... Lilo Bhatia legte Blumen vor das Denkmal, erzählte von den Dokumenten, die sie gefunden hatte, und davon, wie wichtig es sei, sich an Vergangenes zu erinnern, wie auch immer es aussehen möge.

Sie sagte, dass sie ihre Bestimmung darin sehe, diese Erinnerung an die junge Generation der Deutschen weiterzugeben, die sehr wenig über diesen schrecklichen Krieg und den Holocaust wisse. Lilo weiß schon, welche deutschen Schulen sie mit den Geschichten über ihren Vater besuchen wird.

Oleksandr Sintschenko

Petro Mowtschan, der den Krieg gewonnen hat

Ich möchte die Geschichte eines Mannes erzählen. Er hieß Petro Mowtschan. Vor 71 Jahren, im Frühjahr 1943, ist er während der Schlacht um den Dnepr gefallen. Er war damals 31 Jahre alt.

1939 wurde Petro Mowtschan in den Wehrdienst einberufen und nach Finnland geschickt – er sollte in einem für die Ukrainer unnötigen Krieg um Land kämpfen, das die Ukraine gar nicht brauchte. Er hatte damals das Glück, zurückzukehren, doch 1941 wurde er erneut einberufen. Nun war Petro in deutsche Kriegsgefangenschaft geraten, aber auch dieses Mal hatte er Glück: Er wurde freigelassen und durfte in sein Heimatdorf Strokowa zurückkommen.

1943 hatte man die Nazis aus dem Dorf vertrieben, und ein paar Tage später wurden alle männlichen Bewohner mobilisiert. Sie bekamen nicht einmal Soldatenuniformen, sondern zogen so in den Krieg – in den eigenen Jacken und Mänteln. Man nannte sie dementsprechend Schwarzjacken, Schwarzmäntel, die schwarze Infanterie.

Die „schwarze Infanterie", „Schwarzmäntel", „Schwarzhemden" – diese Begriffe gingen nicht in die sowjetischen Geschichtsbücher ein. Doch man erinnerte sich an die dazugehörigen Menschen in den Dörfern am Bukryner Aufmarschgebiet ... und am gegenüberliegenden linken Ufer – in den Dörfern, aus denen sie kamen ...

Die Ukrainer, die die Okkupation überlebt hatten, behandelte man oft wie Verräter. Dabei war das Einzige, was man etwa den 16 – 18-jährigen Jungs vorwerfen konnte, dass sie 1941 14 – 15 Jahre alt waren. Und damals hatten die sogenannten Feldwehrämter sie nicht einmal gemustert, und ihnen daher auch keine Uniform und Waffen gegeben ...

Die Ukrainer, die auf besetztem Gebiet gelebt hatten, behandelte man oft wie Verräter. Dabei war das einzige, was man etwa den 16 – 18-jährigen Jungs vorwerfen konnte, dass sie 1941 14 – 15 Jahre alt waren. Daher hatte man sie zu Kriegsbeginn nicht mobilisiert. Nun, 1943, sollten sie zur „schwarzen Infanterie", „Schwarzmänteln" werden, denn die Feldwehrämter musterten sie nicht, gaben ihnen weder Uniform noch Waffen - die Jungs zogen in ihren eigenen Jakken und Mänteln in den Krieg.

Schukow[1] betrachtete sie offensichtlich als Kanonenfutter. Die Aufgabe der schwarzen Infanterie war oft recht einfach – das Feuer des Feindes auf sich zu lenken, bis die reguläre Armee die auf diese Weise herausgestellten Angriffspositionen des Gegners im Visier hatte. Das war eine Wegwerfinfanterie.

Südlich der Hauptstadt liegt das kleine Dorf Balyko-Schtschutschinka, die ehemalige altrussische Stadt Tschutschin ... Dort versuchten die sowjetischen Militärbefehlshaber 1943 das Bukryner Aufmarschgebiet zu errichten. Und dort, in Balyko-Schtschutschyn habe ich eine ältere Frau kennengelernt, die mir erzählte, wie sie im Frühjahr 1943 die Befreier gesehen hatte ... Doch es waren keine Soldaten – Jungs und Männer in einfacher Bauernkleidung waren unterwegs, in Wyschywanky[2] und praktisch unbewaffnet ...

Petro Mowtschan. Vor dem Krieg aufgenommen

In wenigen Stunden hatten die Deutschen sie reihum weggefegt, und das Wasser im Flüsschen wurde rot ...

Die Geschichte vom Tod Petro Mowtschans ist sehr ähnlich.

Vor einigen Jahren wurde ich Zeuge, wie das ganze Dorf zusammengekommen war, um den Landsmann auf seinem letzten Weg zu begleiten. Die Beerdigung war unglaublich rührend ... Petro Mowtschan starb im Frühjahr 1943, und erst 65 Jahre später hat man ihn endlich beerdigt.

---

1 Anm. d. Übers.: Georgi Konstantinowitsch Schukow (1896 – 1974), sowjetischer Marschall, Oberbefehlshaber mehrerer Armeen und Fronten, Generalstabschef und später Verteidigungsminister. Er war für seine Gleichgültigkeit gegenüber Verlusten in eigenen Soldatenreihen berüchtigt.
2 Anm. d. Übers.: Wyschywanka heißt die traditionelle ukrainische Tracht, synonym zu den charakteristischen Stickmustern darauf.

Die Gerichtsvorladung, die vor dem Krieg auf Mowtschans Namen ausgestellt war. 2008

Die Frauen, die mit Petro Mowtschan zur Schule gegangen waren, waren noch am Leben, und sie beweinten ihn so, als wäre er gerade erst gestorben: gestern oder erst heute ... Daneben standen zwei seiner Söhne: der Älteste, Oleksij, und der Jüngste, Mykola ...

Oleksij erzählte später, wie, als sein Vater in den Krieg zog, er sein Bein umfasste und ihn nicht loslassen wollte ... Es war eine kindliche Hysterie – er kreischte: „Papa, geh nicht! Papa, nimm mich mit! Ich werde dir helfen!"

Doch Papa ging fort ... An diesem Tag zogen einige Dutzend Männer aus Strokowa in den Krieg ... Fast die ganze männliche Bevölkerung dieses Dorfes in Perejaslaw ... Davon kamen nur zwei oder drei zurück ... Einer von ihnen hat gesehen, wie Petro Mowtschan starb ...

Im Frühjahr 1943 war er einer der wenigen Schwarzinfanteristen, die nicht nur Kriegserfahrung, sondern auch Waffen in der Hand hatten. Er deckte den Rückzug seiner Kameraden, als die Panzeroffensive des Gegners begann.

Die Zeugen dieser Schlacht erinnern sich, dass das Gewehr Petro Mowtschans erst dann verstummte, als ein deutscher Panzer auf seinen Graben gefahren war. Der Panzer überfuhr Petro, drehte sich hin und her, ihn mit Erde zuschüttend, und fuhr weiter ...

Als die Spurensucher 2008 seine Überreste fanden, entdeckten sie unter den zerfallenen Resten seiner Jacke einen Zettel ... Der entpuppte sich als eine Vorladung ... Dort stand der Name Mowtschan und das Dorf Strokowa ... So brachte dieser Zettel seinen Söhnen ihren Vater zurück.

Petro Mowtschan hatte Glück – er starb mit einer Waffe in der Hand. Die Mehrheit der Schwarzinfanteristen begegnete dem Feind mit bloßen Händen: sie mussten sich die Waffe „im Kampf holen" – das sagten die Kommissare. Der Feind streckte sie zu Hunderten und Tausenden nieder, am Ufer und im Wasser des Dnepr.

Schon im Spätherbst bildeten sich bei Kanew Dämme aus Toten der Schlacht um Kyjiw – das erzählt man sich heute noch in den umliegenden Dörfern.

In diesem Krieg starben 8 bis 10 Millionen Ukrainer und ukrainischstämmige Russen, Juden, Polen und Georgier. 8 – 10 Millionen: in diesen kleinen Bindestrich passen zwei Millionen Menschenleben.

Wir werden nie erfahren, wie viele genau gestorben sind: ob es 8 oder 10 Millionen waren. Und zwar deshalb, weil die UdSSR nie Menschenleben geschätzt oder sich mit der genauen Zahl der Toten beschäftigt hatte.

Die schwarze Infanterie war nur eines der Symbole dafür, welchen Preis die Vertreibung der Nazis aus der Ukraine hatte. Das war keine Befreiung: die Ukraine wurde im Herbst 1944 nicht frei.

Die Herrschaft eines Menschenfressers über unser Land hatte sich bloß mit der eines anderen abgewechselt. Weder Hitler noch Stalin waren Befreier der Ukraine. Kaum hatte man die Nazis vom ukrainischen Boden verjagt, schon begannen die sowjetischen Repressionen.

Im Frühjahr 1944 wurde das krimtatarische Volk deportiert. Das waren fast 200.000 Seelen, die in enge Güterwaggons gepfercht wurden.

Im Spätherbst 1944, als die Nazis vom ukrainischen Boden vertrieben worden waren, brach die kommunistische Herrschaft über das Land herein. Es begann der Kampf der kommunistischen Regierung mit der ukrainischen Befreiungsbewegung, für die eine halbe Million Personen bestraft wurde. Viele der Aufständischen wurden zu 25 Jahren Arbeitslager verurteilt.

In Zweiten Weltkrieg starben 8 bis 10 Millionen Ukrainer und ukrainischstämmiger Russen, Juden, Polen und Georgier. Das waren mehr, als Großbritannien, Kanada, Polen, die USA und Frankreich zusammen verloren hatten.

Sofort begann der Kampf der kommunistischen Regierung mit der ukrainischen Befreiungsbewegung. Für das kommunistische Regime war der Kampf um die Unabhängigkeit der Ukraine ein Verbrechen. Für die Teilnahme an der aufständischen Bewegung oder der Verbindung zu ihr wurden eine halbe Million Personen bestraft. Viele der Teilnehmer dieser Bewegung wurden zu 25 Jahren Arbeitslager verurteilt.

Und das ist noch nicht alles: ein großer Anteil derer, die nach Kriegsende aus den deutschen Kriegsgefangenen- oder Arbeitslagern zurückkehrten, kamen direkt in sowjetische Lager, den Gulag.

Das war keine Befreiung. Ein Land, in dem so viel mit Stacheldraht abgesperrt ist, kann nicht frei sein!

Die wirkliche Befreiung der Ukraine beginnt erst jetzt, denn nun rechnen wir mit der kommunistischen totalitären Vergangenheit ab.

Die UdSSR log, als sie von der Befreiung der Ukraine und den Heldentaten des sowjetischen Volkes sprach. Es gab Heldentaten, doch es waren die derjenigen Helden, die das sowjetische Regime unbewaffnet vor Hitlers Panzer geworfen hatte.

Die Erinnerung an diese Heldentaten war unbequem für das kommunistische Regime. Daher sprach man in der UdSSR vom Heldentum des sowjetischen Volkes, nicht von dem Heroismus bestimmter Ukrainer, Russen, Georgier. Denn die wahren menschlichen Schicksale zeigten, wie wenig für die sowjetische Regierung das Leben eines Menschen bedeutete. Deshalb waren die Verluste der Ukraine in diesem Krieg größer als die Verluste Großbritanniens, Kanadas, Polens, der USA und Frankreichs zusammengenommen.

Genau deswegen können wir nicht vom Fest der Befreiung sprechen – es war keine Befreiung der Ukraine, es war bloß die Vertreibung der Anhänger Hitlers aus unserem Land. Es ist überhaupt kein Fest – nur der Tag der Erinnerung an die, die mit Waffen in der Hand für ihr Land gekämpft hatten.

Es ist der Tag der Erinnerung an Menschen wie Petro Mowtschan aus Strokowa bei Kyjiw.

Die sowjetische Regierung hatte die Tat dieses Helden vergessen. Es behielten ihn diejenigen in Erinnerung, die wie durch ein Wunder diese Schlacht überlebt hatten, seine Landsleute und seine Söhne – Mykola und Oleksij. Das ist alles. Es gab keine Orden, kein Feuerwerk, keinen Grabstein …

Viele Jahre waren vergangen. Die Sowjetunion hörte auf, zu existieren. Doch der Schwarzinfanterist Petro Mowtschan war die ganze Zeit nicht beerdigt worden!

Die Überreste unseres Helden fand man erst vor ein paar Jahren zufällig am ehemaligen Bukryner Aufmarschgebiet. Petro Mowtschan wurde unter der ukrainischen Fahne beerdigt – in der unabhängigen Ukraine, für deren Freiheit er gekämpft hatte.

Heute erinnern wir uns an Menschen wie ihn.

Swjatoslaw Lypowezkyj

„Das Schrecklichste war, wie wir unsere eigene Artillerie bombardierten"

Mein Opa, Wasyl Iwanowytsch Sydortschuk (1926 – 1989), ist im Dorf Klekotiw, Rajon Brodiwskyj, Oblast Lwiw, geboren und hatte dort sein ganzes Leben verbracht. Heute liegt dort die Grenze der Oblaste Lwiw und Riwne, und ein paar Dutzend Kilometer weiter auch die Oblast Wolyn. Vor dem Ersten Weltkrieg war hier die Grenze zwischen Österreich-Ungarn und Russland. Noch heute kann man an diesem Ort in den umliegenden Dörfern ethnographische Unterschiede zwischen Galizien und Wolhynien entdecken.

Nach dem Ersten Weltkrieg wurden die galizischen und wolhynischen Gebiete der ehemaligen Kaiserreiche Österreich-Ungarn und Russland an die Zweite Polnische Republik angegliedert, und 80 Jahre später, in den 2000ern, sagen die heimischen Jungs, wenn sie ins Nachbardorf – Oblast Riwne – in die Disco gehen: „Wie gehen zu den Moskali[1]".

Die Ankunft der „ersten Sowjets" 1939 beendete die gesellschaftliche Entwicklung des Dorfes. Die Kulturvereine „Proswita", „Ridna Schkola", „Luh" [Aufklärung, Heimatschule, Wiese – Anm. d. Übers.], das Blasorchester, sowie das Zentrum der populärsten parlamentarischen Partei „Ukrainische Nationaldemokratische Organisation" (UNDO), zu der auch meine Urgroßväter gehört hatten – das alles wurde beendet.

---

1 Anm. d. Übers.: „Moskowiten", früher eine Bezeichnung für die Bewohner des Großfürstentums Moskau, heute eine eher abwertende Bezeichnung für u.a. Russen, Bewohner Moskaus oder russische Soldaten, die von Ukrainern, Polen und Belarussen verwendet wird.

Oma Nastja, Opa Wasyl und seine Schwester Jelisaweta. Ende der 1940er

Gemäß den Erinnerungen meiner Oma transportierte Opa zusammen mit seinen Freunden nachts Untergrundliteratur, womit vermutlich auch breitere Kreise der Jugend etwas zu tun hatten.

Während der deutschen Besatzung erwachte auch das bürgerliche Leben, die Jugend organisierte Theateraufführungen, was der Annäherung meiner Großeltern zuträglich war. Damals konnte Opa auch seine Ausbildung in der Handelsschule in Brody beenden. Im Dorf schüttete die Gemeinde den größten Grabhügel auf und widmete das Kreuz darauf dem Gedenken an die Opfer der „ersten Sowjets".

Anfang 1944 wurde Opa 18 Jahre alt und er wurde an die Front einberufen, in die Rote Armee. In den Reihen der Ersten Belarussichen Front musste er „Warschau befreien" und „Berlin einnehmen".

Doch ein Teil dieser Geschichte bleibt im Verborgenen. Als Opa in der zweiten Hälfte der 1980er seine Rente beantragte, kam eine interessante Tatsache ans Licht: das Regiment, in dem er gedient hatte, war mit dem Hauptquartier des Obersten Befehlshabers verbunden. Nach Aussage der Beamten war das kaum zu glauben, denn man nahm keine Soldaten aus der Westukraine in solche Einheiten auf.

Seiten aus dem Notizbuch, das Opa während des Krieges geführt hatte

Dabei lebte Opa nach seiner Rückkehr aus dem Krieg und bis zum Lebensende nach dem Prinzip „nimm nichts vom Staat". Er lehnte jedwede Vorteile und Privilegien kategorisch ab. Sein erstes und letztes Foto mit Abzeichen nahm er mit meiner Oma auf, seiner damals jungen Ehefrau.

Übrigens fehlt in der Sammlung seiner Kriegsabzeichen der Orden des Vaterländischen Krieges, den alle Veteranen erhalten hatten. Als dieser verliehen wurde, ist Opa einfach nicht gekommen.

Oma Nastja erzählte, wie er nach der Rückkehr aus Deutschland einmal sagte: „Nastunja, die Ukraine wird frei sein". Das war alles, woraus ich einen Eindruck von seiner Einstellung zur Ukraine gewinnen konnte, denn Opa starb 1989, als ich erst zehn Jahre alt war. Erst vor kurzem habe ich zufällig die Unterlagen zum Fall des Dorfuntergrunds gesehen. Das Netz wurde 1948 aufgedeckt. Wie sich herausstellte, hatte Wasyl Sydortschuk die Jugendgruppe der OUN angeführt. Er entging der Verhaftung, indem er in Deutschland nach dem Krieg den Dienst fortsetzte und dort die Unteroffiziersschule besuchte.

Beim Durchsehen der Liste dieser Jugendlichen der OUN sind mir zwei Namen von Männern aufgefallen, die ebenfalls in den Krieg einberufen wurden. Schließlich war der bekannteste Rotarmist aus der OUN, Petro Fedun, ein entfernter Verwandter aus dem Nachbardorf. Er war älter als Opa und kam noch zu Zeiten der „ersten Sowjets" in die Rote Armee in die Armee. Er kämpfte, kam in Kriegsgefangenschaft und landete nach der Befreiung bei den Partisanen. Dort, unter dem Pseudonym Poltawa, wurde er einer der Ideologen der OUN, stellvertretender Oberbefehlshaber der UPA und stellvertretender Generalsekretär des UHWR[2].

Später hatte ich die Gelegenheit, Großväter zu treffen, die genau wie mein Opa und seine Kameraden 1926 geboren wurden. Das war in der Regel in der Diaspora und ihre Schicksale gestalteten sich etwas anders. Sie waren ebenfalls Mitglied der „Jungen OUN" gewesen und 1944 hatten die Deutschen sie zur Flugabwehr mobilisiert. Das war der Preis der Staatenlosigkeit: galizische Jugendliche, die an die Ideale der OUN glaubten – an den Ukrainischen Unabhängigen Vereinigten Staat –, wurden in die Artillerie der Bolschewiki oder der Nazis eingezogen.

Die wichtigste Erinnerung an den Krieg waren die Kämpfe in Polen. Damals entstand innerhalb kürzester Zeit eine Verwirrung in der Radiokommunikation mit den Luftstreitkräften: die eigenen Flugzeuge griffen ihre eigene Artillerie an. Man konnte förmlich sehen, wie die Leute den Verstand verloren. Einmal, als sich während der Bombardierung alle hinter den Flugabwehranlagen versteckten, lief einer der Soldaten plötzlich zwischen der Technik entlang und rief: „Leute, es ist alles aus!" Einige Augenblicke später riss ihm eine erneute Explosion den Kopf ab ... Das, was mein Opa in diesen Momenten erlebt und gesehen hatte, prägte ihn für sein ganzes Leben. Danach konnte Opa nicht mehr auf Beerdigungen gehen und Tote ansehen.

1939, nach der Ankunft der „ersten Sowjets", stand das kulturelle und gesellschaftliche Leben des Dorfes Klekotiw still, das vor dem Ersten Weltkrieg auf der Grenze zwischen zwei Imperien lag: Österreich-Ungarns und Russlands. Das gesellschaftliche Leben erwachte teilweise wieder mit der Ankunft der Deutschen.

---

2 Anm. d. Übers.: Ukrainischer Hauptbefreiungsrat, das politische Führungsgremium der ukrainischen Befreiungsbewegung, das 1944 gegründet und 1950 aufgelöst wurde, als viele Mitglieder von der sowjetischen Regierung verhaftet wurden.

Ein anderes Ereignis, das ihn das Leben hätte kosten können, passierte, glaube ich, in Deutschland. Opa schöpfte Wasser aus dem Fluss in einen Kessel, und am anderen Ufer war ein deutscher Soldat Wasser holen gekommen. Der Krieg hatte auch ein menschliches Gesicht: die Soldaten der Roten Armee und der Wehrmacht tauschten nur ein paar Blicke aus und gingen ihres Weges.

Nach dem Krieg setzte Opa seinen Dienst in einer Einheit fort, die in Deutschland stationiert geblieben war. Meiner Oma schickte er Fotos, und bekam von den Jungs aus dem Dorf Fotos vor der Kirche mit einer Unterschrift, die so begann: „Wasyl, unser Freund!"

Und obwohl er 1951 vom Krieg zurückkehrte und eine Stelle in der Finanzverwaltung des Rajons antrat, kam erst ein Jahr später alles an seinen Platz. 1952 heirateten Oma und Opa. Bei der Arbeit hatte man Opa gewarnt: ein Kriegsveteran und Mitarbeiter der Finanzverwaltung sollte nicht kirchlich heiraten. Die Entscheidung meiner Großeltern fiel jedoch auf Glauben und Tradition. Opas Karriere war vorbei, doch ihm blieb das Leben nach eigenen Prinzipien und Überzeugungen.

Der Krieg hatte auch ein menschliches Gesicht: die Soldaten der Roten Armee und der Wehrmacht, die aufeinander hätten schießen können, tauschten nur ein paar Blicke aus und gingen ihres Weges.

Valentyn Stezjuk

Krieg, Besatzung, Evakuierung

Die Evakuierten wollten so schnell wie möglich nach Hause, doch als sie zurückkamen, hegten sie die schönsten Erinnerungen an Mittelasien, dachten oft daran und erzählten anderen von seiner Exotik. Währenddessen bemerkte ich bei den Einwohnern Usbekistans kein großes Interesse an uns: wie ich bei meinen Besuchen dort nach dem Krieg beobachtete, hat man die Evakuierten fast vergessen ... Vielleicht haben Europäer eine andere Mentalität, der eine Offenheit für das Fremde zugrunde liegt.

Der Beginn des Krieges

An den 22. Juni 1941 erinnere ich mich noch genau, weil es auch der Geburtstag meines Bruders war, der mich über den Beginn des Krieges informiert und zusammen mit meinen Eltern gerufen hatte, den angekündigten Auftritt W. M. Molotows im Radio zu hören. Außer, dass der Krieg angefangen hatte, habe ich nichts verstanden und fand erst einige Jahre später heraus, dass der Volkskommissar des Äußeren (bis Mai auch Regierungschef) bekanntgab, dass Deutschland ohne Vorwarnung und ohne Kriegserklärung die Sowjetunion angegriffen hatte. Die sowjetische Propaganda wurde nicht müde, bei jeder Gelegenheit an diesen deutschen Vertrauensbruch zu erinnern, obwohl der deutsche Botschafter Schulenberg in der Nacht des Angriffs eine Note an Molotow mit der Kriegserklärung übermittelt hatte, worauf der Volkskommissar verzweifelt fragte: „Womit haben wir das verdient?"

Im Juni sollte Oma aus der Oblast Kirowograd kommen, auf die wir lange warteten, doch sie kam nicht, und später fand ich heraus, warum: Anfang Juni verbreiteten sich Gerüchte über den baldigen Beginn des Krieges mit Deutschland. Doch am 14.

In der am 14. Juni 1941 veröffentlichten Stellungnahme der TASS wurden die Gerüchte über den Kriegsbeginn als "verlogen und provokant" bezeichnet.

Juni wurde eine Stellungnahme der TASS[1] veröffentlicht, in der die Gerüchte über den Kriegsbeginn als „verlogen und provokant" bezeichnet wurden. Weil sie dieser Stellungnahme geglaubt hatte, kam Oma zu uns, und am nächsten Tag begann der Krieg. Nach Hause konnte sie nicht mehr, denn alle Passagierverbindungen nach Westen wurden gekappt – man brachte Soldaten und Militärtechnik dorthin. Ich erinnere mich, wie sich auf der Straße neben unserem Haus von Zeit zu Zeit in einem gleichmäßigen Strom das Kriegsgeschütz nach Westen bewegte. Nun kann ich nicht mehr genau sagen, was es war, ich erinnere mich nur an Flugabwehrgeräte mit vier Gewehren auf den Wagen. Das sah alles sehr beeindruckend aus und säte in den Leuten den Glauben an einen schnellen Sieg. Dieser Glaube wurde durch Volkserziehung in ausgeprägt militär-patriotischem Geiste gefestigt, die sich besonders in Marschliedern wie „Wenn morgen Krieg ist" abzeichnete. In einem anderen Lied sang man:

Als bereits klar war, dass die Deutschen bald bis zum Donbass kommen konnten, wurde das ganze zivile Volk mit dem Bau von Verteidigungsanlagen betraut. Um die Stadt herum hatte man einen tiefen Panzergraben mit Wall errichtet, und den alten Steinbruch schüttete man mit Erde zu. Für den Bau von Befestigungen und Barrikaden verwendete man alte Kipploren.

Wenn in die friedliche Heimat
Neue Kriege einfallen
Aus Gewehren wie strömender Regen –
Auf vertrauten Pfaden
Hinter dem lieben Kommissar dann
Werden wir die Schlachtrösser bewegen.[2]

Doch es kam nicht so wie gedacht. Bald füllten unendliche Massen von Flüchtlingen dieselbe Straße – ein unfehlbarer Beweis, dass es nicht gelungen war, den Feind auf seinem Territorium zu besiegen. Nach und nach wurde klar, dass die Deutschen bis zum Donbass kommen konnten, daher wurde das ganze zivile Volk mit dem Bau von Verteidigungsanlagen betraut. Alte Kipploren nutzte man für den Bau von Barrikaden für den Fall möglicher Straßenkämpfe, die es jedoch tatsächlich nicht gegeben hat. Um die Stadt herum hatte man einen tiefen Panzergraben mit Wall errichtet, und den alten Steinbruch schüttete man mit Erde zu, damit eine

---

1   Anm. d. Übers.: Die zentrale russische, ehemals sowjetische Nachrichtenagentur, gegründet 1904.
2   Zeilen aus „Konarmejskaja Pesnja" [Kavallerielied] (Text: O. Surkow, 1935).

Straße Richtung Westen darüber laufen konnte – für die Kommunikation mit den Verteidigungspositionen, die entlang des Grabens aufgestellt waren. Fast gleich nach Kriegsbeginn gab es Probleme bei der Versorgung, denn ich weiß noch, wie ich mich gefreut hatte, als Mama ein Küchlein mit Erbsen von der Arbeit nach Hause gebracht hatte. Wie sich später herausstellte, hatten die Konstruktionen nichts gebracht, denn die Rote Armee verteidigte die Stadt nicht, sondern

Mein Silvester 1941

hatte sie drei Tage vor der Ankunft der Deutschen verlassen. Die Bewohner nutzten die Herrschaftslosigkeit, um Läden und Lager mit Lebensmitteln und Waren des täglichen Bedarfs zu plündern.

Zur allgemeinen Verwunderung tauchte am 17. Juli 1942 der Feind in Form eines einzelnen Fahrradkundschafters auf, der auf dieser neu gebauten Straße gekommen war. Nachdem er sah, dass von der Roten Armee keine Spur zu sehen war, kehrte er um – und einige Stunden später marschierten die Besatzer in weitaus größerer Zahl ein.

Doch meine Familie war nicht mehr dort. Im November 1941 wurden wir alle, bis auf Papa, evakuiert und ins Unbekannte geschickt. Soweit ich weiß, wurden nur die Familien des leitenden Personals und der Kommunisten weggebracht. Papa war Spezialist in der damals neuen Industrie der Elektroautomatik und gleichzeitig Parteimitglied, weshalb wir unter den „Auserwählten" waren. Vor der Evakuierung gab es eine schreckliche Panik: der Deutsche war bereits etwa ein Dutzend Kilometer von der Stadt entfernt. Wir packten eilig, durften nicht viele Sachen mitnehmen, nur das Nötigste, denn in den Waggons war wenig Platz. Wir wurden auf einen LKW gesetzt und zum Bahnhof gefahren, und die, die zurückblieben, blickten die Abfahrenden vorwurfsvoll an, mit Neid, manche auch mit Wut. In den kleinen Güterwaggons, den sogenannten Kälberwagen, die mit vier Stockbetten mit je zwei Etagen versehen waren, wurden jeweils acht Familien untergebracht. Bei der ersten Gelegenheit wurden die Waggons an irgendeinen Zug gehängt, der nach Osten fuhr.

Zusammen mit anderen Fachkräften blieb Papa in der Stadt, um die Evakuation der Elektroausrüstung in den Ural zu organisieren. Dann gehörte er zur Gruppe der Sprengmeister, die Fabriken, Bergwerke, Kraftwerke und Umspannwerke kurz vor der Ankunft der Deutschen in die Luft jagen sollten. Erst als Erwachsener erzählte er mir eine Geschichte, die sich damals in einem der Kohlebergwerke ereignet hat.

Vor dem Einmarsch der Deutschen wurde angeordnet, alle Fabriken, Bergwerke, Kraftwerke und Umspannwerke des Donbass zu sprengen. Die Bewohner protestierten oft gegen die Zerstörung der Minen. Doch das NKWD schaffte bald Ordnung: die, die nicht zustimmten, wurden gezehntelt, d.h., jeder Zehnte wurde erschossen.

Die Stadtbewohner, vor allem Frauen mit Kindern, protestierten entschlossen gegen die Zerstörung der Mine. Sie sagten: „Der Stollen ist für uns die einzige Einnahmequelle" (Bergleute wurden damals nicht an die Front einberufen, denn sie waren von der Wehrpflicht befreit). Die Leute wussten aus der Erfahrung des Bürgerkrieges, dass, egal, wer an der Macht war, jeder Kohle brauchte: die Roten, die Weißen, die Petljura-Anhänger und die Anhänger Machnos[3] – und waren natürlich überzeugt, dass auch die Deutschen sie brauchen würden. Alle zahlten gutes Geld für die Kohle, daher wollten die Bewohner die Mine im arbeitsfähigen Zustand erhalten. Der Protest wurde der „zuständigen Stelle" gemeldet, und einen Tag später tauchte das NKWD dort auf. Alle Bewohner der Bergwerkssiedlung wurden in eine Reihe aufgestellt und dann zehntelte man sie: das heißt, man erschoss jeden Zehnten, ungeachtet des Geschlechts und Alters. Danach gab es solche Proteste nicht mehr. Doch gegen Ende November stoppten die Deutschen ihren Einmarsch kurz vor der Stadt, deshalb hörte man

---

3   Anm. d. Übers.: Nestor Machno (1888 – 1934) war ein ukrainischer Politiker, Anarchist und Anführer der Revolutionären Aufständischen Armee. Im russischen Bürgerkrieg war er der Begründer der Machno-Bewegung aus Bauern und Partisanen, die anarchistische Strukturen durchsetzen wollte.

auf, die geplanten Objekte zu sprengen. Mehr noch, man ging im Frühjahr dazu über, alles wiederaufzubauen, was man gesprengt hatte. Offensichtlich hatte man im Kreml entschieden, dass es nach der Niederlage der Deutschen bei Moskau keinen weiteren Vormarsch mehr geben würde. Der Volkskommissar für Kraftwerke, D. H. Schymerin, kam in den Donbass, um persönlich den Wiederaufbau des Stromnetzes zu leiten.

In der Evakuation

Doch zu der Zeit waren Mama und ich bereits in Zentralasien, in der Siedlung Quvasoy in der Provinz Ferghana (Usbekistan). Die Entscheidung über den Bestimmungsort der Evakuierten hatten irgendwelche Regierungsbeamten während der Reise nach Osten getroffen. Nur Waggons mit Technik – Maschinen, Turbinen, Generatoren – wurden zielgerichtet in den Ural geschickt, begleitet von Fachleuten. Ihre Familien kamen entweder in den Ural oder nach Zentralasien. Alles hing davon ab, welcher Weg gerade frei war, denn alle Schienen waren voll von Zügen strategischer Bestimmung. Dazu wurden Züge von Zeit zu Zeit von Deutschen bombardiert. Nach Quvasoy waren wir genau einen Monat unterwegs, denn wir standen lange an den Stationen, manchmal sogar drei Tage lang. Alle Evakuierten wurden in einem Klub untergebracht, im Zuschauerraum, wo wir fast jeden Tag kostenlos Filme schauen konnten. Im Klub gab es keine Toilette, daher verwandelte sich in den anderthalb Monaten, die vergingen, bis wir in Baracken umgesiedelt wurden, die ganze umliegende Ortschaft in ein Gemeinschaftsklo. Nach und nach wurden die Evakuierten mal hierhin, mal dorthin umgesiedelt, manche hatten das Glück, in einem anständigen Einfamilienhaus zu wohnen. Unsere Familie erhielt als Letzte ihre Bleibe – in einer Baracke. Solange wir noch Geld hatten, ging es uns nicht schlecht, denn die Lebensmittelpreise auf dem Markt waren recht niedrig. Ich weiß noch, dass wir einen ganzen Sack trockener Aprikosen hatten – offensichtlich hatten wir ihn für wenig Geld erstanden. Und als wir kein

Geld mehr hatten, ging Mama in nahe und ferne Dörfer, sogar nach Kirgisien, um verschiedene Dinge für Essen einzutauschen. Unsere Oma jedoch hatte es sehr schwer in der Fremde, sie hatte Heimweh und starb im Februar 1942. Sie wurde 66 Jahre alt ... Danach bekam Mama eine Arbeit bei dem Objektschutzdienst des Kraftwerks. Einmal, als sie nachts Wache hielt, näherte sich aus dem nächstgelegenen Tal zwischen den Bergen eine Gruppe Reiter in typisch asiatischen Gewändern. Doch sie hatten keine bösen Absichten und sie ritten ruhig davon. Am Morgen erzählte Mama ihrem Chef von dem Erlebnis, und der sagte, es seien Basmatschi[4] gewesen.

Zentralasien verblüffte die Evakuierten: ganz andere Menschen mit fremder Sprache und eigenen Bräuchen; ungewöhnliche Kleidung; Männer mit Dolchen; Frauen, die mit dunkler Farbe zu einer Linie geschminkte Augenbrauen hatten; die Anzahl der Zöpfe bei Mädchen. Besonders exotisch waren die Früchte: Pfirsiche, Aprikosen, Granatäpfel, Kürbisse von der Größe eines Kindes und Äpfel so groß wie ein Kinderkopf.

Überhaupt hinterließ Zentralasien bei den Evakuierten einen bleibenden Eindruck. Es war pure Exotik: ganz andere Menschen mit fremder Sprache und eigenen Bräuchen, mit ungewöhnlicher nationaler Kleidung, bei der besonders die Dolche in den Gürteln der Männer beeindruckten, bei den Frauen die Parandscha-Schleier und leichte Haremshosen. Manche Frauen trugen keinen Schleier und man sah, dass sie ihre Augenbrauen mit einer speziellen dunklen Farbe zu einer Linie schminkten. Ebenso wundersam war auch ihre Fähigkeit, verschiedene Dinge ohne Einsatz der Hände auf dem Kopf zu tragen, selbst Wasserkrüge. Die Vielfalt der Zöpfe bei den Mädchen war faszinierend. Besonders exotisch zu dieser elenden Zeit waren vorher noch nie gesehene Früchte: Pfirsiche, Aprikosen, Granatäpfel – und bereits bekanntes Obst und Gemüse imponierte durch seine Größe. Die Kürbisse zum Beispiel waren so groß wie ich, und die Äpfel fast so groß wie ein Kinderkopf. Hinter dem Fluss, direkt am Fuß des Berges, lag der Obstgarten der Kolchose „Mujan", und mein Bruder ging dort oft Beute machen. Es gab Wachen, doch die waren großzügig gegenüber Jugendlichen – manchmal durften diese sich etwas Obst pflücken.

Die Evakuierung war eine gute Lehre in Sachen internationalen Zusammenlebens und Respekts gegenüber anderen Nationen, denn in diesen

---

4 Anm. d. Übers.: Aufständische in Zentralasien, die von 1916 bis Mitte der 1930er gegen die Bolschewiki kämpften.

Landen lebte ein gemischtes Volk: Usbeken, Kirgisen, Tadschiken, Russen. Natürlich gab es auch Fälle von Unfreundlichkeit gegenüber den Fremden von Seiten der Einwohner, doch im Großen und Ganzen gab es keine interkulturelle Feindlichkeit. Eine ältere Usbekin, die wir „Apa" nannten, half beispielsweise unserer Familie. Durch Diebstähle konnte sich Ablehnung gegenüber den Evakuierten entwickeln, was durch die Gewohnheit der Einwohner provoziert wurde, ihre Haustüren nicht abzuschließen. Doch das hatte schnell ein Ende. Ein anderer Brauch beeindruckte mich ebenfalls sehr. Einmal kam ein Wanderzirkus zu uns. Alle, die wollten, konnten sich die Vorstellung anschauen, während sie um die improvisierte Arena herum auf dem Boden saßen – es gab keine Karten. Doch die Usbeken bezahlten freiwillig Geld, jeder so viel er konnte. Dabei gingen sie jeweils einmal um die Arena herum, damit jeder sehen konnte, wie viel Geld sie in den Korb legten. Die Evakuierten bezahlten natürlich nichts, doch niemand störte sich daran. Von den Vorstellungen kann ich mich nur an die Auftritte der Seiltänzer erinnern, die mit einem Balancierstab, verbundenen Augen und sogar einem Dolch, der am Fuß befestigt war, über das Seil gingen.

Obwohl alle Evakuierten so schnell wie möglich nach Hause wollten, hegten wir schöne Erinnerungen an Zentralasien und erinnerten uns oft daran, wenn wir uns nach der Rückkehr in den Donbass unterhielten, erzählten anderen von den dortigen Wundern. In der Schule wurde ich regelrecht zum Experten für alle östlichen Länder, und die Lehrerin wandte sich oft ratsuchend an mich, sogar wenn es beispielsweise um Japan ging. Im Erwachsenenalter besuchte ich mehrmals den Ort meiner frühen Kindheit, und die Bekannten, die ebenfalls in den fernen Jahren des Krieges dort gewesen waren, hörten gerne von meinen neuen Eindrücken. Währenddessen stellte ich bei den Einheimischen kein großes Interesse an den Evakuierten fest – deren Anwesenheit hatte man bald vergessen, wovon ich mich bei meinen späteren Reisen überzeugte. Offensichtlich haben Europäer eine andere Mentalität, der eine Offenheit gegenüber dem Fremden,

Ungewohnt war die lokale Angewohnheit, die Haustüren offen zu lassen. Außerdem beeindruckte uns der Zirkus: alle, die wollten, konnten sich die Vorstellung anschauen, es gab keine Karten. Die Einheimischen zahlten Geld – jeder so viel er konnte, wobei die Evakuierten nichts zahlten, was ihnen niemand übel nahm.

Exotischen zugrunde liegt. Diese Eigenschaft hatte schon der Chronist Fulcher von Chartres im 12. Jahrhundert bemerkt, als er schrieb: „Denn wir, die wir Abendländer waren, sind nun Orientalen geworden ... Einer, der ein Fremder war, ist nun ein Bürger dieses Landes."[5]

Unangenehme Erinnerungen hinterließ Malaria, woran fast alle Neuankömmlinge erkrankt waren. Als ich krank war, hatte ich so hohes Fieber, dass ich trotz der Hitze fror. Die Kranken wurden mit Quinacrin behandelt, das wir „China" nannten. Dieses Medikament belastete die Leber und hatte negative Auswirkungen aufs Gehör. Wahrscheinlich höre ich deswegen mein ganzes Leben lang auf einem Ohr schlechter als auf dem anderen, aber ich kannte auch eine Frau, die komplett taub geworden ist. Auch die dortige Sonne machte mir zu schaffen. Einmal bin ich aus dem Kindergarten ausgerissen und mit älteren Jungs den ganzen Tag irgendwo unterwegs gewesen. Ich hatte nur Unterhosen an und einen solchen Sonnenbrand bekommen, dass mein ganzer Körper voller Blasen war, und sich danach die Haut buchstäblich in Fetzen ablöste. Die gleichen Jungs erpressten mich damit, dass sie zum Dorfrat gehen und meinen Bruder anzeigen würden, er hätte irgendein Verbrechen begangen, ich glaube, es sollte ein Mord sein. Damit sie das nicht taten, musste ich ihnen etwas zu essen von zu Hause mitbringen.

Im Sommer stieß mein Vater zu uns, der, nachdem er das ihm zugewiesene Umspannwerk vor der Ankunft der Deutschen gesprengt hatte, umgehend vor ihnen fliehen musste, denn sie begannen unerwartet einen schnellen Einmarsch nach Stalingrad. Während der Sprengung wäre es fast zu einer Tragödie gekommen. Die Sprengkörper waren selbstgemacht, also nicht standardisiert. Gemäß der Anleitung sollte die Zündschnur 12 Minuten lang brennen. Sobald Papa sie angezündet hatte, kam ein GAZ-AA-LKW voller Soldaten angerast. Mein

---

5   Anm. d. Übers.: An den ukrainischen Text angepasste Übersetzung des französischen Originals von Manfred Hiebl, abrufbar unter: http://www.manfredhiebl.de/Fulcher-von-Chartres/fulcher_buch_3.htm

Vater stoppte sie ihn mit einer roten Flagge, die für einen solchen Zweck gedacht war. Der Lastwagen hielt an, und aus der Kabine sprang ein erzürnter Offizier mit drei „Würfeln" am Kragenspiegel. Vater erklärte, dass jeden Moment eine große Explosion stattfinden würde und sie warten müssten. Als die Zeit verstrichen war und es keine Explosion gab, wurde der Offizier wütend, er hatte offenbar Angst vor den Deutschen. Sie warteten noch ein wenig, und die Explosion kam nicht. Verdutzt dachte Papa, dass es wegen eines Defekts keine Explosion mehr geben würde, und erlaubte dem Wagen, weiterzufahren. Doch gleich als dieser das Umspannwerk passiert hatte, explodierte es. Der LKW sprang auf allen vier Rädern hoch, blieb jedoch standhaft und raste weiter. Der zufriedene Sprengmeister schnallte sich die Umhängetasche mit Zwieback um, schwang sich das Mossin-Gewehr über die Schulter und machte sich auf den Weg nach Osten, um seine Vorgesetzten zu suchen und nach weiteren Anweisungen zu fragen. Das war im Juli 1942.

Ich weiß nicht, wie Vater zur Arbeit in Zentralasien eingeteilt wurde, offenbar hatte er irgendwelche Dokumente bekommen, die ihm erlaubten, ohne Hindernisse, jedoch mit einigen Schwierigkeiten zu seiner Familie über Tichorezk, Baku, Krasnowodsk[6] zu gelangen. In Taschkent kam er an eine Versetzung nach Ferghana und erhielt eine Stelle im örtlichen Wärmekraftwerk. Das war nicht weit von Qusavoy, und schon bald sind wir alle dorthin umgezogen, wo man uns ein Zimmer zuteilte. Mama arbeitete als Erzieherin im Kindergarten, mein großer Bruder studierte in der technischen Fachschule und machte sein Praktikum in einer Textilfabrik. Obwohl nur meine kleine Schwester und ich versorgt werden mussten, hatten wir große Probleme mit der Ernährung. Ich erinnere mich an die Portionen im Kindergarten, die so klein waren, dass die Kinder die Teller blitzblank leckten und wir trotzdem die ganze Zeit Hunger hatten. Sehr gerne lutschten wir irgendwelchen örtlichen blauen Lehm – er schmeckte nach Milch und enthielt

---

6   Anm. d. Übers.: Heute Türkmenbaşy, eine Stadt im Westen Turkmenistans.

Meine Mutter und ich an meinem Geburtstag, dem 13. März

bestimmt Mikroelemente, die für den kindlichen Körper wichtig waren. An Feiertagen gab es dafür Naschereien, deren Herkunft ich bis heute nicht kenne: bunt gefärbter Zucker in Tafeln, Gosinaki[7], Stücke irgendwelcher Nüsse. Als ich schon im Erwachsenenalter zum ersten Mal Kokosnuss probierte, war ich erstaunt, dass mir der Geschmack bekannt vorkam. Als ich länger über das Phänomen nachdachte, erinnerte ich mich an die Nüsse, die wir im Kindergarten bekommen hatten. Da es keine Kokospalmen in Zentralasien gibt, denke ich, dass Kokosnüsse und vielleicht auch andere Produkte aus dem damals von der Sowjetunion und den USA besetzten Iran importiert wurden.

Insgesamt kamen Früchte, ob frisch oder getrocknet, den Evakuierten gut zu Hilfe, denn es gab sie, günstig wie sie waren, in großen Mengen. Auf dem Markt konnte man auch Presskuchen kaufen – ein Nebenprodukt der Herstellung von Baumwollsamenöl. Man konnte sie lutschen und damit kochen, sogar Frikadellen daraus machen. Überhaupt verkauften die Usbeken sehr leckere östliche Gerichte. Besonders gut schmeckten mir Schurpa[8] und Küchlein mit Zwiebeln, doch ich hatte nur wenige Male das Glück, diese Köstlichkeiten zu genießen. Auch unser Garten kam uns sehr zu Hilfe. Vater bekam von der Arbeit ein Grundstück zugeteilt, auf dem wir Mais, Sorghumhirse und Mung-

---

7   Anm. d. Übers.: Eine Süßigkeit aus Walnüssen und Honig georgischen Ursprungs, die in vielen osteuropäischen und mittelasiatischen Ländern gerne gegessen wird.
8   Anm. d. Übers: Eine usbekische Fleischsuppe.

bohnen anbauten. Sorghumhirse ist eine hohe Pflanze, die Mais ähnlichsieht, mit einem Stiel, der süß schmeckt, doch Körner trägt sie nur im Blütenstand. Daraus kochten wir Brei ohne sonstige Verarbeitung, und den Mais mahlten wir und kochten Mămăligă[9] daraus. Am besten gefielen uns jedoch die Mungbohnen. Das sind solche grünen Böhnchen, aus denen sich eine tolle Suppe machen lässt. (Wir wollten diese Pflanze auch nach der Rückkehr in den Donbass anbauen, doch sie trug keine Früchte. Papa erklärte, dass ihr die Bestäubung fehlte. Das war meine erste Lektion in Botanik.) Doch unser Garten war klein und wollte gegossen werden, was nicht so leicht war. Im Sommer regnet es in Zentralasien nicht, zum Gießen gibt es spezielle Bewässerungsgraben, in denen eine bestimmte Person das Wasser bereitstellt – der Mihrab. Er lässt das Wasser zu bestimmten Zeiten nacheinander auf die Gärten fließen. Das Wasser läuft von oben nach unten in Rinnen herab, die über den Garten gehen, doch es kommt nicht immer ganz unten an, daher wuchs dort wenig.

Während wir das Ernährungsproblem auf unterschiedliche Weise lösen konnten, gestaltete es sich mit der Kleidung und dem Schuhwerk schwieriger. Wir trugen vor allem das, was wir aus dem Donbass mitgebracht hatten, Mama flickte es, verarbeitete es und konnte mir aus irgendwelchen Stücken eine neue Kniehose nähen. Ich trug sie auch im Winter, dazu hatte ich noch Strümpfe (woher ich sie hatte, weiß ich nicht mehr). Der Winter in Zentralasien ist mild, nachts gibt es Frost, manchmal fällt Schnee, der morgens schmilzt. Wenn das Eis auf einer großen Pfütze vor unserem Haus sich einige Tage hielt, freuten sich die Kinder und liefen gerne auf selbstgemachten Schlittschuhen aus Holz. Für unsere Füße bekamen wir selbstgemachte „Pantoffeln", die Mama aus Gurtband flocht und aus dem, was sie gerade zur Hand hatte, zusammennähte. Das Gurtband und den Faden brachte mein Bruder von der Arbeit mit (gestohlen, versteht sich). Die Wachen drückten bei so etwas ein Auge zu, hielten jedoch diejenigen auf, die irgendwelche Erzeugnis-

Mit der Kleidung und dem Schuhwerk gestaltete es sich sehr schwierig. Wir trugen vor allem das, war wir aus dem Donbass mitgebracht hatten. Wir flickten es und nähten es um. Als Schuhe hatten wir selbstgemachte „Pantoffeln", die aus Gurtband geflochten und aus dem, was sie gerade zur Hand hatte, zusammengenäht wurden.

---

9 Anm. d. Übers.: Ein Brei aus Maishirse.

se hinausschmuggeln wollten. Zu Anzeigen kam es aber nicht, denn die Vorgesetzten hatten Verständnis für die Not der Leute.

In Ferghana fand eine seltsame Transformation meines Nationalbewusstseins statt. Im Kindergarten trichterte man uns Kindern eine patriotische Einstellung zur „Heimat" ein und erzog uns zum Hass gegenüber den deutschen Eindringlingen. Wir sangen fast ausschließlich Erwachsenenlieder über den Krieg, und die wenigen Kinderlieder waren relativ ernst, dem Zeitgeist entsprechend. Ich weiß noch, wie wir in einem spielerischen Kinderlied singen mussten: „Wir heben die Dolche so hoch!" – und dazu sollten wir entsprechende Bewegungen machen. Ich machte mir große Sorgen, dass die Deutschen die Rote Armee besiegen könnten, und freute mich, als sie geschlagen wurden. Die Erziehung der Kinder im Geiste des Patriotismus war eng verbunden mit der Akzentuierung des russischen Nationalbewusstseins, und ich war überzeugt davon, ein Russe zu sein. Als ich von den älteren Kindern erfuhr, dass Stalin kein Russe, sondern Georgier war, war ich zutiefst schockiert. Ich konnte den Gedanken nicht ertragen, dass irgendein Georgier über uns Russen herrscht. In meiner Vorstellung war es eine Schande für die Russen. Ich konnte es nicht glauben, und als mein Vater diese unangenehme Wahrheit bestätigte, sah ich anscheinend komplett verloren aus, deshalb fügte er hinzu:

„Warum machst du dir denn Sorgen? Du bist doch kein Russe!"

Ich traute meinen Ohren nicht und fragte: „Wer bin ich denn dann?"

„Du bist Ukrainer", bekam ich als Antwort zurück. Das war eine große Erleichterung für mich: ich konnte meinen Patriotismus für eine ganz andere Nationalität einsetzen, über die ich nichts Schlechtes gehört hatte. Ich begriff, dass der kleine Unterschied der Sprache des Donbass von der russischen das Kennzeichen der mir unbekannten ukrainischen Sprache war, und ich begann, sie zu lernen, verlangte von meinen Eltern, mir Märchen auf Ukrainisch zu erzählen. Doch sie kannten nur wenige, und ich hatte ehrlich gesagt auch andere Interessen in meinem kindlichen Alter.

Ein Jahr später, im August 1943, als der deutsche Rückzug nach der Schlacht im Kursker Bogen begann, wurde Vater zurück in den Donbass beordert, der damals noch in den Händen des Feindes war, doch es war bereits klar, dass die Deutschen den Krieg verlieren würden. Zuallererst wurden Parteifunktionäre zurückberufen, Fachkräfte konnten erst einmal bleiben, doch im Regionalkomitee der Partei verstand man diesen Unterschied nicht und der Direktor des Ferghanaer Wärmekraftwerks bekam die Anweisung, die ukrainischen Fachleute nach Hause zu entlassen. Dieser sträubte sich sehr, denn es gab keinen Ersatz, doch im Regionalkomitee erklärte man ihm: „Das sind nicht deine Kader, das sind Kader der Ukraine!" Als das Missverständnis aufgeklärt war, hatte Vater bereits Entlassungspapiere bekommen, meldete sich in der regionalen Parteiorganisation ab und machte sich bereit zur Abfahrt. Später erzählte er, wie er unterwegs „reich wurde". Ich glaube, sie fuhren zu dritt zurück. Im Schymkent[10] riet man ihnen, Honigmelonen zu kaufen, die sie später für einen guten Preis verkaufen konnten. So kam es auch. In Sol-Ilezk verkauften sie die Melonen für 200 Rubel das Stück und kauften für den Erlös viel Salz. Das hatte ihnen ebenfalls jemand geraten. Als sie in Kupjansk ankamen, wo damals der Regierungssitz der Ukrainischen SSR war und wo sie ihren Arbeitsplatz zugewiesen bekommen sollten, tauschten sie dort das Salz gegen Butter und Eier im Wechselkurs „ein Kesselchen Salz gegen ein Kesselchen Butter". Sie brachten auch Salz in den Donbass, doch sie hatten sich verschätzt – dort gab es genug eigenes Salz. Vater bat um seinen alten Arbeitsplatz und kam am dritten Tag nach der Befreiung der Stadt Serho dorthin zurück, nachdem er zu Fuß aus Luhansk (damals Woroschylowgrad) gelaufen war. Doch einige seiner Vorgesetzten waren früher zurückgekommen, gemeinsam mit der Armee. Die Bewohner begrüßten die Befreier mit Enthusiasmus, und alle gemeinsam begannen sie den Wiederaufbau von Donbasenergo. Gleichzeitig kam auch die Versorgung mit Lebensmitteln hier und da wieder in Gang und damit

Auf dem Rückweg aus der Evakuation in den Donbass konnte man „reich werden". Im Schymkent kaufte man Honigmelonen, die sich später für einen guten Preis verkaufen ließen. In Sol-Ilezk verkaufte man die Melonen für 200 Rubel das Stück und kaufte für den Erlös viel Salz. Bei der Ankunft in Kupjansk, wo damals der Regierungssitz der Ukrainischen SSR war, tauschte man dort das Salz gegen Butter und Eier im Wechselkurs „ein Kesselchen Salz gegen ein Kesselchen Butter".

---

10 Anm. d. Übers.: Eine Großstadt in Kasachstan.

öffneten auch Läden, Kantinen, der Kindergarten. Interessant war, dass es zwei Kantinen im Betrieb gab: eine für Ingenieure und eine für einfache Arbeiter. Es gab einen gewissen Unterschied zwischen ihnen, doch damals war es normal. Unsere Stadt Serho aber wurde damals aus irgendeinem Grund in Kadijiwka umbenannt, wie irgend so ein Dorf.

Kindliche Eindrücke von den Jahren der Besatzung

Der Rest meiner Familie kam im April 1944 zurück nach Hause, als sich der Feind bereits weit genug zurückgezogen hatte. Von meinem Bruder wusste ich, dass die Rückkehr 20 Tage dauerte. Die Gleise an den Bahnhöfen waren genauso voll wie bei der Evakuation. Auf den offenen Plattformen stand viel Trophäentechnik. Ältere Kinder liefen dort herum und brachten Patronenhülsen unterschiedlichen Kalibers und andere Kleinigkeiten mit, die sie gefunden hatten. Unser Waggon hatte Endstation in Luhansk, von dort sind wir dann mir dem LKW nach Serho gefahren. Obwohl wir spät in der Nacht angekommen sind, erwarteten uns unsere nächsten Nachbarn bereits ungeduldig, wohl um sich für ihre Sünden bei der Okkupation zu rechtfertigen. Mit kindlicher Neugier fragte ich die Kinder über die Deutschen aus, die in meiner Vorstellung, beeinflusst von der Erziehung im Kindergarten, grausame Feinde sein mussten. Zu meiner großen Überraschung erzählten die Kinder nichts Schlechtes über die deutschen Soldaten und sagten sogar, dass diese sie gut behandelt und ihnen manchmal Schokolade geschenkt hätten – das hat mich am meisten beeindruckt, denn ich hatte nicht einmal in der Vorkriegszeit selbst welche gesehen. Interessant war, dass die Deutschen den Leuten beigebracht hatten, sie „Pan" [Herr – Anm. d. Übers.] zu nennen. Womöglich hat man sich diese Anredeform für Deutsche noch während der deutschen Besatzung während des Bürgerkriegs angeeignet. Dieses Wort erwies als so bequem in der Kommunikation, dass man nach dem Krieg sogar gefangene Deutsche „Pan" nannte. Nach und nach bedienten sich die

Die Kinder, die in der Besatzungszone lebten, erzählten nichts Schlechtes über die deutschen Soldaten und sagten, diese hätten sie gut behandelt und ihnen sogar manchmal Schokolade geschenkt.

Deutschen bei der Verständigung mit den Bewohnern der polnischen Sprache, zumindest nutzten sie dabei die gebräuchlichsten polnischen Wörter „matka", „mleko", „kurka", „jajka" [Mutter, Milch, Huhn, Eier – Anm. d. Übers.] usw.

Außerdem war ich überrascht, dass die Deutschen mit keinem Finger das Grab des Roten Offiziers anrührten, der kurz vor ihrer Ankunft gestorben war und auf einem kleinen Platz beerdigt wurde. In meiner damaligen Vorstellung hätten die Deutschen das Grab des Feindes vernichten, es dem Erdboden gleichmachen sollen, und ich konnte nicht begreifen, warum sie es nicht getan hatten. Dieselben Kinder, die die Deutschen selbst erlebt hatten, fanden das nicht merkwürdig. Es ist vielleicht seltsam, doch ich habe oft Leute getroffen, die sich nicht über die Besatzer beschwerten und auf die Frage, wie diese mit den Bewohnern umgegangen waren, entgegneten, dass es solche und solche gegeben habe. Als Erwachsener verblüffte mich ein Fall, von dem mir ein Einheimischer aus Konotop erzählte. Ich glaube ihm, aber wenn ich das Gehörte nacherzähle, glaubt man mir oft nicht. Nichtsdestotrotz erzähle ich, was ich gehört habe.

Bei einer Frau wohnte einige Tage ein deutscher Offizier. Als es für sein Regiment Zeit war, weiter nach Osten zu gehen, wollte der Offizier das Bett mitnehmen, auf dem er geschlafen hatte. Doch das Bett war das einzig Wertvolle, das die Frau besaß. Solche Betten gibt es sonst nicht mehr. Es war ein kleines Kunstwerk aus Eisen. Natürlich hatte das Bett ein Federrost, war aber auch mit verschiedenen Kinkerlitzchen verziert – glänzenden Kugeln und Ringen, ältere Menschen wissen, wie das gemacht wurde. Also traute sich die Frau, ihr Eigentum zu verteidigen, klammerte sich buchstäblich an das Bett und erlaubte nicht, es hinauszutragen:

„Ich gebe es nicht her, und damit hat sich's!"

Doch der Offizier versprach ihr, dass er das Bett auf jeden Fall zurückgeben würde. Die Frau kaufte es ihm nicht ab, musste aber nachgeben. Einige Zeit war vergangen, die Deutschen wurden zurückgedrängt. Und dann, eines Tages, während einer Kanonade und Schießerei, raste ein deutscher LKW auf das Haus der Frau zu, zwei Deutsche

Die Deutschen hatten sehr detaillierte Karten, die anscheinend der deutsche Kartographie-Dienst während der Okkupation der Ukraine 1918 erstellt hatte: darauf waren sogar Brunnen verzeichnet.

sprangen eilig hinaus, schnappen sich das Bett von der Ladefläche, brachten es schnell auf den Hof und warfen es auf die Erde, und rannten selber weiter. Ich denke, dass im Kern dieser Geschichte eine wahre Begebenheit steckt. Sich so etwas auszudenken ist schwierig.

Derselbe junge Mann erzählte, dass vor ihrem Haus einmal ein deutsches Auto anhielt und ein Soldat mit einem Eimer ausstieg. Ohne zu fragen, lief er über den Hof auf das Feld und kam bald zurück, doch der Eimer war nach wie vor leer. Das Auto fuhr dann weiter, und die Bewohner, anfangs über das Verhalten des Deutschen verwundert, hatten endlich verstanden, was dieser wollte. Es hatte zuvor einen Brunnen am Feldrand gegeben, der mit der Zeit ausgetrocknet war. Offenbar hatten die Deutschen eine so detaillierte Karte, dass darauf sogar Brunnen verzeichnet waren. Solche Karten hatte der deutsche Kartographie-Dienst während der Okkupation der Ukraine 1918 erstellen können.

Von besonderen Repressionen der Deutschen habe ich nie gehört. Meiner Ansicht nach waren sie kein Massenphänomen, besonders dort, wo es keine sowjetischen Partisanen gab. Dennoch habe ich gehört, dass manche Kinder von Deutschen für Diebstahl geschlagen wurden, denn diese duldeten kein Verbrechen. Der Einzige, der in der Stadt auf dem Marktplatz gehängt wurde, war ein gefasster Verbrecher. Stehlen war immer eine Versuchung, denn die Leute waren größtenteils arm.

Ähnlich wie wir in der Evakuation hielten sie sich mit dem Tausch von Sachen gegen Essen über Wasser. Den größten Wert hatten damals Produkte der Industrie: Kameras, Grammophone, und besonders Nähmaschinen. Für eine Nähmaschine konnte man in den Dörfern einen ganzen Sack Kartoffeln bekommen. Manche Bewohner hatten mehr als zehn solcher Nähmaschinen. Nach dem Krieg verkaufte man alles für viel Geld. Zum Tauschen fuhr man mit selbstgemachten Schubkarren, für die man auf verlassenen Fabriken Material fand. Abgesehen von dieser „Erfindung" sind auch die originellen selbstgemachten Mühlsteine eine Erwähnung wert – der Beweis für Einfallsreichtum der Leute in schwierigen Umständen. Die Teile für diese Mühlsteine hatte man ebenfalls zur Hand. So wurden sie gemacht: auf eine Metallplatte installierte man einen sechskantigen Stock, auf den man ein Rohr mit großem Durchmesser aufzog. Das Innere legte man mit groben Drahtstücken aus, die man an den Rändern des Rohrs bog – so hielten sie sich. Auf diese Weise sorgte die raue Oberfläche beim Drehen um den Stock für das Mahlen der Körner – meistens Mais –, die man ab und zu in die obere Öffnung des Rohrs gab. Zum Drehen nutzte man einen hakenförmigen Griff, der am Rohr befestigt war. Das gemahlene Korn sammelte sich im unteren Teil des Rohrs, und damit es herauskam, musste man das Rohr regelmäßig anheben und das Mehl mit den Händen herausschippen. Solche Mühlen hatte man einige Zeit während des Krieges benutzt, und auch ich selbst musste sie fast jeden Tag drehen. Eine sehr langatmige Angelegenheit.

Korn, wie auch andere Lebensmittel, tauschte man während des Krieges in einer weiter entfernten dörflichen Region aus, etwa beim Starobilsk, wo die Landwirtschaft auch während der Besatzung florierte, denn die Deutschen hatten das System der Kolchosen wohl nicht zerstört. Übrigens nahmen die Deutschen laut den Leuten die Erzeugnisse nicht mit Gewalt weg – sie zahlten dafür mit Besatzungsmarken einen Fixpreis, doch diese Marken hatten keine Nachfrage, man konnte dafür nichts kaufen. Warum die Bewohner ihnen nicht trauten, weiß ich nicht, wahrscheinlich glaubten die Leute an den Sieg.

Nach Stalingrad über den Donbass gingen nicht nur die Deutschen, sondern auch die Armeen der Satellitenstaaten: Ungarn, Rumänen, Italiener. Ich erinnere mich an solche Geschichten über sie: am schlimmsten gingen die Ungarn mit den Bewohnern um, als sie ihnen alles gewaltsam wegnahmen, die Italiener dagegen baten bei Bedarf die Leute ehrlich um etwas, und die Rumänen stahlen vor allem, wofür sie nicht nur die deutsche Gendarmerie, sondern manchmal auch die wehrhaften ukrainischen Frauen mit nassen Putzlappen straften.

Gleich nach unserer Rückkehr begannen unsere Nachbarn, die in der Besatzungszone geblieben

In der Besatzung hielt man sich, genau wie in der Evakuation, mit dem Tausch von Sachen gegen Essen über Wasser. Den größten Wert hatten damals Produkte der Industrie: Kameras, Grammophone, und besonders Nähmaschinen. Für eine Nähmaschine konnte man in den Dörfern einen ganzen Sack Kartoffeln bekommen.

Ich, meine Schwester (geb. 1939), Mama und ein Nachbarsjunge, der aus Neugier auf das Foto gekommen war

waren, uns abwechselnd zu besuchen und sich gegenseitig der Zusammenarbeit mit den Deutschen zu beschuldigen. Besonders viel hatten sie am Verhalten junger Frauen auszusetzen, die Liebhaberinnen deutscher Soldaten waren. Diese rechtfertigten sich wiederum, dass sie angeblich im Untergrund waren und die engen Verbindungen nutzten, um den Deutschen Kriegsgeheimnisse zu entlocken. Überhaupt wurde viel über den Untergrund geredet, der für die Bekämpfung der Okkupanten in der Stadt geblieben war. Ihr Hauptquartier war die Wohnung der Lehrerin Tina Dmytriwna Synezka im benachbarten Zweifamilienhaus – das damals im Donbass typisch war – dem gleichen, in dem Oleh Koschowyj gewohnt hatte, einer der Leiter der Krasnodoner „Jungen Garde". Wenn ich mich richtig erinnere, wurden diese Partisanen erst mit Orden ausgezeichnet und ein oder zwei Jahre später für unbekannte Verbrechen verurteilt. Man sagte, sie hätten in Selbstjustiz einen ihrer Kameraden getötet, wofür, konnte niemand sagen – entweder hatte er sich an die Deutschen verkauft oder es Rache gewesen. Im Untergrund gibt es kein Gericht, keine Gesetze. Ob die sowjetische Justiz zur Wahrheit durchgedrungen war, ist nicht bekannt, und Tina Dmytriwna erzählte ihren Nachbarn nichts über diese Ereignisse. Für mich war das Brudergrab im Zentrum der Stadt immer ein Geheimnis gewesen, doch über diejenigen, die dort begraben liegen, habe ich nie offizielle Erinnerungen gehört. Eine gewisse Zeit standen ihre Nachnamen auf den Tafeln, waren jedoch später verschwunden.

Bevor er vor den Deutschen geflohen war, hatte Papa alle Wertsachen im Haus unter dem Fußboden vergraben, in der Hoffnung, sie nach der Rückkehr wieder auszugraben, denn er glaubte an den Sieg. All diese Dinge hatten unsere Nachbarn geklaut, um sie gegen Lebensmittel einzutauschen. Dieses Phänomen war recht verbreitet, doch den Klagen derer, die ihre eigenen Sachen bei anderen wiedererkannten, stand die Regierung gleichgültig gegenüber: von oben kam die Anweisung, in solchen Fällen nicht zu ermitteln, denn die Leute mussten während der Besatzung schließlich irgendwie überleben, daher waren Verbrechen durch Not gerechtfertigt. Genauso wenig verfolgte man ebenfalls verbreitete Fälle von Plünderung während des Rückzugs der sowjetischen Truppen.

Während des Krieges war Plünderung weit verbreitet. Doch die Regierung war gleichgültig gegenüber den Beschwerden derer, die die eigenen Sachen bei anderen entdeckten: von oben kam die Anweisung, in solchen Fällen nicht zu ermitteln, denn die Leute mussten während der Besatzung schließlich irgendwie überleben.

Wahrscheinlich sollte ich auch etwas über den 9. Mai 1945 schreiben. Dass der Krieg zu Ende ging, war längst klar, und die Eroberung Berlins am 2. Mai galt bereits praktisch als Sieg. Daher beobachtete ich keinen besonderen Aufschwung oder große Freude bei den Leuten an diesem Tag. Heute erinnere ich mich, dass man einfach wusste: man sollte sich freuen – doch ich habe keine einzige deutliche Erinnerung mehr im Kopf, außer dass vielleicht einige Frauen weinten. Wie konnte man sich freuen, wenn in fast jeder Familie jemand an der Front gestorben war und kein Sieg der Welt sie heil zurückbringen konnte? Aus meiner näheren Verwandtschaft war jedoch niemand an der Front gewesen, meinen Bruder, der 1927 geboren war, hatte man nicht mehr mobilisiert, denn er hatte genau wie mein Vater eine Befreiung von der Wehrpflicht erhalten: er arbeitete als Elektriker am Wiederaufbau des Energiebetriebs mit. Dafür waren drei meiner Onkel mütterlicherseits und ein Onkel väterlicherseits sowie mein Cousin an der Front gewesen, davon waren zwei gefallen. Die meisten meiner Kindheitsfreunde waren ohne Vater aufgewachsen.

Nach dem Sieg änderte sich nichts in unserem Alltag. Die Veränderung bemerkten wir erst im Dezember 1947 nach der Währungsreform und der Abschaffung von Lebensmittelmarken, vorher hatten wir Kinder bei der Erinnerung besserer Zeiten den Begriff „damals, in Zeiten des Friedens ..." genutzt, ohne darüber nachzudenken, dass der Frieden bereits gekommen war. Zwanzig Jahre lang war keine Rede mehr vom Sieg, erst zum zwanzigjährigen Jubiläum erinnerte man sich daran, und auch die Opfer gerieten nach und nach in Vergessenheit. Stattdessen gab es viele Leute, die ohne besonderen Grund mit ihrer Beteiligung am Krieg prahlten. Nach meinem 25-jährigen Dienst bekam ich keine Entlassungspapiere, bevor ich einen Monat im Wehrersatzamt ausgeholfen hatte. Der 40. Jahrestag des Sieges näherte sich, und anlässlich der Feierlichkeiten sollten alle Veteranen den Orden des Vaterländischen Krieges bekommen. Wer verwundet worden war, bekam den Orden I. Grades, alle anderen den Orden II. Grades. Ich arbeitete zusammen mit anderen Demobilisierten an den Akten der Veteranen, um herauszufinden, wer welchen Orden verdiente. Dabei fiel mir auf, dass die meisten Veteranen wenige Tage bis einige Wochen an der Front gewesen waren, vor allem im Sommer 1941. Es war klar, dass sie den Rest des Krieges in Kriegsgefangenschaft verbracht hatten. Am ganzen oder am Großteil des Krieges hatten vor allem Stabsoffiziere und Artilleristen teilgenommen (offenbar aus der Langstreckenartillerie). Das heißt, längst nicht alle Veteranen hatten wirklich an den Schlachten teilgenommen, daher wäre es wirklich gerecht gewesen, diejenigen zu ehren, die gefallen waren, und nicht die, die überlebt hatten. Obwohl meinen Vorgesetzten nach zu urteilen die Leute, die den Krieg durchgemacht hatten, sich positiv von denen abhoben, die ihre militärische Karriere in Friedenszeiten ausbauten. Wahrscheinlich schützt der Herrgott selbst während des Krieges die, die sich durch gute menschliche Eigenschaften auszeichnen. Dabei obliegt nicht einmal ihm die Macht, sie alle zu bewahren. Daher ist eine solche natürliche Selektion wie der Krieg einfach eine Tragödie der Menschheit.

Eleonora Kowal

Kartoffeln am Tannenbaum ... Frohes neues Jahr 1942!

Dies ist eine Geschichte über die Zeiten, in denen Kartoffeln der schönste Baumschmuck und gleichzeitig ein Festessen waren. Erinnerungen daran, wie man Silvester[1] in Kyjiw vor über 70 Jahren gefeiert hat.

... Mama rechnete damit, dass unser Vorrat an Feuerholz noch bis Mitte Januar reichen würde, daher beunruhigte uns die Kälte nicht besonders.

Doch der Hunger war seit Anfang November ein vertrautes Gefühl. Die Läden waren geöffnet, jedoch nur für Volksdeutsche – deutsche Familien, die noch vor dem Krieg in Kyjiw gelebt hatten. Mama hatte eine deutsche Bekannte, die ihre Hilfe anbot, doch Mama lehnte strikt ab.

Wir lebten davon, was wir auf dem Markt mit den Dorfbewohnern tauschen konnten, und das war die einzige Möglichkeit. Bereits Mitte Dezember war alles, was Marktwert hatte, aus dem Haus weggebracht, getauscht und gegessen worden. Sogar die Tüllgardinen hatten wir gegen eine Flasche Öl getauscht.

Am schwersten zu bekommen war Petroleum, und bis wir uns daran gewöhnt hatten, im Ofen zu kochen, mussten wir einen Kerosinkocher nutzen. Ich erinnere mich, wie meine Mutter ihre modischen und sehr hübschen Schuhe für eine 4-Liter-Flasche Kerosinöl weggegeben hatte, die kaum für einen Monat reichte.

Wir hatten einen außergewöhnlich schönen alten Spiegel von meiner Oma. Ich weiß nicht mehr,

---

1 Anm. d. Übers.: In der Ukraine, wie auch in anderen osteuropäischen Staaten, wird der Tannenbaum statt zu Weihnachten zu Neujahr geschmückt. Ebenso finden das Familienfest und die Bescherung in der Nacht vom 31. Dezember auf den 1. Januar statt.

Die neunjährige Eleonora konnte sich noch gar nicht vorstellen, was ihre Familie schon drei Jahre später würde erleben müssen. Sommer 1939

wofür wir ihn eingetauscht haben, doch die Trennung davon, wie von jeder Sache, war dramatisch, wie die Bestätigung einer Trennung vom früheren Leben für immer ...

Ich war den Tränen nahe, als Mama eine sehr schmucke alte Kerosinöllampe hinausbrachte, die einen kunstvoll bemalten Porzellanschirm hatte.

Die Wohnung leerte sich nach und nach, und es entwickelte sich ein neues Verständnis dafür, was es hieß, wenn das Überleben vom Besitz von Dingen abhing. Ich begriff allmählich, dass nicht alle es gleich schwer hatten, denn viele hatten unterschiedliches Gut aus den Läden und Wohnungen gesammelt, die verlassen worden waren, und daher einen ausreichenden Fonds für den Tausch angelegt. Ich wagte es nicht, Mama mit solchen Feststellungen zu kränken, die Plünderung verurteile und verbot, obwohl mein Magen vor Hunger schmerzte ...

Wir aßen gerade die letzte Zwiebel auf, die wir auf zwei Tage aufgeteilt hatten, als plötzlich Olha Iwaniwna, Mamas Freundin aus Baryschiwka, zu Besuch kam.

Kurz vor dem Krieg hatte man Olha Iwaniwna für einen zweideutigen Witz, den sie jemandem erzählt hatte, in das Lukjaniwska-Gefängnis eingesperrt. Die Frau wurde als „Feindin des Volkes" gesehen, und das, obwohl ihre Arbeiten auf der Ausstellung der Errungenschaften der sowjetischen Volkswirtschaft in Moskau gezeigt wurden und sie Ehrendiplome bekam (sie kreierte Porträts von Anführern aus Mohnkörnern verschiedener Schattierungen, und den Mohn baute sie selbst an. Ich habe selbst nur das Portrait von Kliment Woroschylow gesehen – eine wunderbar ausdrucksstarke und feine Kunst). Als die Deutschen kamen, befreiten sie alle aus dem Gefängnis.

Olha Iwaniwna kam zu uns, um Neuigkeiten zu erfahren. Da sie wusste, dass wir nicht weggefahren waren, beschloss sie, uns zu helfen. Es war gar nicht einfach, von Baryschiwka nach Kyjiw zu kommen, denn es gab keinen organisierten Nahverkehr, daher gingen wir zu Fuß, und wenn wir Glück hatten, nahm man uns auf Wagen mit, manchmal auch ohne Bezahlung.

Der Weg – die Hauptstraße von Kyjiw nach Boryspil – war auf beiden Seiten mit kaputten Militärfahrzeugen zugemüllt, mit irgendwelchem Kriegszeug, den verbrannten Skeletten von Autos. Doch die größte Hürde war der Dnepr: über die von Deutschen errichteten Schwimmbrücken ließ man die Bewohner nicht immer, und bevor der Fluss zugefroren war, mussten wir die Boote der Bewohner der Insel Truchaniw und Slobidkas nehmen.

Olha Iwaniwna hatte uns etwa ein halbes Kilo Bohnen und ein 100-Gramm-Medizinfläschchen Rapsöl mitgebracht – mehr hatte sie auch nicht, denn als sie nicht da war, war jemand in ihrem Hus gewesen. In Kyjiw wohnte ihre Schwiegertochter, zu der sie später ging.

Der Dezember war sehr kalt, und der Hunger war besonders deutlich spürbar ... Für den Tausch hatten wir praktisch nichts mehr, aber ich ging stur auf den Markt und hoffte auf irgendetwas. Und plötzlich höre ich: eine Frau interessierte sich für Baumschmuck. Ich war bereit, sie zu umarmen und zu küssen, und bat sie, zu warten, bis ich nach Hause lief und unseren Baumschmuck holte. Sie wartete auf mich, und ich bekam dafür einen Korb mit Kartoffeln, den ich wie ein Schatz nach Hause trug.

Die Baumkugeln bedeuteten mir viel, und bisher kam ich gar nicht auf die Idee, mich von ihnen zu trennen. Mein Vater hatte mir eine elektrische Girlande (das war vor dem Krieg eine Seltenheit) und diese schönen Kugeln geschenkt. Besonders gerne mochte ich ein Hündchen, das im Dunkeln leuchtete – von ihm konnte ich mich nicht trennen und behielt es wie einen Talisman; ich habe es bis heute ...

Uns ging das Feuerholz aus, aber ich hatte bereits gelernt, mit dem Schlitten nach Puschtscha-Wodyzja zu gehen und die Zweige und Zapfen

Der örtliche Nahverkehr funktionierte während des Krieges nicht, daher musste man, wenn man irgendwohin wollte, zu Fuß gehen, und wenn man Glück hatte, nahm einen jemand auf dem Wagen mit, manchmal auch ohne Bezahlung.

Ein halbes Kilo Bohnen und ein 100-Gramm-Fläschchen Rapsöl – das war ein echtes Gastgeschenk im besetzten Kyjiw.

mitzunehmen, die ich dort fand. Das kostete einen ganzen Tag ...

Kurz vor Silvester brachte ich auch eine kleine Kiefer mit, die ich im Wald gefunden hatte (sie war etwa einen Meter hoch). Jemand hatte sie gefällt und aus irgendeinem Grund nicht mitgenommen. Natürlich kostete die Lieferung der „Trophäe" mich viel Kraft, es lag viel Schnee, doch ich wünschte mir so sehr ein richtiges Fest. Wir hatten nur noch eine Kartoffel übrig, und da beschlossen wir, sie an den Baum zu hängen, ganz oben an die Spitze. Wir verzierten den Baum mit Watte, und mir kam es vor, als könnte er nicht schöner sein ...

Morgens kochten wir die Kartoffel und veranstalteten ein Festtagsfrühstück.

So begann das Jahr 1942 ...

Und ich lege bis heute jedes Jahr unbemerkt eine Kartoffel unter den Tannenbaum ...

Juri Kolomyjez

Der Krieg hat begonnen, oh, der Krieg hat begonnen ...

Alle Bewohner wurden hinausgejagt, um riesige Gräben zu graben, die letztendlich keine Verteidigungswirkung hatten: die Gräben hielten die deutschen Panzer nicht auf. Aber so würden die Leute nicht herumsitzen und sich darauf vorbereiten, die „Befreier" willkommen zu heißen. Denn ehrlicherweise erwarteten alle heimlich die Deutschen, denn sie wussten noch nicht, welches Unheil sie mit sich bringen würden, und die sowjetische Regierung stand vielen Leuten bereits seit Jahren bis zum Hals.

Luftangriffe

Anfangs war es wie ein Spiel: sie bombardierten Dnipropetrowsk[1]; sie bombardierten uns – wir wohnten in der Vorstadt.

Die ersten Nächte warteten wir sogar auf den Beschuss – man könnte sagen, das war exotisch. Es war ein außergewöhnliches Spektakel mit einem Repertoire, das vorher niemand kennt. Wenn es in dieser oder jener Nacht keine Bombenangriffe gab, waren alle sehr enttäuscht. Alle hatten Angst vor den Luftangriffen – und gleichzeitig wartete man seltsamerweise ungeduldig darauf, die deutschen Flieger zu sehen: ob nachts von den langen Streifen der Scheinwerfer beleuchtet oder tagsüber, wenn man ihre merkwürdigen Abzeichen sehen konnte. Man schalt Hitler, dass er sein Wort nicht gehalten habe, denn Flugblätter hatten zuvor einen Bombenangriff versprochen.

---

1 Der ursprüngliche Name (1926 – 2016) der Stadt Dnipro. Vor dem Krieg wurde sie üblicherweise Dnipropetrowske genannt.

Fast seit Kriegsbeginn, als man Kyjiw und zum ersten Mal auch unsere Stadt bombardierte, befahl man uns, Luftschutzbunker zu bauen. Man hob sie zusammen mit den Nachbarn zur gemeinsamen Nutzung aus. Wir taten uns jedoch mit niemandem zusammen, denn es gab genug Männer in meiner Familie: meinen Vater, Andrij Andrijowytsch Mandrykin, Tolja, und auch ich habe ein wenig geholfen. Der Bunker wurde so tief, dass man darin stehen konnte, und man konnte sogar auf einer Bank an der Wand sitzen.

Bei der Bombardierung flohen alle in den Bunker; man begann, an Gott zu glauben, und selbstgedichtete Gebete aufzusagen, denn man hatte Angst vor dem Tod. Wenn der Angriff vorbei war, beschwerten sich alle, dass es zu schnell gegangen war.

Schon damals schloss ich, dass unsere Leute an einer unbekannten Krankheit litten, doch zu den Kranken, welcher Art die Erkrankung auch sein mag, kann man alle zählen, deren Verstand nicht im Kopf, sondern zwischen den Pobacken und dem Bauchnabel sitzt: Hauptsache überleben, und dann komme was wolle. Leider gehörte unsere gesamte Siedlung Sojus-Muka zu dieser Kategorie, vielleicht sogar ganz Dnipropetrowsk, vielleicht auch die ganze Nation – wer weiß. Wir sind schließlich nach wie vor Würmer, und finden es sogar angenehm, wenn man lächelnd auf uns herumtrampelt; wir mögen einfach fremde Unterdrücker und haben oft genug von den einen, daher tauschen wir sie ungeduldig gegen andere, verlieben uns regelrecht in alles, was dazugehört, obwohl es hundertmal schlechter als das Unsere ist.

Ich möchte ein Beispiel der klassischen Minderwertigkeit des „billigen" Ukrainers bringen (ich sage bewusst nicht „Janitscharen"[2] – er wurde erst später zu einem solchen, nach Anpassungen seines metamorphischen Prozesses).

---

[2] Anm. d. Übers.: Janitscharen waren Angehörige der Elitetruppe des Osmanischen Reiches, die aus Kriegsgefangenen und weggenommenen Kindern von Christen bestand. Im heutigen ukrainischen Sprachgebrauch bezeichnet man damit Abtrünnige, die gerne einem fremden Herrn dienen.

Diese Episode trug sich 1945 in Deutschland, in Nürnberg zu. Wir wurden gerade von den Amerikanern befreit. Die Jagd des NKWD auf „sowjetische Untergebene" war in vollem Gang, genauer gesagt auf Ostarbeiter[3], zu denen auch wir gehörten. Wir versteckten uns in Bunkern und arbeiteten [ernährten uns] unbemerkt in amerikanischen Küchen mit gefälschten Papieren, laut denen wir „Westler" aus Galizien waren. In unserem Fall waren wir Galizier aus dem Dorf Myschkowytschi bei Terebowlja. Ich werde später noch genauer davon berichten. Hier erzähle ich kurz über die freiwillige Aufgabe der eigenen Würde, die vielen „sowjetischen Leuten" zu eigen ist.

Mit uns im Bunker, wo wir uns vor der gewaltsamen Repatriierung in die „Heimat" versteckten, lebten drei Menschen – sie alle hießen Poroch mit Nachnamen (ich weiß nicht, um wie viele Ecken sie Verwandte aus Sucha Majatschka waren). Doch genug davon. Darunter waren zwei Iwans und eine Olena, und alle drei waren Porochs. Einer der Iwans war Olenas Ehemann, und der zweite Iwan ihr Schwiegersohn, das heißt, dieser Schwiegersohn war mit Olenas Tochter verheiratet, der Stieftochter des Iwan, der jetzt Olenas Mann war. Olenas Tochter hatte ihren Ehemann Iwan verlassen, der Olenas Schwiegersohn war. Als dieses Durcheinander passierte, wusste Olena Poroch nicht mehr, mit welchem Iwan Poroch sie, milde gesagt, „übernachtet" hatte, denn beide hießen Iwan Poroch. Und doch ...

Die Geburt des klassischen Ukrainers, der alle Anzeichen der Minderwertigkeit aufwies, beobachtete ich bei diesem Iwan, der nicht Olenas Mann, sondern ihr Schwiegersohn und der Schwiegersohn des zweiten Iwan war. Olenas Schwiegersohn Iwan wurde zum „Mutanten". Er sagte – hören Sie nur, was er sagte! Hören Sie genau zu und sehen Sie sich seine (ich spreche von Iwan, Olenas Schwiegersohn) verkrampften Lippen an, als er das aussprach:

---

3   Ostarbeiter waren zivile Bewohner der von der deutschen Armee okkupierten Teile der UdSSR, die zur Arbeit im Dritten Reich herangezogen wurden. Zu den Ostarbeitern zählten jedoch nicht die Bewohner der Länder, die von der UdSSR zwischen 1939 und 1941 eingenommen worden waren (Baltikum, Westukraine, Westbelarus, Moldawien und Nordbukowina).

„Und wenn es Sch ...e ist, Hauptsache amerikanisch!"

Das sagte er jetzt, und davor ... hören Sie her, was er vorher sagte:

„Und wenn es Sch ...e ist, Hauptsache deutsch!"

Sie wissen selbst, wie viel dieser fremden Sch ...e es gab, und sie war aus irgendeinem Grund immer besser als die eigene. Leider ist es auch heute so: welche Sch ...e ist für den „sowjetischen Menschen" in der Ukraine die beste? Nicht die eigene! Diese Worte hätten nicht ehrlicher sein können, sie wurden genauso ausgesprochen, so habe ich sie gehört und so gebe ich sie wieder. Die reinste Wahrheit. Selbst wenn Sie meine Finger in der Tür einklemmen. Viele „sowjetische Leute", die auf die sowjetische Art und Weise erzogen wurden, getrieben vom russischen programmatischen Chauvinismus, nahmen Iwans „Postulate" als Naturgesetze des Menschen wahr. Es gab sogar eine neue Art, die des „Sowok"[4] – ein sowjetischer Mensch, der geistig vom totalitären System zerstört ist, die mit „Unkraut" gleichgesetzt wird. Ich bin etwas vom Thema abgeschweift, aber das musste gesagt werden.

Beim Dienst in der amerikanischen Armee nach dem Krieg

Also, über die Bombenangriffe beschwerte sich niemand, niemand schimpfte oder drohte mit dem Zeigefinder, denn es hätte nichts gebracht, außer dass es leichter ums Herz würde, wenn man diejenigen beleidigte, die morgen über einen herrschen würde. Ehrlich gesagt warteten alle heimlich auf die Deutschen, denn sie

---

4   Anm. d. Übers.: Als Abkürzung von „Sowjetler" eine abwertende Bezeichnung für Menschen, die in der heutigen Zeit die Welt mit der Brille und den Denkmustern der Sowjetunion betrachten. Umgangssprachliches Äquivalent des „homo sovieticus".

wussten nicht, welches Unheil sie mit sich bringen würden, und die sowjetische Regierung stand vielen bereits Jahre bis zum Hals.

Die Deutschen kamen sowohl tagsüber als auch nachts angeflogen. Tagsüber war es nicht so spannend: die Scheinwerfer leuchteten nicht, man sah keine Explosionen im Himmel, selbst die Sirenen heulten nicht so schrecklich.

Der erste Angriff auf den Bahnhof Dnipropetrowsk war kurz und nicht so heftig, doch er verursachte umso mehr Aufruhr. Einige Bomben fielen auf das Gebäude des NKWD, genauer gesagt, nicht auf das Gebäude, sondern auf die Latrine mit vielen Sitzen, die auf dem Hof stand. Schwer zu glauben, doch es war ein echter Zufall: die zweite Bombe fiel direkt in die Bahnhofstoilette mit zwanzig Sitzen. Natürlich, der direkt auf der Station war. Natürlich gab das jede Menge Gestank.

Das war keine unwichtige Neuigkeit: man scherzte, die Deutschen wüssten, wo sie die Bomben hinwerfen musste. Das Gebäude des NKWD wurde umgehend vom Feuerwehrtrupp gereinigt. Aber es blieb genug Zeit, die Fenster zu bewundern, die damit beschmiert waren, womit solche Gebäude beschmiert sein mussten.

Das Schlamassel mit der Toilette am Bahnhof war nicht das erste. Vater erzählte, was einmal vor dem Krieg passiert ist: einige Kisten Hefe sollten in einem mit Eis gekühlten Waggon transportiert werden, und als sie umgeladen wurden, verlor man die Transportpapiere. Die Hefe stand zu lange in der Sonne und ging auf. Die Lader fragten: „Iwan Trochymowytsch, was sollen wir tun?" – „Versteckt sie", antwortete der. Und sie versteckten die Hefe – warfen sie in die Latrine. Wie sie aufging! Das ganze Gebäude hob sich und die Hefe floss auf alle Gleise. Der Zugverkehr über den Bahnhof Dnipropetrowsk stand für anderthalb Tage still.

Die nächtlichen Luftangriffe waren viel spannender. Die Scheinwerfer leuchteten – nicht viel, aber die Explosionen im Himmel und die Schüsse der Abwehrartillerie wurden zu einem besonderen, sehenswerten Spektakel. Das alles wirkte wie beliebte fantastische Legenden über den Kosmos, die im Kino und auf den Kioskregalen zu sehen

Wenn die deutsche Luftwaffe tagsüber kam, leuchteten die Scheinwerfer nicht, man sah keine Explosionen im Himmel, selbst die Sirenen heulten nicht so schrecklich. Die nächtlichen Angriffe dagegen waren sehenswert: die Scheinwerfer leuchteten, die Explosionen zogen sich über den Himmel, man hörte die die Schüsse der Abwehrartillerie.

waren. Niemand schlief während dieser Luftangriffe.

Zu Beginn teilte man Wachen für jede Nacht ein. Um die Leute im Dienst versammelte sich immer ein Haufen Jungs, unter anderem ich – solche Wachen verpasste ich nicht. Nach den Luftangriffen jagten wir immer nach Bombensplittern. Oft fielen Bomben, die für die Brücke in Loz-Kamjansk bestimmt waren, in die Nähe unseres Sojus-Muka. Sobald es hell wurde, waren wir schon auf der Suche nach Splittern, manche fanden wir direkt im Gras. Sie waren leicht zu entdecken: sie glänzten stahlblau im taunassen Gras. Ich weiß nicht mehr, wofür wir die Splitter gesammelt hatten. Vielleicht war es spannend, etwas Ausländisches zu berühren, denn die Isolation von der Außenwelt war fast hermetischer Natur. Die Bombardierung zog sich nicht lange. Sie verursachte keinen nennenswerten physischen Schaden, doch ihr psychischer und moralischer Effekt war von umso größerer Bedeutung.

Es tauchten Flugblätter auf, in denen es hieß, man sollte keine Gerüchte darüber verbreiten, dass nun alle Brücken auf dem Dnepr bombardiert wurden, dass die deutschen Flieger bereits auf unseren Flugplätzen landen und dort tanken würden. Auf einer dieser Flugblätter „sagte" eine schwarze männliche Silhouette zu einer weiblichen Silhouette: „Liebe Frau Gesangsverein, lassen Sie die Lügen sein, Sie hätten dort am Brunnen stehend ein Torpedoboot gesehen ..."

Wegen der häufigen Angriffe der Deutschen hatte man den Eindruck, sie seien sehr mächtig. Man munkelte, dass die häufigen „Besuche" Spionen zu verdanken waren, die mit dem deutschen Geheimdienst kommunizierten und ihnen per Morsecode Signale gaben, wohin die Bomben abgeworfen werden sollten.

Luftangriffe passierten sehr häufig, die Deutschen flogen sehr tief. Mit bloßem Auge konnte man die bauchigen, drei Meter langen Silhouetten der Bomber sehen. Manchmal traf sie das Licht des Scheinwerfers und beleuchtete weiße Kreuze. Zwei bis drei Flieger griffen eine ganze Stunde lang an – und schon verschwand das Motorenröhren irgendwo hinter dem Dnepr.

Man hatte den Eindruck, die Deutschen seien mächtig, hätten eine immense Luftflotte, weil sie so oft angreifen konnten. Es herrschte die Meinung, dass die Flieger so oft unterwegs waren, weil es Spione gab, die heimlich mit dem deutschen Geheimdienst kommunizierten und ihnen per Morsecode Signale gaben, wohin die Bomben abgeworfen werden sollen.

Die Regierung dachte, dass lokale Informanten am Werk wären, Agenten des deutschen Geheimdienstes. Genau deshalb sei die erste Bombe in das „Büro des Nachdenkens" gefallen, das heißt, in die Latrine des NKWD. Diese Spione und Informanten mussten auf jeden Fall gefasst werden – aber wie?

Jagd auf Spione

Plakate tauchten auf mit den Umrissen fiktiver Spione – Hinweise, wie ein durchschnittlicher Spitzel aussehen könnte. Die abgebildete Person war aus irgendeinem Grund immer im Profil zu sehen – vielleicht, damit der Hut stärker heraussticht –, mit einer Zigarette im Mund und unbedingt mit Brille und mit der Andeutung einer Krawatte – einer Wölbung unter dem leicht angehobenen Mantelkragen. Unser Nachbar Demtschenko trug seitdem auf einmal keine Krawatte und keine Weste mehr. Das Gleiche konnte man beim DIT[5] beobachten: viele Dozenten und Professoren änderten ihr Erscheinungsbild, um jeglichen Verdacht auf Ähnlichkeit mit dieser Silhouette zu vermeiden, die die Unterschrift trug: „Pssst, Sie werden abgehört" (an den weiteren Text kann ich mich nicht erinnern, aber er war auf Russisch) – eine Vorsichtsmaßnahme, um verdächtigen Gestalten keine Geheimnisse zu erzählen, denn die „Silhouette" könnte sich als deutscher Spion oder Geheimagent entpuppen und die Deutschen informieren, wo sie die Bomben abwerfen sollen. Mein Vater kommentierte diese Plakate unter Vertrauten:

„Der deutsche Geheimdienst", sagte er, „hat außer Tricks auch einen guten Geruchssinn, denn schaut mal, wo am meisten Schaden angerichtet wurde: im Bahnhofsgebäude und im Hof des NKWD."

Diese Plakate heizten eine Jagd auf Spione an, besonders bei den Jungs. Man begann, genau hin-

---

5 Hier geht es um das DIIT – das Dnipropetrowsker Institut für Ingenieurwesen im Transport [heute die Nationale Universität für Eisenbahn- und Schienenverkehr – Anm. d. Übers.].

Ein typischer Spion musste so aussehen: mit Hut, einer Zigarette – nicht irgendeine Selbstgedrehte aus billigem Tabak, sondern einer echten Zigarette – im Mund, auf jeden Fall mit Brille und Krawatte. Genauso wurde er auf den damaligen Agitations-Plakaten abgebildet.

zuschauen, wer diesen Silhouetten ähnlichsah, die auf den Zäunen und den Wänden öffentlicher Pissoirs geklebt waren.

Einer der Jungs berichtete, er habe jemanden gesehen, der haargenau so aussah wie auf der Zeichnung. Er habe beobachtet, wie dieser eine Zigarette geraucht und auf den Radioturm hinter dem Zaun des DIT gesehen habe. Die, denen der Junge das erzählt hatte, dachten, das müsste auf jeden Fall der sein, der auf dem Plakat war, denn er schaute auf den Radioturm und um nicht auffällig zu wirken, zog er an einer Zigarette – nicht irgendeine Selbstgedrehte aus billigem Tabak, sondern eine echte Zigarette. Eine Menschentraube versammelte sich und begab sich, geführt vom Jungen, dorthin, wo er den Verdächtigen mit der Zigarette gesehen hatte. Und tatsächlich, genau an dieser Stelle stand ein Mann – mit Hut, Brille und Krawatte – und rauchte eine Zigarette. Man stürzte sich mit Gebrüll auf ihn: „Komm mit zur Polizei!" Er wehrte sich und schrie, fragte, warum denn zur Polizei?

„Du Schwein", skandierten die Jungs. „Du fragst noch, warum, du faschistische Hackfresse. Oh du Dreckskerl, du beleidigst uns noch – warum? Du Parasit, Verräter! ..."

Der Mann bekam es mit der Angst zu tun. Als er sah, dass sie es ernst meinten, begann er, sich ernsthaft zu wehren und herauszuwinden. Zum Glück kamen Leute, die den Direktor der Salzstation kannten, wo man Sauerkraut und Essiggurken herstellte, sonst hätte man ihn auf das Revier gebracht – tot.

Nach diesem Vorfall ging der Direktor der Salzstation nicht mehr diesen Weg. Man sah ihn in menschenleeren Straßen in wattierter Jacke und Schiebermütze mit kaputtem Schirm, der herunterhing und seine Brille verdeckte.

Die Deutschen kommen näher

Sojus-Muka lag hinter der Stadt, fast direkt am militärischen Flugplatz. Die deutschen Bomber versuchten, den Flugplatz zu treffen, wo einige „Maisflieger" standen. Wenn die deutschen Flieger auftauchten, flogen die Sowjetischen davon und landeten, wo sie konnten – meistens in Maisfeldern, darum nannte man sie wahrscheinlich „Maisflieger".

Nach einem solchen Luftangriff gingen Gerüchte um, dass die Deutschen immer näherkämen. Auf dem Bahnhof, auf der mein Vater arbeitete, waren hunderte Züge voller Verwundeter und nach Osten Evakuierter. Ich war einige Male dort und hatte Angst, aus dem Büro zu gehen, mich zu verlaufen und mich in einem Meer von Menschen zu verirren, die nicht wussten, wohin sie fahren würden, und nicht verstanden, wo sie sich gerade aufhielten. Das waren vor allem Juden, ganze Familien mit viel Gepäck – man konnte sie anhand ihrer teuren Kleidung und hochwertigen Koffer ausmachen. Sie flohen aus den ehemaligen polnischen Siedlungen, aus Galizien, wo die „sowjetischen Herrschaft" hergestellt wurde. Sie fuhren in geschlossenen Passagierwaggons, in Güterwaggons und auf offenen Plattformen. An den Gleisen kamen nicht nur Passagier-, sondern auch gemischte Züge an, mit Güterwaggons, Passagierwaggons und offenen Plattformen. Leute, die sich am Gleis tummelten, versuchten, auf diese Plattformen zu gelangen. Niemand kontrollierte Fahrkarten, denn diese wurden längst nicht mehr verkauft.

Die Züge nach Westen mit Zivilisten wurden weniger, dafür gab es mehr mit Soldaten.

Gerüchte gingen um, dass man die Deutschen nur bis zum Dnepr lassen würde, und dort würde sie Marschall Budjonny höchstpersönlich aufhalten. Viele glaubten daran und konnten es kaum erwarten, ihn zu sehen.

Die Verteidigungslinie verlief quer über die Siedlung. Eine riesige Armee tauchte auf – arm gekleidete und noch ärmer bewaffnete Soldaten. Viele von ihnen waren gerade erst mobilisiert worden, ohne jegliche militärische Übung oder Ausbildung. Marschall Budjonny leitete die ganze Verteidigung – so sagte man im Politikunterricht, wo Politoffiziere unter freiem Himmel unterrichteten – in Gräben. Alle hofften darauf, jeden Moment Budjonny leibhaftig zu sehen, denn man munkelte, er würde persönlich die Verteidigungslinie überprüfen. Pan-

Mit der Annäherung der Deutschen tauchten am Bahnhof hunderte Züge voller Verwundeter und Evakuierter auf - derer, die aus den ehemaligen polnischen Siedlungen flohen, aus Galizien, wo man die „sowjetische Herrschaft" herstellte.

zergräben wurden verstärkt gegraben. Die Alten und die Jungen – alle wurden zur Verteidigung der „Heimat" geschickt, um sinnlos endlos tiefe Gräben auszuheben. Wer keine Schaufel hatte, sollte sich denen anschließen, die welche hatten, teilweise kam eine Schaufel auf drei Leute. Man mache das im vollen Bewusstsein, dass die Gräben die deutschen Panzer nicht aufhalten würden, doch die Leute würden zumindest nicht herumsitzen und sich auf die Ankunft der „Befreier" vorbereiten. Anders dachte man nicht über die Deutschen als über „Befreier".

Kurz vor der Ankunft der deutschen Frontsoldaten „übersäten" deutsche Flieger die Stadt mit Porträts von Hitler, auf denen „Hitler, der Befreier" stand sowie die Anweisung, dass man das Porträt im Haus aufhängen sollte – das hieße, dass man dort auf die Ankunft der Deutschen warte.

Kurz vor der Ankunft der deutschen Frontsoldaten, in der Nacht, „übersäten" deutsche Flieger unser Sojus-Muka mit Porträts von Hitler, auf denen auf hellrotem Hintergrund auf Russisch stand: „Hitler, der Befreier". In der Ecke stand, dass man das Porträt im Haus aufhängen sollte – das hieße, dass man dort auf die Ankunft der Deutschen warte. Niemand traute sich, die Portraits auch nur anzusehen, geschweige denn aufzuheben, aber am Morgen gab es kein einziges mehr. Auch wir nahmen eines mit und ich versteckte es in der Hütte meines Hundes Dunaj, bis die Deutschen auftauchten – dann hängten wir es an die Wand. Als Mama erfuhr, dass ich ein Hitlerportrait in Dunajs Hundehütte versteckt hatte, schrie sie mich an und befahl mir, es sofort herauszunehmen und zu verbrennen, doch Papa sagte: „Lass es gut sein, wenn sie nachfragen, sagen wir ihnen, der Hund hätte es mitgenommen." Und später, obwohl das Portrait des Führers an unserer Wand hing und wir mit dem Finger darauf zeigten, nach dem Motto, hier hängt Hitler, hat man uns unsere Balalaika trotzdem weggenommen! Es half alles nichts: magyarische Piloten hatten uns die Balalaika weggenommen, und sie auch noch fast Tolja über den Kopf gezogen, als der sich gewehrt hatte.

So halfen alle „ergeben", die Verteidigung der „Heimat" zu errichten und erwarteten gleichzeitig die Ankunft der Deutschen. Ein solches Phänomen galt als normal, denn es herrschte eine komplette Gleichgültigkeit gegenüber der „Heimat". Die Leute hatten gelernt, alle Befehle zu befolgen – sie bauten gründlich an der „chinesischen Mauer". Die Regierung hatte ihnen das Gehirn gewaschen, und die Leute erfüllten klaglos den Willen der „Mächtigen" und gruben riesige Panzergräben. Später fuhren die Deutschen sorglos über die Straße, die Saporischschja mit Dnipropetrowsk verband, bis zum Stadtzentrum.

Zuerst gab es Gerüchte, dass die Deutschen in Krywyj Rih waren, dann in Pjatychatka. Die Verteidigung des Dnepr wurde fortwährend stärker. Die Panzergräben wurden tiefer, breiter und länger. Unter den Häusern gruben die Infanteristen Tag und Nacht ellenlange Gräben und mannshohe Schützenlöcher. Alle Verteidigungsanlagen hatte man sorgfältig getarnt. Endlich waren Artillerieschüsse zu hören. Die Leute saßen in den Luftschutzbunkern und warteten auf etwas, das niemals schlimmer als das jetzige „Sowjetische" sein könnte. Oh, wie sehr irrten sie sich.

Während des Grabens der Verteidigungslinie wohnte ich Tag und Nacht mit Soldaten zusammen, oder, wie wir damals sagten, Rotarmisten. Zusammen mit vielen meiner Altersgenossen – Andrij Nahaj, Taras Schewtschenko, die Gebrüder Tscherkassy, Iwassjuk, Wassja Antonenko und andere Jungs – stellten wir Wasser und Lebensmittel zur Verfügung. Die Armee war schrecklich unterernährt. Morgens gab es kochendes Wasser und je eine Prise raffinierten Zucker, und zu Mittag verteilte man aus der riesigen Feldküche auf zwei großen Rädern, die rechtzeitig auftauchte, schnell das Essen – und augenblicklich war sie irgendwo verschwunden. Jeder bekam eine Suppenkelle, die ein Kesselchen füllte. Wir warteten ungeduldig darauf, dass uns jemand wenigstens einen Löffel militärisches Rotarmisten-Essen probieren ließ.

Leben in Gräben

Wir brachten den Rotarmisten oft Mais von fremden Feldern. Zu dieser Zeit waren die Kolben bereits reif geworden. Den Rotarmisten war es verboten, die Gräben zu verlassen, daher spielten wir Lieferanten für unsere Verteidiger – wie wir damals sagten, die „Beschützer unserer Heimat". Meistens brach-

Den Rotarmisten, die die Verteidigungslinie besetzten, war es verboten, die Gräben zu verlassen, daher spielten die Einheimischen, besonders Kinder, die Rolle der Lebensmittel-Lieferanten.

ten wir ihnen gekochte Maiskölbchen. Einige Zeit kamen wir den Rotarmisten so nah, dass wir uns als Teil des Chaos fühlten, das jeden Tag anwuchs, bis die Geräusche der Kanonaden nähergekommen waren. Die ganze riesige Zahl Rotarmisten legte sich in den endlosen Gräben auf die Lauer und sah dorthin, hinter den Schutt der Saporischscher Straße, wo jeden Abend in einem heißen Bogen die Sonne unterging. Von morgens bis abends glänzten nur die Helme in den zugeschütteten Gräben. Endlich brachte man den Rotarmisten mit Pferdekutschen Patronen in Holzkisten; in jeder Kiste waren mehrere Zinkschachteln, die die Kommandeure selbst in den Gräben verteilten. Die Kanonade dauerte fast ununterbrochen an und kam nach und nach immer näher nach Sojus-Muka. Als die Deutschen kamen, blieben fast all die Kisten mit Patronen unangerührt, denn es war niemand da, auf den man schießen konnte. Die Deutschen umfuhren seelenruhig alle Panzergräben auf der Straße, wo es keinen Widerstand gab. Die ganze Verteidigungstruppe, die sich an unseren Häusern entlang verschanzt hatte, zog sich nachts klammheimlich zurück. Man sagte: wenn doch nur Budjonny selbst aufgetaucht wäre, wäre man nicht so leicht zurückgetreten, aber so sind alle weggelaufen. Die Rotarmisten sahen, dass es keine Vorgesetzten mehr gab, und begaben sich selbst hinter den Dnepr, solange man die Brücken noch nicht gesprengt hatte.

Als die Rotarmisten weg waren, erzählte Vater: „Genau das Gleiche passierte einem Soldaten, einem Ukrainer, im Russischen Zarenreich. Er hatte

Glückliche Hochzeit

Heimweh und sang das Lied ‚Wehe, Wind, in die Ukraine'. Morgens fragte der Offizier den Stubenältesten: ‚Wo ist denn Petrenko?' Und der Stubenälteste, ein Georgier, antwortete: ‚Petrenko sang und sang ‚wehe, Wind in die Ukraine', aber es gab keinen Wind – so machte er sich selber auf und davon.' So auch die Rotarmisten: sie warteten und warteten auf Budjonny, und er kam und kam nicht, daher gingen sie selber los."

Anastasia Lebid

„Als die Bolschewiki an die Macht kamen, waren sie zuerst sehr milde"[1]

Dass die „Befreier" kamen, verkündete Molotow im Radio. Er sagte, dass Stalin unterwegs sei, um die westlichen Brüder vom polnischen Joch zu befreien. So marschierten am 17. September 1939 die bolschewikischen Truppen bei uns ein. Vor dem NKWD kam man noch irgendwie zurecht. Doch als das NKWD kam, wurden Leute mitgenommen und mitten in der Nacht nach Sibirien gebracht. Und am 22. Juni griff Hitler die Ukraine an ...

Bereits 1939 hörte man von allen nur eines: „Krieg, Krieg, Krieg" ... Denn Hitlers Absichten waren allen schon bekannt. So kamen wir 1939 bereits im September zu dem Schluss, dass wir aus Worochta[2] wegmüssen. Und warum? Weil mein Ehemann Soldat war und im Fall der Mobilisierung des ganzen Landes zu den Truppen in Posen zugezogen würde.

Ich wollte nicht mit meinem Kind alleine in den Karpaten zurückbleiben, wo es Hunger geben könnte, denn der Boden war nicht fruchtbar, daher beschloss ich, nach Wolyn zu meiner Mutter zu fahren. Ich weiß noch, wie wir am 30. August unsere Sachen packten und losfuhren. In Lwiw gingen wir in ein Café, um Kaffee zu trinken, und dort sahen wir Plakate, dass der Krieg verkündet worden war.

Aus Lwiw brachte uns mein Mann nach Wolyn und fuhr sogleich mit einem anderen Zug zu

---

1 Der vollständige Text des Gesprächs ist im Sammelband „Ungewöhnliche Schicksale ungewöhnlicher Frauen: mündliche Geschichte" | „Незвичайні долі звичайних жінок: усна історія" (Lwiw, 2013) zu finden. Das Interview wurde von Mitarbeitern des *Ukrainian Canadian Research and Documentation Centre* (Toronto) aufgeschrieben.

2 Worochta ist heute eine Siedlung des Kreises Jaremtsche in der Oblast Iwano-Frankiwsk. 1939 gehörte sie zur Woiwodschaft Stanislau in der Zweiten Polnischen Republik.

seinem Zielpunkt – dem Befehl entsprechend. Doch er kam nie dort an, denn dort war bereits alles zerbombt. Und ich blieb mit meinem Kind in Wolyn zurück ...

In [Ihrem Heimatdorf] Matijiw [heute Lukiw, Rajon Turijsk, Oblast Wolyn]?

Ja, in Matijiw. Damals blieb Matijiw eigentlich noch zwei-drei Wochen in polnischen Händen. Mein Mann kam nicht an seinem Ziel an, denn die Bombenangriffe gingen weiter, und kehrte zu uns zurück. Er ging ein Stück zu Fuß, fuhr irgendwo per Anhalter mit und kam schließlich bei uns in Wolyn an. Alles war bereits zerstört, es gab weder organisiertes politisches noch militärisches Leben mehr: die Polen waren komplett durcheinander.

Und da kamen die „Befreier" zu uns ... Wir hatten im Radio gehört: Molotow verkündete, Stalin sei unterwegs, um seine westlichen Brüder vom polnischen Joch zu befreien – und die bolschewikische Armee marschierte am 17. September bei uns ein.

Wie machte sich die Ankunft der Bolschewiki bemerkbar?

Sofort, als die Polen völlig desorganisiert waren, es nichts mehr gab, keine polnische Regierung mehr, errichteten sie ein Komitee. Natürlich setzte es sich aus den Mitgliedern des Untergrunds, ehemaligen Kommunisten, zusammen, denn in Polen herrschte die Kommunistische Partei. Sie war nicht legal, doch viele gehörten ihr an, vor allem Juden. Die und einige unserer Dorfjungs, von denen man schon wusste, dass sie Kommunisten waren, bauten ein Selbstverwaltungskomitee auf. Ich weiß nicht, wie es hieß. Wie auch immer, sie hatten irgendwelche Waffen, und so wurden sie zu Beschützern der Stadt, als das Militär kam.

Als die Bolschewiki an die Macht kamen, waren sie zuerst sehr milde. Als wir die Soldaten fragten, wenn sie Ukrainer waren: „Wie ist es bei euch? Wie ist es?", sagten sie nur: „Ihr werdet schon sehen." „Kommt schon, wie ist es dort? Wie?" – „Ihr werdet schon sehen." Mehr gab es nicht, keinerlei Antwort.

Später, als das NKWD kam, da wurde es schon schlimmer, denn sie hatten verschiedene Leute, die

1939 gab es in Wolyn weder organisiertes politisches noch militärisches Leben mehr: die Polen waren komplett durcheinander. Dann kamen am 17. September die Bolschewiki.

spionierten: wer zur OUN gehörte, wer zur Armee Petljuras. Sie zogen diejenigen heraus, die irgendwann irgendein Wort gesagt hatten.

Als das NKWD in Wolyn aktiv wurde, wurden zuerst Polen – sogenannte Kolonisten – nach Sibirien deportiert, später Nationalisten.

Kurz gesagt, bevor es das NKWD gab, kam man noch irgendwie zurecht. Doch als das NKWD kam, konnten wir nächtelang nicht schlafen. Sehr bald begannen die Deportationen. Zuerst deportierten sie die Polen, sogenannte Kolonisten, also diejenigen, die die polnische Regierung in unserem Land angesiedelt hatte. Sie kamen größtenteils aus Posen. Sie wurden mitgenommen und nachts nach Sibirien gebracht. Später waren unsere Nationalisten dran: hier einer, dort einer.

Interessant war, dass einige Informationen durchkamen, abgesehen davon, was unsere Leute ihnen mitteilten. Es gab auch solche, die warnten und sagten: „Wissen Sie, dass Sie auf der Liste stehen? Heute sind Sie dran."

So entkamen Leute der Deportation. Viele gingen hinter den Fluss Bug und flohen dort ins Generalgouvernement. Aber viele, viele wurden verhaftet und deportiert. Das waren schwere Zeiten.

Und wie lange ging das, wie lange waren die Bolschewiki da?

Die Bolschewiki waren vom 17. September 1939 bis Juni 1941 bei uns. Am 22. Juni, glaube ich, ich bin mir nicht sicher, war es eine große Überraschung, denn viele der sowjetischen Beamten hatten ihre Familien hergeholt. Und die Familien, als sie unseren Wohlstand gesehen haben, stürmten die Läden, kauften alles leer. Sie sahen nie froh aus, sagten, sie wollten nicht hier sein, und ... Und letztendlich kam es, völlig unerwartet, zum Ausbruch des Krieges, als Hitler die Ukraine angriff ...

Wie begann der Einmarsch der Deutschen?

Die Deutschen waren nicht an der Unabhängigkeit der Ukraine interessiert, sie trennten lediglich Wolyn von Galizien ... Je weiter sie im Osten waren, desto grausamer verhielten sie sich.

Zuerst begrüßten die Leute sie freudig, denn wir Ukrainer dachten irgendwie, dass die Deutschen uns helfen könnten, eine unabhängige Ukraine zu errichten. So dachten sie am Anfang und hießen sie willkommen. Doch das währte nur kurz, denn die Deutschen zeigten später ihr wahres Gesicht und dass die Ukraine sie nicht interessierte. Man spaltete uns nur von Galizien ab ... Die Ukrainer, die in Galizien waren, hatten es dann leichter. Bei uns richteten sie Schlimmeres an. Je weiter nach

Osten, desto schlimmer verhielten sich die Deutschen. Man muss sich nur daran erinnern: als der Krieg vorbei war, gingen die Kriegsgefangenen durch unsere Stadt – nach Osten, nach Hause ...
Können Sie mehr darüber erzählen?
Oh ja. Die bolschewikischen Soldaten ergaben sich in Massen und gingen zu Fuß nach Hause. Wir organisierten ein Frauenkomitee und halfen ihnen: gaben ihnen zu essen, boten ihnen Unterkunft an. Sie waren sehr arm, litten an Typhus, hatten Parasiten, es war schrecklich ... Einmal ließ ich einige bei mir übernachten. Ich machte ihnen etwas zu essen, gab ihnen Kleidung – die Armen konnten doch nichts dafür. Dann erkrankte mein Kind an Typhus, oh, das war sehr schwer, doch Gott sei Dank konnten wir sie retten. Diese Hilfsaktion war bei uns recht verbreitet. Zum Beispiel brachte man Kinder aus der Ostukraine zu uns und wir päppelten sie auf.
Wann war das? Was für Kinder waren es?
Kinder aus dem Heim.
Woher?
Aus Kyjiw; sie waren am Verhungern, denn in Kyjiw gab es nichts zu essen. Die Stadt war völlig zerstört und es gab keinerlei Lebensmittel, alle litten Hunger. Und überall arbeitete unser karitativer [wohltätiger] Dienst. Letztendlich hatte die Frau von Samijlo Pidhirskyj, des ehemaligen polnischen Parlamentsabgeordneten, eine große, sehr große Rolle gespielt, die die ganze Wohltätigkeit und Hilfe organisierte. Sie baute dort ein Komitee auf: die Pädagogin Jurkewytsch war die Leiterin (sie ist bereits in Amerika gestorben, denn sie war schon alt). Sie kam mit einer Gruppe Kinder zu uns.
Nach Matijiw?
Nach Matijiw.
Wie viele Kinder waren es?
Das waren zwanzig Kinder.
Und wie alt?
Alle zwischen sechs und zehn Jahren, so war es, solche Kinder waren das.
Kleine Kinder. In welchem Jahr war das?
Das war ... Einen Moment. 1941 war der Krieg, das war 1942 ... 1942 war das.
Und das waren Waisen?

Zu Beginn des Krieges ergaben sich bolschewikischen Soldaten massenhaft in Kriegsgefangenschaft. Sie gingen zu Fuß zurück nach Hause. Sie waren sehr arm, litten an Typhus, waren voller Parasiten ... Die Einwohnerinnen organisierten ein Frauenkomitee, einen sog. karitativen Dienst: sie gaben ihnen zu essen, boten ihnen Unterkunft.

Ja, anscheinend. Sie hatten keine Papiere, dass sie Waisen waren. Vielleicht waren ihre Verwandten im Krieg gestorben. Oder vielleicht wurden diese evakuiert und die Kinder zurückgelassen, oder so ähnlich. Das Komitee sammelte sie auf, teilte sie in Gruppen auf und versuchte, ihnen irgendwie zu helfen, dass sie überlebten. In ganz Wolyn waren solche Stellen verstreut. Wir fuhren in Dörfer, sammelten Lebensmittel ein und gaben sie den Kindern. Einige Zeit später kamen sie mit Frau Jurkewytsch und mit einer anderen Lehrerin nach Kyjiw zurück. Sie waren wieder aufgeblüht, wir hatten sie etwas eingekleidet, es waren sehr tolle Kinder, als sie zurückgingen.

Also waren solche Kinder in Matijiw und in anderen Städten?

Auch in anderen Städten gab es eine solche Aktion: Überlebenshilfe für Kinder aus der Ostukraine.

Was noch? ... Vielleicht ist das interessant, aber vielleicht wissen Sie das auch schon ... Als die deutsche Regierung zu uns kam, durften wir zuerst unseren Bürgermeister, den Vogt und unsere Polizei auswählen. Das fing gut an, denn wir glaubten, dass ein ukrainischer Staat entstehen würde. So kam es zu einer Stadtverwaltung und Polizei aus unseren Leuten. Ihre Aufgabe war es, in der Stadt Ordnung zu halten. Doch als die Deutschen sehr, sehr grausam wurden, als sie sich die Jugend schnappten und sie zum Arbeiten nach Deutschland schickten und dem Volk große Kontingente [Pflichten] auferlegten, beschloss die OUN, ihnen Widerstand zu leisten.

So bekam die bewaffnete Polizei die Anweisung, in den Untergrund zu gehen. Uns erreichte die Anweisung etwas

Oma in Weiß links. Worochta, 1936

verspätet. Wir wussten bereits, dass die Polizei in Riwne und Kremjanez in den Untergrund gegangen war, und sie in Kowel und bei uns in Matijiw noch da war. Doch eines Nachts ging auch die Matijiwer Polizei samt Waffen in den Untergrund. Und da verstärkte sich der Terror von Seiten der Deutschen. Diese schickten ihre Soldaten, und das war eine sehr, sehr traurige Angelegenheit ... Darüber könnte man Bände schreiben. Mein Mann hat das ein wenig in der „Chronik der UPA" beschrieben.

Welche antijüdischen Aktionen gab es in Matijiw?

Das war tatsächlich sehr hinterhältig gemacht von der deutschen Verwaltung. So lebten alle Juden zunächst normal, hatten nur auf dem Rücken solche gelben Aufnäher, damit man sah, dass da ein Jude geht. Sie arbeiteten, gingen dort zur Arbeit, wo es nötig war ...

Aber sie lebten schon im Ghetto?

Nein, nein, Ghettos gab es bei uns überhaupt nicht. Bei uns lebten sie in ihren Häusern und bekamen die Anweisung, ihre eigene Verwaltung aus Juden zu wählen. Und diese hieß Judenrat.

Also unterlagen sie gar nicht der ukrainischen Stadtverwaltung?

Der Judenrat unterlag unmittelbar den Deutschen, dem sogenannten Kreisleiter. Einmal sagten sie, dass alle Juden zusammenkommen sollten ... Wir hatten so einen großen Garten, wo ehemalige Grafenhäuser standen, und dort quartierte eigentlich die deutsche Armee, die Gestapo. Es gab einen Befehl, dass die jüdischen Männer dort hinkommen und die Frauen zu Hause bleiben sollten. Dort gab es eine Segregation nach Berufen: Metzger auf die eine Seite, Näher und Schneider auf die andere, Händler auf diese. Und denen, von denen sie dachten, sie würden ihnen noch als Fachmänner nützlich sein, befahlen sie aus irgendeinem Grund, die Beine so zusammenzulegen und sich auf den Boden zu setzen. Den anderen sagten sie, dass sie sie zur Arbeit schicken würden. Sie sagten, dass der Judenrat davon wüsste; doch Gott weiß, ob es so war.

Und sie nahmen diejenigen mit, die „arbeiten" sollten, und die Juden, die noch saßen, hörten die Gewehre, die schossen. Sie hatten überlebt,

Als die deutsche Regierung zu uns kam, durften wir zuerst unseren Bürgermeister, Vogt und unsere Polizei auswählen. Die Leute glaubten an die Entstehung eines ukrainischen Staates. Doch dann schickten die Deutschen junge Leute zum Arbeiten nach Deutschland, erpressten das Volk, verbreiteten Terror. Dann begann die OUN, sich zu widersetzen.

also hörten sie das, doch unsere Bewohner hörten es nicht, denn sie waren weit weg. Das war offensichtlich: alle wussten, dass die anderen erschossen worden waren. Die Deutschen sagten, sie hätten sie zum Arbeiten weggeschickt – niemand glaubte das.

Geschossen hatte die Gestapo selbst. Das Wichtigste war ... schlimm, auch nur daran zu denken ... Gott im Himmel! Was für ein Risiko unsere Leute auf sich genommen hatten! Als sie erfuhren, dass alle Juden geholt werden sollten, dann gingen die jüdischen Frauen zum Rajonsleiter, das war mein Mann. Er lud unseren Priester ein, um die Juden zu retten, er sagte, es seien sehr gute Bürger. Und so gingen der Rajonsleiter mit dem Priester – der Priester nahm sein Kreuz mit – zum Gebietskommissar.

Wir glaubten noch daran, dass man mit den Leuten reden konnte, und redeten dort, baten sie: „Das sind Menschen, die haben Kinder, bringt sie nicht hierhin und dorthin zum Arbeiten". Denn sie glaubten, dass sie deportiert werden würden. Dort antwortete ein Gestapo-Mitglied mit blutunterlaufenen Augen: „Du bist ein Priester, geh zur Kirche, dort ist dein Platz. Und du bist Rajonsleiter, geh in dein Büro und komm hier nicht mehr her". Das heißt, es hat nichts geholfen. Die Leute waren naiv, doch das war gefährlich für sie, das Gleiche drohte auch ihnen.

Das war also die erste Aktion. Die zweite wiederum war schon sehr brutal, denn man hatte eine Menschenjagd veranstaltet, alle in ihrer Synagoge versammelt, zu dem Zeitpunkt gab es unsere Polizei nicht mehr, sie war in den Untergrund gegangen. Es gab

In Tschechien. 1945

Einreisedokument in Kanada

In Montreal

in der Stadt einen Schutzbataillon, dort dienten viele Polen und Deutsche und völlig fremde Leute. Nun ja, sie kesselten die ganze Stadt ein, umzingelten sie und versammelten alle Juden in der Synagoge.

Das geschah nachts. Dann führten sie sie aus der Synagoge zu Gruben, wo man einmal nach Lehm gegraben hatte – das waren bereits fertige Gruben – und erschossen sie dort alle. Das war eine furchtbare Aktion. Manche konnten sich retten und in den Wald fliehen. Es war klar, dass sie nicht alle erwischen konnten – manche konnten entkommen. So war es auch. Später zerstörten sie all ihre Häuser. Das heißt, alle alten, in denen Juden gewohnt hatten, die neuen Häuser ließen sie in Ruhe. Sie sagten, dass dort, irgendwo in den Öfen, irgendein Gold versteckt war. Ich weiß nicht, warum sie das alles komplett dem Erdboden gleichmachen wollten, es gab auch so keine Anzeichen mehr dafür, dass dort Menschen waren.

Also hatten sie praktisch mit einer solchen großen Aktion alle Juden vernichtet?

Alle Juden mit einer großen Aktion ...

Gab es denn Versuche unter unseren Leuten, Juden zu verstecken?

Oh! Das wurde sehr hart bestraft, und es gab Fälle ... In der Stadt nicht, doch in den Dörfern gab es Fälle von Familien, die Juden versteckt hatten, diese wurden zusammen mit den Juden getötet ...

Kennen Sie ihre Namen?

Naja, die Namen kenne ich nicht, aber es steht fest, dass es vorgekommen war: einige Familien wurden zusammen erschossen. Oh, es waren schreckliche Zeiten.

Ich glaube, es gab in Matijiw auch einen Galgen. Dort hängte man Leute, stimmt das? Wofür, wissen Sie das?

Ah, das hatte mit der UPA zu tun.

Waren es Deutsche, die die Hinrichtungen durchführten?

Ja, und als unsere Polizei sich der UPA angeschlossen hatte, griffen die Aufständischen die Stadt an. Einmal gab es einen Überfall auf den Schutzbataillon, und einen Teil davon nahmen sie mit. Nun, auch da gab es eine Aktion, um aufzudecken, wer kollaboriert hatte ... Denn die Deutschen waren zu machtlos, um offen gegen die UPA zu kämpfen. Alle ihre Kräfte waren an der Front konzentriert, denn bei Stalingrad waren sie zu der Zeit schon gewesen. Also hatten sie nicht genug Kraft, um offen gegen die UPA zu kämpfen. Der Kampf mit der UPA beschränkte sich darauf, dass sie sich nachts jemanden schnappten und hängten, ob nun als Schauhinrichtung, vor Angst oder aber, um Angst zu machen.

Gab es viele solcher Fällte in Matijiw? Können Sie sich erinnern?

Nein, ich weiß nicht mehr, ob es viele waren, aber es kam vor. Es gab einige Fälle, bei denen Menschen am Galgen gehängt wurden. Ich weiß nicht mehr genau, denn es waren furchtbare Zeiten, und man versuchte sich vor alledem zu verstecken. Ich hatte den Galgen nicht einmal selbst gesehen, denn es war zu fürchterlich. Naja, man sagte, dass es bereits sieben Leute waren, die gehängt wurden. Furchtbare, furchtbare Zeiten ...

Das heißt, das geschah ohne jeglichen Gerichtsprozess?

Ja. Ohne jeglichen Gerichtsprozess.

Gab es ein Gefängnis in Matijiw?

Es gab kein Gefängnis in Matijiw, aber in Kowel. Die Deutschen kesselten die Dörfer ein und griffen an ... Vielleicht gab es Verräter, und man sagte den Deutschen, sie sollten hier- oder dorthin gehen. Beispielsweise machte die UPA Übungen. Und nach diesen Übungen schliefen die Jungs in einer Scheune, ohne Wachen. Einmal kam eine deutsche Patrouille, um das Kontingent einzusammeln, und sah sie. Und man streckte alle zwölf Jungs auf der Stelle nieder ... Das war sehr schrecklich und furchteinflößend.

Ja, und dann fuhren sie weg ... in welchem Jahr nochmal?

Die jüdischen Männer wurden von den Deutschen zunächst nach Berufen segregiert: Metzger auf die eine Seite, Näher und Schneider auf die andere, Händler auf diese. Und diejenigen, von denen sie dachten, sie würden ihnen noch als Fachmänner nützlich sein, ließen sie leben, die anderen erschossen sie. Später versammelten sie alle Juden in der Synagoge und erschossen sie dort.

1943, an Silvester. Gleich am ersten Tag des Jahres 1943 hatten wir die Möglichkeit, wegzufahren, und die Front kam immer näher. Zusammen mit einer anderen Familie fuhren wir gemeinsam weg. Unsere Reise ging in die Tschechoslowakei, und dort kamen wir erfolgreich an. Wir fanden ein Transportmittel und fuhren los, wir überlebten alle Schwierigkeiten. Wir schafften es, wir gehörten damals zu den Glücklichen. In Brno hielten wir uns einige Zeit auf ... Wir konnten keine Unterkunft finden, und man riet uns, nach Pohořelice zu fahren – eine kleine Stadt. Dort waren wir einige Zeit ...

Und wie lange waren Sie dort?

Die Deutschen waren einem offenen Kampf gegen die UPA nicht mehr gewachsen, denn ihre Situation an der Front war zunehmend schlechter geworden. Alle ihre Kräfte waren damals bei Stalingrad konzentriert.

Oh, 1943 fuhren wir weg, das war im Winter, den Herbst 1943 verbrachten wir noch dort. Und Anfang 1944 hatte man uns, warum auch immer, sehr auf dem Kieker ... Dort in Pohořelice konnten wir keine Stelle finden: wo wir uns auch bewarben, man sagte uns ab. Und da sagte uns die Regierung, wir müssten nach Deutschland fahren, da wir dort Arbeit finden könnten. Man gab uns einen Pass und brachte uns ins Sudetenland. Dort arbeiteten wir, und dort erlebten wir die weiteren Kriegsereignisse.

Die Front kam näher. Wir hatten nicht vor, zu den Bolschewiki zurückzukehren. Wir zogen fort, so weit es ging, weiter und weiter. Wir ergatterten ein paar Pferde und einen Wagen und zogen immer weiter fort. Und wir sagten uns: solange wir an Land sind, gehen wir weiter, und wenn wir am Ozean ankommen, gehen wir in den Ozean, doch bei den Bolschewiki bleiben wir nicht. Und so gingen und gingen wir weiter nach Westen. Die Straßen waren voll von deutschen Soldaten, die sich zurückzogen, und wir zogen irgendwie an ihnen vorbei. Dann kamen wir nach ... Ich kann mich nicht mehr an den Namen erinnern, so klein war die Ortschaft, wo man uns sagte, der Krieg sei vorbei. Das war in Österreich.

Natalia Popowytsch
(Natalka Talantschuk-Hrebinska)

„Mama, wie schwer ist es ohne dich ..."[1]

„Meine Nachbarn haben mir geholfen, Mama direkt auf unserem Grundstück zu beerdigen, am Zaun. Es gab keinen Sarg. Wir haben eine Patronenkiste gefunden, eine Seite herausgeschlagen und Mama hineingelegt. Die Kiste war etwas schmal und zu kurz, und Mamas Füße ragten heraus. Wir wickelten sie in eine Decke aus grob gewebtem Leinentuch ein. So beerdigten wir sie – die Tochter reicher Eltern, Ehefrau eines Priesters, meine Mutter. Die Erinnerung an Mamas arme Füße verfolgte mich die ganze Zeit. Der liebste Ort auf Erden wurde mir das Häuflein Erde auf unserem Hof."

Die Front kam immer näher. Die Ereignisse überschlugen sich, nichts konnte den Vormarsch der deutschen Armee aufhalten. Städte und Dörfer fielen gleichermaßen eines nach dem anderen. Evakuation der Fabriken und der Ausrüstung, Ausfuhr von Archiven und Wertsachen. Das, was man nicht mitnehmen konnte, wurde verbrannt und gesprengt. Schon im Juli 1941 fielen die ersten Bomben auf Dnipropetrowsk.

Die todbringenden Eisenstücke rieselten auf die Köpfe der friedlichen Bewohner, zerstörten Gebäude, rissen Erde und Bäume aus, machten alles drumherum zu Asche. Die sowjetischen Truppen saßen am linken Ufer des Dnepr in Gräben, über unserer Straße, hinter dem Friedhof, auf den Sandhügeln, die mit Weinreben zugewachsen waren. Die Deutschen standen irgendwo am rechten Ufer, und wir befanden uns mitten in der Schusslinie. Die

---

1 Auszug aus dem Buch „Schicksal" | „Доля", herausgegeben auf Initiative der *League of Ukrainian Canadian Women*.

Artilleriebeschüsse von beiden Seiten des Dnepr wuchsen zu einem beständigen Pfeifen an, das an den ohnehin schon gespannten Nerven zerrte. Chaos, Rauch, Angst vor dem Feind, der Tod, der zu jeder Zeit und an jedem Ort eintreten konnte. Die Stadt stand dem Feind gegenüber, von dessen Grausamkeit die Zeitungen berichteten.

Einfache Luftschutzbunker, in denen die Leute hofften, zu überleben, bauten sie mit zwei Ausgängen und verdeckten sie mit Schichten von Blättern und Ästen, Brettern und Erde. Darin stellte man Bänke und einen Vorrat an Wasser bereit.

Die Leute in unserer Umgebung bereiteten sich rechtzeitig auf die Bombenangriffe vor. Auf dem Schulhof gegenüber von unserem Haus haben die Nachbarn, unter anderem Mama und ich, einen Luftschutzbunker gebaut, mit zwei Ausgängen und verdeckt von Schichten von Blättern und Ästen, Brettern und Erde. Wir stellten dort Bänke hinein und einen Vorrat an Wasser. Ich denke, das hätte nicht geholfen, wenn direkt darauf eine Bombe gefallen wäre. Und doch war es zumindest etwas Schutz. Sobald das Bombardement begann, schnappten wir uns ein Stück Brot und liefen dorthin, in der Hoffnung, zu überleben.

Mama, warum bist du weggelaufen?

Es geschah am 30. August 1941. Ein Beschuss aus Kanonen begann von der linken Seite, wo unsere Truppen waren. Unser Versteck, war voller Leute, die gebannt dem lauschten, was draußen passierte. Ich saß direkt am Eingang, wo etwas Licht hineinfiel, und las wie immer ein Buch. Mama saß etwas entfernt von mir. Plötzlich donnerte es, alles begann zu beben – danach erinnere ich mich an nichts.

Wenn es in einem Bunker zu wenig Platz gab, konnte es sein, dass man dort sogar während eines Luftangriffs nicht hineingelassen wurde. Dann musste man woanders Unterschlupf suchen.

Das Geschoss fiel direkt in unser Versteck und ich wurde mit Erde verschüttet, sodass Mama mich kaum gefunden hätte, wäre da nicht ein Stück Kleidung gewesen, das aus der Erde ragte. Entweder Scherben oder Feuer – etwas hatte mir Haare abgeschnitten, aber ich hatte überlebt. Mama nahm mich und gebeugt liefen wir unter dem Pfeifen der Geschosse quer über den Schulhof zu einem anderen Luftschutzbunker. Doch man ließ uns nicht hinein – es gab keinen Platz mehr.

Mama beschloss, zu unseren Nachbarn zu laufen, die einen Hof und ein eigenes Versteck hatten. Diese Familie gehörte zu irgendeiner religiösen

Sekte, sie redeten kaum mit ihren Nachbarn und schotteten sich von allen anderen mit einem hohen Zaun ab. Doch es gab keinen Ausweg, und Mama trommelte so heftig sie konnte an das abgeschlossene Tor. Die Nachbarn hatten Mitleid mit uns und ließen uns hinein. Wahrscheinlich hatte mein elendes Erscheinungsbild sie erweicht: voller Erde, mit verbranntem Haar. Dort verbrachten wir eine angstvolle Nacht.

Während ich schlief, beschloss Mama, nach Hause zu laufen und mir etwas zu essen und zu trinken mitzubringen. Zur gleichen Zeit wollte ein alter Mann, der mit uns im Bunker saß, nachsehen, was draußen vor sich ging, und sah über das Tor. Zu seinem Unglück ging gerade in diesem Moment ein deutscher Soldat vorbei, der den Opa einfach erschoss. Die Nachbarn liefen nur für eine Sekunde hinaus, um den armen Alten zum Stall zu ziehen, wo die Pferde standen, und der Beschuss begann erneut.

Mama, warum bist du weggelaufen? Und warum hat dich niemand aufgehalten? Du warst so lange weg, und ich entschloss mich, dir hinterherzulaufen. Die Nachbarn rieten mir, ein Stück weißen Stoff mitzunehmen. Diesen schwenkend lief ich zum hohen Zaun. Doch du, Mama, warst nicht mehr da. Der Tod hatte dich bereits mitgenommen. Der Tod in der Gestalt eines Geschosses, der neben die Veranda gekommen war, einen Teil des Dachs und des Hauses zerstört und alle Fenster eingeschlagen hatte. Drumherum eine Menge Rauch und Feuer. Meine Mama, meine liebe Mami war tot. Sie lag mit dem Gesicht nach oben auf dem Boden der Veranda, die Scherben hatten sie zerfetzt, aus den Wunden floss Blut. Mama war halbnackt, die Explosionswelle hatte ihr die Kleidung vom Körper gerissen, und der Rest verbrannte direkt auf ihr.

Der Himmel riss ob meiner Schreie entzwei. Mama ... Ich war inmitten des Chaos des Krieges auf mich allein gestellt, ohne jegliche materielle oder moralische Unterstützung. Ich war erst sechzehn Jahre alt.

Unser Bekannter Ostap Pawlowytsch, der Kantor in der gleichen Kirche war, in der Mama den Chor

Während des Krieges wurden Verstorbene oft einfach unter dem Zaun begraben. So wurde für die Familie seitdem das Häuflein Erde auf ihrem Hof zum liebsten Ort.

dirigierte, half dabei, neue Fenster einzusetzen und das Dach zu reparieren. Er und seine Frau übernachteten eine Zeit lang bei mir und gingen dann zurück nach Poltawa. Meine Nachbarn haben mir geholfen, Mama direkt auf unserem Grundstück zu beerdigen, am Zaun. Es gab keinen Sarg.

Wir haben eine Patronenkiste gefunden, eine Seite herausgeschlagen und Mama hineingelegt. Die Kiste war etwas schmal und zu kurz, und Mamas Füße ragten heraus. Wir wickelten sie in eine Decke aus grob gewebtem Leinentuch ein. So beerdigten wir sie – die Tochter reicher Eltern, Ehefrau eines Priesters, meine Mutter. Die Erinnerung an Mamas arme Füße verfolgte mich die ganze Zeit.

Der liebste Ort auf Erden wurde mir das Häuflein Erde auf unserem Hof. Ich konnte nicht im leeren Haus sitzen, sondern lief zu diesem Hügelchen und redete, redete, konnte nicht aufhören zu reden, schüttete mein Leid und meinen Schmerz aus und schmiegte mich dabei an die kalte Erde. Mama, wie soll ich weiterleben? Wie?

„Wenn ich doch nur alles zurückdrehen könnte! Wenn ich doch nur alles zurückdrehen könnte, zurück zu meiner Kindheit, dann wäre ich artiger, Mama. Ich würde nicht auf Bäume klettern, nicht im See baden, nicht mit den Jungs übers Moor rennen, meine Sonntagskleidung nicht schmutzig machen, ich würde mehr beten und mehr lernen, ich würde den ungeliebten Grießbrei essen. Wie konnte ich nur glauben, dass du mich nicht liebst, wie konnte ich dich hassen, Mama?.. Wie leid es mir tut, dass ich dich nie mehr umarmen und dir sagen kann, wie sehr ich dich liebe, Mama."

Ich sah aus dem Fenster auf Mamas frisches Grab. Nun konnte ich schauen, niemand verbot es mir. Diejenige, die mich vor allem Bösen bewahren wollte, lag dort, auf unserem Hof, und der Regen trommelte auf das Fensterglas und fiel in schweren Tropfen auf ihr Grab. Meine arme Mama. Sie hatte es dort kalt und klamm – und dabei hatte Mama die Wärme und Sonne so sehr geliebt. So kalt und klamm war es auch in meiner Seele. Mama, wie gerne würde ich dich wärmen. Besonders deine Füße. Unser Papa ist nicht mehr da, er hat immer deine kalten Finger mit seinem Hauch gewärmt. Du hattest ihn so verliebt angesehen. Vielleicht hat Papa dich dort getroffen ... dort, weit weg. Oh, wenn das so wäre! Und die dichten Regentropfen fielen auf dein Grab.

Es klopfte an die Tür, so plötzlich und unerwartet, dass die ohnehin ängstliche Seele erschrak. Wer könnte das sein? Ich hatte Angst, mich zu bewegen, sollen sie doch denken, ich sei nicht zu Hause. Doch jemand klopfte hartnäckig weiter. Die Zeiten waren unsicher, die Leute versuchten, nicht ohne Grund das Haus zu verlassen. Aber es klopfte doch jemand.

Vorsichtig schaute ich aus dem Fenster. Irgendeine Frau, die in ein Tuch gewickelt war, klopfte erneut. Ich öffnete die Tür, doch stellte mich an die Schwelle, damit andeutend, dass ich nicht vorhatte, sie hereinzulassen. Aber sie hatte gar nicht die Absicht, hineinzukommen, sondern begann sofort zu reden. Ich kannte die Frau nur vom Sehen, sie war eine Jüdin. Sie hatte vom Tod meiner Mutter gehört und wollte nun ihre eigene retten.

„Ich bitte dich, ich flehe dich an, verkaufe mir den Pass deiner Mutter, wir müssen weg", sagte die Frau.

Den Pass verkaufen? Wie konnte ich Mamas Pass verkaufen?! Den Pass weggeben ... Das ging nicht in meinen Kopf. Doch die Frau hörte nicht zu, warf sich auf die Knie, umarmte meine Beine und bat unter Tränen und Flehen, und bat, und bat.

Konnte mein Herz so etwas aushalten? Natürlich nicht. Ich gab ihr den Pass. Eine Verstorbene rettete eine Lebende. Ob Halyna Fedoriwna Bolotina in der Gestalt und dem Körper jener Jüdin weiterlebte, ob sie es schaffte, den Klauen des Todes zu entkommen? Noch eine ungelöste Frage.

Die Toten retteten die Lebenden: Juden, die das Glück hatten, den Pass eines Verstorbenen Nicht-Juden zu bekommen, bekamen die Chance, zu überleben.

Leben in der Okkupation

Die Einsamkeit machte mir zu schaffen. Tagsüber war es leichter, doch sobald es Nacht wurde, kroch die Angst in jede Zelle meines Seins. Eine einsame junge Frau, allein in ihrem Haus. Ich zog immer die Fensterläden zu, schloss die Türen ab und stellte etwas Schweres darunter. Manchmal kam der Sohn des Priesters Makar, Juri, zu Besuch, doch ich war sogar ihm gegenüber vorsichtig, obwohl ich keinen Grund hatte, ihm nicht zu trauen.

Der einzige Mensch, der mir nahestand, war Tante Afanassia. Doch seit der Krieg begonnen hatte, hatte ich nichts mehr von ihr gehört. Sie wusste nicht einmal von meiner Mutter und meiner Einsamkeit. Doch wie sollte ich nach Kyjiw kommen? Es war Krieg. Kyjiw war sicher von den Deutschen besetzt.

Nach einem Massenbeschuss aus der Luft und von der Erde hing eine plötzliche Stille über der Stadt. Eine ungute, deprimierende Stille. Wie geht es weiter? Dann heulten die Motoren auf und die Eroberer kamen in unsere Straße. Es kamen deutsche, italienische und magyarische Soldaten. Auf großen schwarzen Motorrädern, in Uniform, mit Maschinengewehren über der Schulter. Fremde Menschen, die eine fremde Sprache sprachen, und sich doch wie zu Hause fühlten. Angst … Wir hatten Angst vor diesen Leuten. Die Bewohner versteckten sich hinter den Hauswänden, schlossen sich hinter zehn Bolzen ein, in die Lücken der Fensterläden lugend, ob jemand zum Haus ging. Als könnte sie das retten.

In der siebenjährigen Schule errichteten die Deutschen ihr Hauptquartier. Eine solche Nachbarschaft konnte nichts Gutes verheißen, doch ich musste mich selbst daran gewöhnen, manches kam mir sogar zugute. Die deutschen Soldaten hatten freien Zugang zu jedem Haus zu jeder Zeit. Sie kamen zu mir, um verschiedene Dinge zu leihen: Geschirr, Feuerholz, Salz. Jeder Besuch dieser Art kostete mich viele Nerven, wonach ich zur Ikone lief und Gott dankte, dass er mich gerettet, dass er mich beschützt hatte.

Ich lernte einen Deutschen kennen, jetzt weiß ich nicht mehr seinen Namen. Er arbeitete als Verbindungsmann, transportierte verschiedene Daten und Dokumente mit dem Motorrad. Wollte er Krieg führen? Natürlich nicht. Doch der Befehl des Führers musste befolgt werden – so wie die Jungs, die in der Roten Armee dienten, den Befehl Stalins ausführten.

Mein Bekannter kam oft zu mir und brachte diverse Zeitschriften mit, wir unterhielten uns über

---

Als die Deutschen in die Stadt kamen, versteckten sich die Bewohner in ihren Häusern, versperrten ihre Türen mit allen Schlössern und Bolzen. Nach draußen schauten sie nur in die Lücken der Fensterläden, ob jemand zum Haus kam.

Nicht alle Deutschen wollten kämpften. Manche führten einfach den Befehl Hitlers genauso aus wie Rotarmisten den Befehl Stalins befolgten.

Filme und Bücher. Im Kino zeigte man Filme mit Charlie Chaplin, sie waren unglaublich beliebt. Ja, ja, während der Okkupation gingen die Leute sogar ins Kino.

Bei meinen Unterhaltungen mit Deutschen lernte ich die deutsche Sprache, was mir später gelegen kam. Ich lernte auch etwas Italienisch. Das war meine Fähigkeit, Wörter und Sätze aufzusaugen, Fremdsprachen konnte ich mir gut merken. Das Wichtigste war, dass mein Bekannter mich nicht mit Anmachen belästigte, wie es bei anderen der Fall war. Ich wusste nicht, ob ich hübsch war oder nicht – niemand sagte es mir, doch die Männer schenkten mir Aufmerksamkeit. Über die deutschen oder italienischen Kommisshengste, die schon einige Zeit an der Front verbracht hatten und die mit einem „russischen Mädel" Spaß haben wollten, wunderte ich mich natürlich nicht.

Nur einmal im Leben wurde ich im Gesicht geschlagen, und das hatte ein deutscher Offizier getan. Das war seine Antwort auf meine verzweifelte Ablehnung seiner unverschämten Anmachen. Ich hatte einen solchen Schlag nicht erwartet, schrie fürchterlich und rannte so schnell ich konnte davon. Ich lief ins Haus, schlug die Tür mit einem Knall zu und drückte sie mit meinem Körper zu. Vor Angst schlotternd horchte ich, ob der Deutsche mir hinterhergelaufen war. Es war still, nichts zu hören. So stand ich einige Zeit, bis meine Beine von selbst nachgaben und ich auf den Boden sank. Schaukelnd saß ich da und hielt mir die geschwollene Wange. Ich schaffte es gerade noch zum Bett und schlief auf der Stelle ein. Ich hatte wirklich Angst, ich saß im Haus und wartete darauf, dass der deutsche Offizier jeden Moment an die Tür klopfen könnte. Doch alles war ruhig. Noch lange danach sah ich mich immer um, wenn ich aus dem Haus ging, ob jemand da war. Der Deutsche hätte mich mit vorgehaltener Waffe zwingen oder einfach erschießen können, doch zum Glück geschah das nicht. Gott hatte mich beschützt.

Tag für Tag verging, jeder davon mit eigenen Sorgen und Problemen: wie sollte ich weiterleben – nein, nicht leben, eher überleben – bis zum nächsten Tag. Es wurde Herbst, es fiel Regen, die

Feuchtigkeit drang bis ins Haus vor und hinterließ große gelbe Flecken an den Wänden. Um die Wärme zu erhalten, wohnte ich nur in einem Zimmer und verfeuerte alles, was brannte. Ich hatte ein paar Bretter in einem Schuppen auf dem Hof gefunden, die Nachbarn hatten mir geholfen, sie zu Kleinholz zu verarbeiten. Ich schaufelte das ganze Anthrazit heraus, das noch im Keller übrig war. Einen Zaun und ein Tor gab es nicht mehr: einiges hatten andere gestohlen, einiges hatte ich selbst verbrannt.

Doch am meisten nagte die Einsamkeit an mir. Ich war ganz allein, völlig auf mich gestellt. Niemand interessierte sich für mich. Jeder führte sein Leben, und allen gemein war die Angst vor den Besatzern, der beständige Hunger, die Kälte. Es gab keinen Strom, ich nutzte Kerosinlampen, deren Flamme ich bis auf das Minimum herunterdrehte.

Die Läden waren in der besetzten Stadt nicht geöffnet, Lebensmittel konnte man nur auf dem Markt kaufen. Gemessen wurde alles in Gläsern.

Lebensmittel konnte man nur auf dem Markt kaufen. Alles wurde in Gläsern verkauft. Am meisten kaufte ich Mais, denn er war am billigsten. Um Kerosin zu sparen, weichte ich den Mais für zwei – drei Tage ein und kochte ihn dann mit dem Öl, welches man beim Rückzug unserer Truppen verbrannt hatte. Warum hatte man das Öl nicht unter den Leuten verteilt? Niemand dachte an die Bewohner, die hinter dem Feind zurückbleiben, und wir mussten selbst für unser Überleben sorgen.

Gewöhnliche Arbeiten im Haushalt wurden für mich zu einem großen Problem. Die Wasserpumpe in unserer Straße funktionierte nicht, daher mussten wir in die Chausseejna-Straße gehen. Als die Front nach Dnipropetrowsk zurückkam, hörten die Luftangriffe und Artilleriebeschüsse praktisch nicht mehr auf.

Ich hatte bereits Kriegserfahrung. Ich wusste: wenn ein Flieger einfach über einem flog, musste man keine Angst haben. Die Bombe fällt nicht herunter, sondern fliegt in einer bestimmten Bahn. Angst muss man haben, wenn der Flieger noch ein Stück entfernt ist. Möglicherweise hat er dann bereits eine Bombe abgeworfen. Oh, es kam nicht nur einmal vor, dass ich mit einem Eimer Wasser zurückkam und ein Flugzeug aus dem Nichts auftauchte. Dann ließ ich den Eimer fallen und warf mich unter den Zaun, wobei ich mich an den Brennnesseln verbrannte. Ich hielt mir die Ohren zu, um den furchtbaren Motorenlärm etwas zu dämpfen. Dann betete ich innig, dass der Tod mich verschonen möge.

Einmal hatte ich Wasser erhitzt, um zu baden, es in eine große Schüssel gegossen, und schaute ins Schlüsselloch (in der Kriegszeit schlossen wir die Fenster fest zu, um kein Licht auf die Straße scheinen zu lassen), ob draußen Flieger unterwegs waren. Sobald ich mich eingeseift hatte, hörte ich ein Grollen und stürzte mich, nackt und voller Seife, wie ich war, unters Bett. Ich weiß nicht, wie lange ich auf dem kalten Boden gelegen hatte.

Das Waschen raubte mir die Kraft. Ich war schwere Arbeit nicht gewohnt und noch nicht ganz erwachsen, sodass ich die schwere nasse Wäsche nur mit Mühe heben und sie kaum mit den Händen reiben und auswringen konnte. „Mama, es ist so schwer ohne dich", schrie meine Seele, doch die Hände mussten ihre Arbeit machen. Wie schwer ich es hatte ...

Nach der Ankunft der Besatzer kam das Leben in der Stadt langsam wieder in geregelte Bahnen. Gut, dass die Bombardierung vorbei war. Die heil gebliebenen Kirchen wurden wieder geöffnet, wo die Leute etwas Ruhe finden konnten. Ich konnte die Besatzungsregierung nicht verstehen. Einerseits töteten sie die Leute zu Tausenden, warfen sie in Konzentrationslager, und andererseits erlaubten sie bei ihrer Ankunft in der Stadt das kirchliche und kulturelle Leben. Ich ging auch in die Kirche, doch ich fand nicht die Ruhe, die Kirche und Glaube eigentlich geben.

Mein Vater war ein Grund dieser Unruhe. Sobald ich die Schwelle der Kirche überschritten hatte, flogen meine Gedanken zu ihm, zu meinem armen Papa. Was hatte er ihnen getan? Er hatte den Leuten nur die Liebe zu Gott und zu den Mitmenschen beigebracht. Ich betete innig, betete, dass Gott meinen Vater irgendwo dort, in Sibirien, beschützen möge.

Es entstanden lokale ukrainische Komitees, natürlich unter deutscher Aufsicht, die versuchten, ein bürgerliches Leben in der Stadt wiederherzustellen. Ich hatte das Glück, eine Stelle im Rathaus von Amur-Nyschnjodniprowsk zu bekommen, wo ich verschiedene Aufgaben erfüllte und Brotmar-

Die Bewohner lernten, zu unterscheiden, ob eine Bombe einschlägt oder nicht, denn sie wussten: eine Bombe fällt nicht direkt herunter, sondern fliegt in einer bestimmten Flugbahn. Wenn ein Flugzeug also direkt über einem ist, muss man keine Angst haben. Schlimmer ist es, wenn es sich in größerer Entfernung befindet.

Die, die das Glück hatten, irgendeine Arbeit zu bekommen, erhielten einen Lohn, so kläglich er auch war. Manchmal bekam man auch eine Schüssel heißer Brühe und ein Stück Brot.

Die Besatzungsregierung tötete einerseits die Leute zu Tausenden, warf sie in Konzentrationslager – und andererseits ermöglichte sie bei ihrer Ankunft in der Stadt die Entwicklung des kirchlichen und kulturellen Lebens in den besetzten Gebieten.

ken austeilte. Ich weiß nicht, woher die Lebensmittel kamen, aber eine Zeit lang bekamen die Leute sogar je eine Schüssel heißer Brühe mit einem Stück Brot. Ich bekam einen kläglichen Lohn, doch immerhin war es Geld.

Der Weg zur Arbeit war sehr anstrengend. Große Schneemassen behinderten mich beim Gehen, manchmal fiel ich bis zur Hüfte hinein. Mit Mühe zog ich mich aus dem Schnee und ging weiter, mich unter der Kraft des Windes beugend, der zwischen die Kleider wehte und den Körper durchbohrte. Meine abgetragenen Stiefel wurden schnell nass, mehr als einmal hatte ich erfrorene Füße. Ich musste recht weit laufen.

Der Frühling 1942 brachte die Hoffnung mit sich, Mama umbetten zu können. Ein Sarg kostete 300 Rubel. Ich nahm Papas Anzug und Schuhe mit und ging auf den Markt. Zuerst war es mir peinlich: wir hatten noch nie etwas auf dem Markt verkauft. Während des Krieges wurde der Markt zu einem wichtigen Bestandteil des Lebens. Hier konnte man etwas kaufen, tauschen, Neuigkeiten hören.

Glücklicherweise konnte ich Papas Sachen verkaufen. Ich flog wie auf Flügeln: Mama würde nicht mehr an den Füßen frieren müssen. Ich hatte mir den Weg durch die Menge zum Ausgang gebahnt, da fiel einer Frau auf, dass meine Tasche offen war. Nervös wühlte ich in der Tasche und suchte nach dem Geld, und als ich es nicht fand, schüttete ich alles, was darin war, auf den Boden. Ich konnte es nicht glauben: das Geld war verschwunden. Heulend ging ich nach Hause und sah nichts mehr vor mir außer Mamas kalten Füßen.

Einige Tage später fand ich erneut etwas von Papas Kleidung und verkaufte es. So hatte ich genug für einen Sarg zusammen. Meine guten Nachbarn halfen mir, meine Mama auszugraben, sie in den Sarg zu legen und ein Grab auf dem Friedhof auszuheben. Sie machten auch ein Kreuz aus Holz mit einer Tafel, die ich später mit grüner Farbe anmalte. So haben wir Mama auf dem Friedhof umgebettet, auf dem gleichen, auf dem damals Leute beerdigt wurden, die an Hunger gestorben waren.

Ich weiß nicht mehr, ob der Friedhof einen Namen hatte, aber er befand sich hinter Manujliwka, man musste auf der Chausseejna-Straße bis zum Dorfende auf einen Hügel gehen, zu Fuß war es ziemlich weit. Mamas Bestattung war für die damalige Zeit gut besucht. Wahrscheinlich waren auch diejenigen gekommen, die am Prozess der Umbettung an sich interessiert waren. Es war ein seltenes Phänomen, vielleicht sogar das erste Mal in unserer Gegend.

Meine Nachbarn veranstalteten eine Trauerfeier – nüchtern, nach alten Bräuchen. Jede Region der Ukraine hat ihre eigenen Traditionen, der Toten zu gedenken. Bei uns kochte man Reis mit Rosinen, gab ihn in eine große Schüssel, und jeder aß einen Löffel. Der Priester gab einen Trauergottesdienst, er wollte keine Bezahlung. Vielleicht, weil er ein gutes Herz hatte, vielleicht, weil ich eine Waise war, oder vielleicht, weil ich die Tochter eines Priesters war. Mir war ein Stein vom Herzen gefallen: Mama war beerdigt worden, wie es unsere Religion und christliche Traditionen verlangten.

Sie ist dort geblieben, auf dem Friedhof. Schicksal, du hast mir nicht einmal erlaubt, näher an Mama zu sein, zu ihrem Grab zu gehen und Blumen zu pflanzen, eine Paska[2] zum Osterfest zu bringen. Zu diesem Fest gingen Familienmitglieder ans Grab, legten eine gesegnete Paska und Eier hin, setzten sich drumherum und erinnerten sich an den Verstorbenen. So war es bei uns, in der Oblast Dnipropetrowsk. Schicksal, du hast mir nicht einmal erlaubt, diese letzte Pflicht zu erfüllen, die Kinder gegenüber ihren Eltern haben – ihre Gräber zu pflegen.

Ob Mamas Grab nach allen schrecklichen Bombenangriffen, die die Stadt erfahren musste, erhalten geblieben ist? Man sagte, dass Dnipropetrowsk nach dem Krieg eine komplette Ruine war. Wenn es dieses Grab noch gibt, kümmert sich wohl jemand darum? Ich möchte glauben, dass dem so ist. Ich glaube an das Gute, und das hilft mir. Ich bete für Mamas Seele und schmiege mich an das Häuflein frischer Erde, das für immer in meinem Gedächtnis geblieben ist. Und wo ist Papas Grab? Wer weiß ... Ich bete auch für ihn ...

---

2 Anm. d. Übers.: Ein Hefekuchen, der zum orthodoxen Osterfest gebacken wird. Traditionell wird jede Paska am Ostersonntag in der Kirche von einem Priester mit Weihwasser gesegnet.

Oles Kultschynskyj

Beim Nachrichten schauen sagte Oma: „Wie blöd ich war, dass ich nach dem Krieg keinen Nagant genommen habe!"

Ich möchte von Maria Iwaniwna Beswerschenko, geb. Kolomijez (1916 – 2003) erzählen, meiner Oma mütterlicherseits.

Sie ist in der Siedlung Jerky in der Oblast Tscherkassy geboren – wie übrigens auch Wjatscheslaw Tschornowil. Sie waren sogar Nachbarn gewesen.

Nach dem Holodomor war sie eine Waise, und den Krieg hat sie vom ersten bis zum letzten Tag miterlebt; sie hasste sowohl Hitler als auch Stalin. Und ihr ganzes Leben lang war sie willensstark, energisch, fröhlich und voller Optimismus.

Als Kind habe ich ihr eine dumme Frage gestellt: „Oma, hat Opa Saschko im Krieg Menschen umgebracht?"

„Ich weiß es nicht, Kindchen, das kann sein", antwortete sie.

Bis zu ihrem Tod bereitete sie sich jedes Jahr am 9. Mai für die „Parade vor": sie band sich ein weißes Tuch um, zog ihren feinsten Anzug an, steckte all ihre verfärbten Medaillen an – mit ihnen wurde sie auch beerdigt.

Wie viele Veteranen erinnerte auch sie sich nicht gerne an den Krieg, und dennoch hat sie darüber einige Geschichten hinterlassen.

„Das Wehrersatzamt ..."

Maria wurde gleich am ersten Tag des Krieges als professionelle Pharmazeutin eingezogen – sie sollte die Medikamente verwalten. Man teilte sie einem der Bataillone zu. Kaum hatte sie die Schwelle des

Wehrersatzamtes überschritten, sagte man zu ihr: in ein paar Stunden alles packen, nur das Nötigste mitnehmen – und ab an die Front.

Ihre erste Reaktion waren Tränen, Bitten, dass man sie gehen lassen solle. Der unberührte und müde Amtsleiter erwiderte nur wenige Worte darauf: „Entscheide dich. Entweder du gehst in den Krieg und hast die Chance, zu überleben, oder ich erschieße dich auf der Stelle". Es muss wohl nicht erwähnt werden, dass Oma die Front gewählt hat.

Der Wehrersatzamtsleiter sagte: „Entscheide dich. Entweder du gehst in den Krieg und hast die Chance, zu überleben, oder ich erschieße dich auf der Stelle".

Sie erinnerte sich auch mehr als einmal daran, wie auf dem Weg zum ersten Zielpunkt die Mobilisierten auf die evakuierten Landsmänner aus der ganzen Oblast Tscherkassy trafen, darunter Leute aus dem gleichen Dorf. Wie sie erzählt hatte, war es von den Gesprächen so laut wie auf Hunderten unserer zentralukrainischen Beerdigungen zusammen.

Die Besessene[1]

Wahrscheinlich war das Schrecklichste, das meine Oma während des Krieges erlebt hatte, der Kessel in Charkiw 1942, als die sowjetischen Truppen versuchten, die Hauptstadt der Sloboda-Ukraine zu befreien, doch wegen der unfähigen Führung eingekesselt wurden und mindestens 200.000 Tote zu beklagen hatten.

Im Charkiwer Kessel 1942 wurde die sowjetische Armee wegen unfähiger Führung eingekesselt und hatte mindestens 200.000 Tote zu beklagen.

Oma hatte wie durch ein Wunder überlebt. Das muss man sich einmal vorstellen: sie hat mit eigenen Augen gesehen und später wiedergegeben, wie eines nach dem anderen die Hochhäuser unter der Gewalt deutscher Bomben zusammenfielen, wie Tausende und Tausende von Soldaten starben ...

Viele Jahre nach diesen Ereignissen traf sie eine Freundin von der Front – eine Sanitäterin, die den Kessel ebenfalls lebend verlassen hat. Wie Oma erzählte, fiel ihr sofort ein seltsames Verhalten bei

---

1   Anm. d. Übers.: Eine Anspielung auf die Ballade „Die Besessene" (Prytschynna) von Taras Schewtschenko über ein Mädchen, die eine böse Hexe in eine Schlafwandlerin verwandelt hatte.

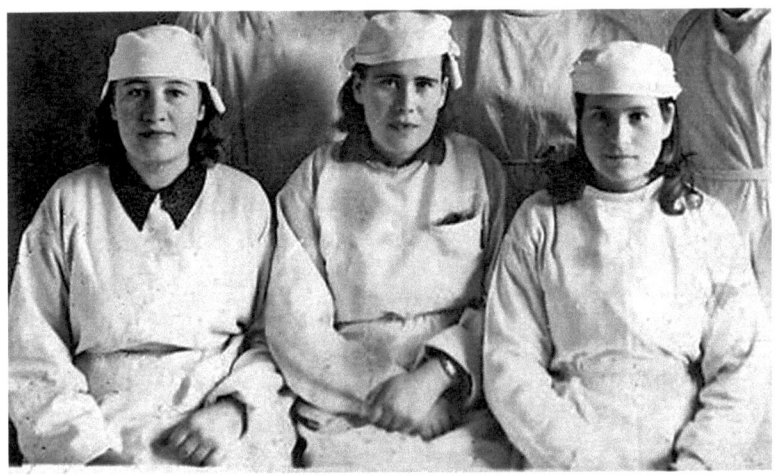

Meine Oma (rechts) mit anderen Pharmazeutinnen. Mai 1945

dieser Frau auf: unzusammenhängende Sprache, die voll von holprigen Erinnerungen aus der Vergangenheit war.

Später erfuhr sie: nach dieser Schlacht hatte die Sanitäterin den Verstand verloren.

Wassermelonenmarmelade

Nach Charkiw wartete der Kaukasus auf Oma, genauer die Stadt Grosny in Tschetschenien. An die Tschetschenen, Georgier und die restlichen kaukasischen Völker hegte Maria nur die schönsten Erinnerungen.

Das tschetschenische Volk erlebte die Deportation: alle, von den Alten zu den Kleinen, von den älteren Männern zu den Frauen mit kleinen Kindern wurden ausgesiedelt.

Trotz aller Mythen sowohl der sowjetischen als auch der heutigen Zeit charakterisierte Oma die Tschetschenen treffend und kurz: „Gute Menschen". Letztendlich wurde sie Zeugin der Deportation dieses Volkes, von den Alten zu den Kleinen, von den älteren Männern zu den Frauen mit kleinen Kindern – und sie konnte nicht davon sprechen, ohne eine Träne zu vergießen.

Wie überall hatte sie auch in Grosny bald eine Freundin, eine Tschetschenin. Sie lud die „Ukrainerin mit den Schulterstücken" ein, Marmelade aus Wassermelonen zu probieren, die diese noch nie gekostet hatte.

Die freundliche tschetschenische Familie und die Soldatin beendeten gerade ihr Mittagessen aus ukrainischen Wareniki, die der Gästin zuliebe gekocht worden waren, und die Hausherrin hatte bereits einige Gläser frischer rötlicher Konfitüre auf den Tisch gestellt.

Plötzlich waren da wieder Bomben, Explosionen, deutsche Luftangriffe. Die Leute in diesem Haus überlebten, doch kaum hob Oma nach dem Beschuss den Kopf, wurde ihr kalt ums Herz: das ganze Zimmer war mit rosaroter Masse bekleckert. Die ersehnte Marmelade hatte sie nie gekostet. Doch zum Glück war alles an der Wand nur Konfitüre, kein Blut.

Der General und die Haarfarbe

Hier würde wahrscheinlich dieser Titel besser passen: „Der ergraute General." Darum geht es: auch wenn Oma schießen, reiten und einen Verwundeten aus der Schlacht ziehen konnte, wurde sie im Krieg in erster Linie als Pharmazeutin überaus geschätzt.

Damals musste sie Arzneimittel oft selbst herstellen – Mixtur für Mixtur, Pillen, Salben; das Hauptmaterial waren Pulver, Kräuter und Öle mit medizinischen Stoffen.

So hatte Oma einmal eine besondere Aufgabe an der Front bekommen – die Haarfarbe eines der Generäle aufzufrischen. Erschöpft und nervös wie er war, hatte er schnell graue Haare bekommen, dazu wurde sein Haar brüchig und begann, auszufallen. Oma stellte eine Tinktur nach einem Rezept her, das nur ihr bekannt war. Den musste man für die natürliche Wiederherstellung der Haarfarbe in die Kopfhaut einreiben.

Es war kein modernes künstliches Färbemittel, sondern ein natürliches „Erneuerungsmittel" auf Kräuterbasis. Sie hatte es zuerst an ihren eigenen grauen Haaren ausprobiert. Man erzählte, dass man damals ab und an etwas Ähnliches in sowjetischen Apothekern in den 1950ern und 1960ern bekam. Die Tinktur half. Der General wurde „verjüngt", Oma wurde geehrt.

Arzneimittel – Mixturen, Pillen, Salben – mussten damals die Pharmazeuten oft selbst machen; das Hauptmaterial waren Pulver, Kräuter und Öle mit medizinischen Stoffen.

Dann, so wunderlich das Schicksal manchmal ist, wurde sie von einer Krankheit geschwächt, nach der sie immer ein Kopftuch trug. Einmal, als sie während einer Schlacht bei Minusgraden im Schnee schlief, bekam die junge Frau aufgrund ihres geschwächten Immunsystems den „Roten Wolf". Die Krankheit hatte auch Auswirkungen auf die Stabilität ihrer Haare.

Nachwort

An ihrem Lebensabend habe ich viel mit Oma gesprochen. Manchmal schien es mir, dass sie mir wegen dieser unbeendeten Geschichten etwas aus ihrer Lebenserfahrung beibringen möchte. Und manchmal denke ich, sie ist für immer gezeichnet vom Krieg. Kaum zu schwiegen von zwei Holodomors.

Dennoch kam von Zeit zu Zeit etwas durch die im Unterbewusstsein gefangenen Schrecken an die Oberfläche, was wir, die „Sterblichen", nicht verstehen konnten – etwa die Willenskraft oder die Einsicht, die Oma sich in schweren Zeiten angeeignet hatte.

„Ich bin blöd, dass ich nach dem Krieg keinen Nagant genommen habe, man hatte ihn mir angeboten!", rief sie etwa aus, während sie unsere Nachrichten schaute. Oder: „Wenn es wieder Krieg gibt, muss ich als Erste an die Front. Ich war ja schon dort und kenne mich aus. Du wirst schon sehen!"

Stepan Semenjuk

79 Tage in der Todeszelle

Der Aufständische Stepan Semenjuk verbrachte 79 Tage in der Todeszelle des Gefängnisses in Riwne. Im Februar 1945 änderte die sowjetische Regierung das Urteil für den 25-jährigen Aufständischen in viele Jahre Arbeitslager. Dies ist ein Fragment der Erinnerungen des Wolyner Untergrundmitglieds über die Ereignisse, eine trockene und faktografische Beschreibung, die auch heute niemanden kalt lässt.

In der Nacht auf den 14. Februar 1945 änderte man mein Todesurteil in 20 Jahre „Katorga" [Zwangsarbeit – Anm. d. Übers].

Nachdem ich in allen „besseren" Gefängnissen und Lagern Russlands gewesen war sowie 30.000 Kilometer in schwarzen Häftlingstransportwagen, Booten und „Trichtern" zurückgelegt hatte, fand ich mich erneut außerhalb der Ukraine wieder. Ich hatte alles verloren – meine Freunde, Liebe, Familie, Gesundheit.

Drei meiner Brüder waren an den Kugeln des Feindes gestorben, mein Vater hinter dem Ural verhungert. Als ich mit 30 Jahren meine Mutter wiedersah, die zweimal aus Sibirien geflohen war, sagte sie mir mit gespieltem Vorwurf: *„Mein Sohn, du verschwendest deine Kräfte in der Fremde"*.

In die Fremde kam ich an diesem 13./14. Tag – genauer in der Nacht – des Februars 1945 mit dem Austritt aus der Todeszelle. Gerne würde ich sie endlich vergessen, diese verdammte Gefangenschaft. Die ganze Last, wie Wunden, die nie verheilen, ist immer noch auf mir.

Anstelle eines Tagebuchs

... Das Herz wird schwer, wenn man Menschen zum letzten Mal sieht; möglicherweise kann einer der Verurteilten einen Brief in die Freiheit schicken,

Den von den Bolschewiki zum Tode verurteilten blieb nur noch, schweigend zu sterben. Namenlos zu sterben, bloß als „Ukrainer", „ukrainische Aufständische".

Die Gefängniszelle glich einem Wartezimmer zum Himmel, ins Jenseits: man wurde nicht sofort erschossen, die Verurteilten mussten erst ihre Zeit absitzen und zum Schatten ihrer selbst werden.

Besuch von Verwandten bekommen oder – so Gott will! – nach Hause kommen, aber du hast nicht das Recht dazu, kannst kein Wort über dich selbst sagen.

Dir bleibt nur eines übrig – schweigend zu sterben! Namenlos zu sterben, nur als Ukrainer, als ukrainischer Aufständischer. Das ist doch schon etwas?! Und doch schmerzt es so sehr in der Seele und im Herzen!

Gefängnis Nr. 1, ein weiterer Keller. Die Tschekisten[1] befahlen uns, unsere Schuhe auszuziehen, und ich warf meine Holzschuhe und Fußlappen ab.

„Nimm die Fußlappen mit", sagte der Aufseher auf Russisch.

„Wozu brauche ich sie als Todgeweihter ..."

„Idiot, du wirst noch mehr als eine Stadt für die Heimat bauen", sagte der Tschekist auf Russisch, der in diesem „Fegefeuer" der Ranghöchste war, schubste mich in die Zelle und schloss die Tür.

Aus der Dunkelheit der Zelle sahen mich mehrere Dutzend Augen an. Nicht einmal Dante hätte sich solch elende Gestalten ausdenken können, wie sie hier lagen, und ich wurde zu einer davon.

„Angst bekommen? Warte ein paar Tage und du siehst genauso aus", sagte jemand. Einer nach dem anderen standen Leute vom Boden auf und setzten sich an die Wand, denn sie konnten nicht mehr sitzen, ohne sich abzustützen. In der Zelle dämmerte es.

„Kumpel, das ist Zelle 14, der ganze Keller ist voll von zum Tode Verurteilten, wie ein Wartezimmer zum Himmel, ins Jenseits. Aber du wirst nicht sofort erschossen, du musst deine Zeit abwarten und zum Schatten deiner selbst werden, so wie wir. Nun, jetzt erzähl, was passiert in der Welt, wie geht es unseren Leuten? Du warst wahrscheinlich näher dran und wurdest später verhaftet als wir", sagte jemand kaum hörbar.

So begann mein Leben als Todgeweihter. Hnat (an seinen Nachnamen erinnere ich mich leider

---

1 Anm. d. Übers.: Mitglieder der Tscheka (kurz für: „Außerordentliche Allrussische Kommission zur Bekämpfung von Konterrevolution, Spekulation und Sabotage"), Vorgänger des NKWD und des KGB.

nicht mehr) nahm mich unter seine Fittiche. Er kam irgendwo aus der Nähe des Rajons Michailywskyj, Oblast Tschernihiw, und war Zugführer der UPA.

Mein erster Eindruck – Horror! Die Verkündung der Todesstrafe machte mir keine Angst, denn jeder Revolutionär ist immer bereit zu sterben und stellt sich darauf an. Doch auf die Moskauer Todeszelle kann man sich nicht vorbereiten, denn so etwas kann man sich gar nicht vorstellen.

Wenn man sich die Todgeweihten ansah, konnte man denken, man wäre in einem Anatomielabor, umgeben von mit Haut überzogenen menschlichen Knochen oder lebenden Mumien.

Der Tag in der Todeszelle begann mit dem Weckdienst. Der Aufseher-Tschekist trommelte an die Tür, öffnete die „Futterklappe" und bellte: „Aufstehen!" An der „Futterklappe" kontrollierte man die Gefangenen – man wies uns an, uns an der Wand hinzusetzen oder auf den Boden zu legen, und zählte uns. Danach gab man uns abgekochtes Wasser, aber nicht für hygienische Zwecke, sondern zum Frühstück. Den Tag über, jedoch nicht täglich, bekamen wir einmal 100 – 150 Gramm Schwarzbrot, manchmal auch stattdessen Brei – in Wasser gekochtes Mehl. Mittags gab es Suppe: eine Brühe aus Kartoffeln oder anderem Gemüse.

Die Tagesration der Todgeweihten sah wie folgt aus: zum Frühstück gab es 100 – 150 g Schwarzbrot, manchmal stattdessen Brei – in Wasser gekochtes Mehl; zum Mittagessen Suppe – eine Brühe aus Kartoffeln oder anderem Gemüse. Abends gab es manchmal kochendes Wasser.

Die Suppe wurde im großen Ein-Liter-Blechgeschirr serviert – man nannte es Schüsseln –, jedoch ohne Löffel. Es gab eine Schüssel für zwei Leute. Wir setzten uns jeweils gegenüber und schlürften diese Suppe abwechselnd, bis wir die Schüssel geleert hatten.

Abends gab man uns manchmal noch einmal kochendes Wasser. Manche tranken mehr Wasser, um den hungrigen Magen auszutricksen – denn wo mehr Wasser ist, dort passt kein Brot mehr hinein. So eine Ernährung brache den Körper schnell zur völligen Erschöpfung und man existierte nur noch – man verlor nicht nur die physische Kraft, sondern auch die geistige. Wie sollte man da nicht an das Fegefeuer glauben?

Neben der Tür in der Ecke stand eine 200-Liter-Fass-„Latrine", die den Gefangenen als Toilette diente. Um dorthin zu gelangen, hielten sich die Gefangenen an der Wand fest, weshalb unsere Finger- und Handabdrücke an der Wand waren, und um sich auf das Fass zu setzen, brauchten sie die Hilfe von ein paar anderen, denn sie selbst hatten keine Kraft dazu.

Aufseher nahmen das Fass aus der Zelle mit, und auf dem Korridor übernahmen es „Haushälter"-Gefangene, die es nach dem Ausleeren zurück in die Zelle brachten. Während dieser Prozedur mussten wir uns von der Tür entfernen und uns hinsetzen.

Die Zelle war etwa fünf Meter lang und etwas mehr als zwei Meter breit. Unter der Decke war wie in Kneipen ein kleines, vergittertes und mit Brettern vernageltes Fenster. Die Außenwand war mehr als einen Meter dicke Mauer.

Auf diesem „Wohnraum" der Zelle Nr. 14 im Gefängnis Nr. 1 von Riwne lebten 1944 – 1945 insgesamt 42 (zweiundvierzig) zum Tode Verurteilte.

Wir schliefen Kopf an Fuß, meine ausgestreckten Beine reichten bis zum Kinn meines Kameraden, der auf der anderen Seite lag, und seine Beine reichten bis zu meinem Kinn. Wir lagen nur auf der Seite, weil es sonst keinen Platz gab; alle legten sich gleichzeitig schlafen und umgedreht wurde sich auch gemeinsam. Wenn jemand sich alleine umdrehte, konnte er seinen Platz verlieren, denn unsere Körper drängten sich aneinander. Wir alle lagen auf nacktem Boden. Einmal pro Woche schaute eine Ärztin durch die „Futterklappe" und fragte auf Russisch, ob es Kranke gebe. Einige fragten manchmal nach etwas gegen Kopfschmerzen, dann gab ihnen die Ärztin ein Pulver in einem Stück Papier, welches man später unbedingt dem Aufseher zurückgeben musste. Wovor hatten sie Angst? Auch die Stäbchen, mit denen die Brotstücke zusammengehalten wurden, mussten zurückgegeben werden.

Wenn keine Aufseher in der Nähe waren, sagte die Ärztin manchmal ein tröstendes Wort auf Ukrainisch. Vom Schmutz und von den Ausdünstungen des Fasses bekamen wir Krätze. Diese bohrende Krankheit ließ uns keine Ruhe. Behandelt wurde die Krätze mit einer Sprengstoffflüssigkeit, die die aufgekratzten Pusteln schrecklich zerfraß, doch die Krätze verschwand dadurch, und mit ihr die Filzläuse.

Der „Wohnraum" der Gefangenen war etwa fünf Meter lang und etwas mehr als zwei Meter breit. In der Zelle Nr. 14 im Riwner Gefängnis Nr. 1 lebten zwischen 1944 und 1945 insgesamt 42 Verurteilte.

Die Isolation und der Mangel an Bewegung und frischer Luft sowie die Hoffnungslosigkeit stumpften unseren Verstand ab. Daher formten einige aus Brotkrumen Schachfiguren und trockneten sie. Doch bei der ersten Kontrolle nahmen die Tschekisten sie weg – „es war verboten". Trotzdem machten wir weiter Schachfiguren aus Brot ...

Herzen[2] schrieb einmal, dass ein intelligenter Mensch sich schneller an Bedingungen im Gefängnis gewöhne als einfache Menschen. Aber das kann man nicht über das bolschewikische Gefängnis sagen. Möglicherweise war es einmal so gewesen, schließlich hatte Herzen in Gefangenschaft Bücher, Briefe und sogar Essen aus der Freiheit für sein eigenes Geld bekommen.

Laut A. Herzen gewöhnt sich ein intelligenter Mensch schneller an Bedingungen im Gefängnis als der Durchschnittsmensch. Aber das kann man nicht über das bolschewikische Gefängnis sagen.

Fast täglich wurde der Zustand der Fenstergitter, der Decke, des Fußbodens und der Wände überprüft. Dann brüllte der Offizier durch das „Guckloch" auf Russisch: „Auf den Bauch legen! Arme an die Seiten! Beine hoch! Gesicht zur Tür!"

Wir legten uns hin, legten die Arme an den Seiten an und winkelten die Beine nach oben an. Danach stürmten ein paar Moskali mit großen Holzhammern in die Zelle und schlugen damit auf die Fenstergitter, den Fußboden, die Wände und die Decke ein. Nicht selten hämmerte manch einer auf unsere Knochen.

Ähnlich ging es zu, wenn einer zu seiner Hinrichtung gerufen wurde, nur trat in dem Fall niemand in die Zelle. Erst als wir „den Regeln entsprechend" dalagen, öffneten sie die „Futterklappe" und die Fresse des diensthabenden Hauptmanns des NKGB[3] erschien darin. Er sah uns lange schweigend an und ging dann weg.

Es verhieß Schreckliches, denn in der Nacht sollte jemand zur Hinrichtung mitgenommen werden, und jeder bereitete seine Seele auf den Tod vor, für den der Körper schon längst bereit war.

---

2 Anm. d. Übers.: Gemeint ist Alexander Iwanowytsch Herzen (1812 – 1870), ein russischer Schriftsteller, Publizist und Philosoph. 1834 wurde er für das Singen angeblich zarenkritischer Lieder auf einer Feier verhaftet und anschließend ins Exil geschickt.

3 Anm. d. Übers.: Das sowjetische Volkskommissariat für Staatssicherheit, das zeitweise zum NKWD gehörte.

In den 79 Tagen meines Aufenthalts in der Todeszelle kam es nicht einmal vor, dass jemand auf dem Weg zum Tod Angst oder Bedauern zeigte oder weinte, dabei waren darunter auch Kinder. Die Mitglieder der OUN verabschiedeten sich immer mit dem Ausruf: „Ehre der Ukraine!"

Es kam vor, dass die Tschekisten auf dem Korridor sich gegenseitig erzählten, wie sie jemanden gehängt oder erschossen hätten, womit sie bei uns wohl psychische Leiden verursachen wollten. Möglicherweise dachten sie es sich auch aus. Weil es in der Zelle still war – lautes Sprechen war nicht erlaubt –, hörten wir diese Gespräche gut.

In meiner Zeit in der Todeszelle wurden wir einmal in eine Waschstube gejagt, die sich in einem anderen Flügel des Gefängnisses befand. Auf dem Korridor und auf dem Gefängnishof standen die Tschekisten als Barriere um uns herum, sagten uns, wir sollten laufen und schlugen uns mit Stökken, während sie auf Russisch schrien: „Schnell, ihr Wölfe!"

Wir sahen wohl tatsächlich nicht mehr aus wie Menschen: behaart, zerlumpt, barfuß, schmutzig. Es gab keine Möglichkeit, uns richtig zu waschen, denn es gab keine Seife, nicht genug Wasser, keine Wechselkleidung, dennoch wurde es mit einem mit Wasser gespülten Körper einfacher. Im Waschraum nebenan fragte jemand durch ein Loch in der Tür nach meinem Nachnamen. Er hieß M. Lebid und er war bereits begnadigt, was für ein Glück! Ich freute mich, dass er nicht mehr zum Tode verurteilt war, und er freute sich, dass ich noch lebte.

„Ich denke, dass Sie begnadigt werden, deshalb hat man Sie zum Waschen geschickt", ermunterte er mich.

Der ganze Gefängniskeller war voller Todgeweihter. Bis 1945 gab es fast keine Fälle, in denen die Höchststrafe durch eine einfache Gefängnisstrafe ersetzt wurde. Vor Kurzem war Lawrenti Beria[4] persönlich hier gewesen und prüfte die Vollstreckung der Urteile.

---

4   Anm. d. Übers.: Der gebürtige Georgier war 1938 – 1953 Chef der sowjetischen Geheimdienste.

Stepan Semenjuk mit Kameraden im Exil (rechts sitzend)

Nach den Forschungen von Prof. Pazula befanden sich am 1. Januar 1945 im Gefängnis Nr. 1 in Riwne 372 Personen, die zur Höchststrafe verurteilt worden waren, im Gefängnis Nr. 4 waren es 2 Personen, im Gefängnis in Dubno – 349 Personen, in Ostrog – 44 Personen.

Allein in der Oblast Riwne waren es 767 Personen, darunter Frauen und Jugendliche bis 18 Jahren. Und in der gesamten Ukraine?! Wer stellt Moskau die Rechnung aus?
Nach einigen Tagen in der Todeszelle rutschte ein junger Mann mit einem langen Bart (wir hatten alle einen Bart) zu mir und fragte mich, woher ich käme. Ich antwortete ihm, und er sagte lachend, dass er es verstanden habe, und wir sprachen seitdem nicht mehr darüber. Und da erst erkannte ich ihn.

Er war Jugendleiter im Rajon Ostroschezki gewesen, ich glaube, aus dem Dorf Knjahynin. Schon in Freiheit hatte er Tuberkulose am Knie, der unvergessene Dr. Gross behandelte ihn, doch im Gefängnis hatte die unbehandelte Schwellung überhandgenommen, war auf die Größe einer Melone angewachsen, und er konnte die Beine nicht mehr beugen.

1942 ist er der Befreiungsbewegung beigetreten, und seine ganze Tätigkeit, wie auch die seiner Kameraden, war gegen die Deutschen gerichtet. Die Moskali hatten ihn 1944 hingerichtet. Ehre euch, junge Helden!

Unter den Verurteilten waren auch zwei Jungs, Brüder aus Staryj Tschortoryjsk – einem polnischen Dorf in der Mitte des Styr. Einer war noch keine sechzehn, der andere siebzehn Jahre alt. Sie hatten bereits ein halbes Jahr in der Todeszelle gesessen und waren so ausgelaugt vom Hunger, dass sie nicht einmal sprechen und aufstehen konnten. Einer von ihnen wurde hingerichtet. Auf dem Weg zur Exekution verabschiedeten die jungen Brüder sich mutig. Welche Gefahr stellten diese Kinder für das Imperium dar? Welches Recht hatte Moskau, Kinder zu erschießen?!

Überlebende der Todeszelle berichten: es kam nicht einmal vor, dass jemand auf dem Weg zum Tod weinte, Angst oder Bedauern äußerte. Alle wünschten denen, die zurückblieben, die Freiheit. Die Mitglieder der OUN verabschiedeten sich immer mit dem Ausruf: „Ehre der Ukraine!"

Im Gefängnis gab es den Brauch, dass Gefangene ihren Namen an die Wände schrieben oder kratzten. Wenn man sich diese historischen Aufschriften genau ansah, die jahrzehntelang erstellt wurden, konnte man eine Auflistung von Namen unterschiedlicher Sprachen entdecken. Sogar unter dem abgeblätterten Putz konnte man jemandes Vor- und Nachnamen lesen, besonders die, die mit Farbe geschrieben worden waren.

Die Besatzer wechselten, doch die Gefängnisse blieben voll.

Jemand hatte auf diesen Wandaufschriften gelesen, dass in diesem Gefängnis im Frühjahr 1939 einer der Fürsten Radziwiłł[5] gesessen hatte, bis Stalin ihn Hitler übergeben hatte. Der Fürst lebte jetzt in Warschau und nutzte alle seine Ländereien im Generalgouvernement. Er wurde von Göring empfangen, dem er etwas in Sachen polnischer katholischer Geistlicher verinnerlichen sollte.

Nun, jeder Mensch sollte seine Freiheit nutzen, das ist sein natürliches Recht, auch das der Radziwiłł. Und doch … Die Radziwiłł waren nach der Definition der kommunistischen Lehre „Ausbeuter der Volksmassen", „erbittertste Feinde und

---

5 Anm. d. Übers.: Ein polnisch-litauisches Adelsgeschlecht, das noch heute Schlösser in der Ukraine, in Belarus, Litauen und Polen hat.

Versklaver der Arbeiter Litauens, Belarus' und der Ukraine" usw., was letztendlich nicht so weit von der Wahrheit entfernt war.

Was war also passiert? War der Fürst zum Proletarier geworden oder waren andere Interessen im Spiel? Oder wog die Schuld der jungen Brüder in der Klassenposition schwerer als die des Radziwiłł?

Hier, verurteilt zum Tode, saßen seine ehemaligen Untergebenen – Hofgesinde, Tagelöhner und einfache polnische Bauern von seinen Ländereien im Wolyner Polesien. Wer einen Kopf hat, soll das verstehen ...

Der Mensch ist ein seltsames Geschöpf. Er sitzt in der Todeszelle und wartet auf seine Hinrichtung, und doch denkt er nach und träumt. Er träumt, wie eine freie Ukraine aussehen soll und aussehen wird.

Auch im Schlaf träumten wir – vor allem von leckerem Mittag- und Abendessen. Oft träumte ich von meiner Mutter, obwohl ich nicht wusste, wo meine Familie war, die am 15. Mai 1941 deportiert worden war. Auch Blume erschien mir in meinen Träumen, die wie ein Engel zu mir kam und mir Kraft gab, wie es auch in den Lagern war.

„Wir müssen uns wie Ukrainer fühlen – nicht wie Galizier oder Bukowiner, sondern Ukrainer ohne offizielle Grenzen" (I. Franko)[6].

Dieser Satz Frankos verband uns alle – die aus den östlichen und die aus den westlichen Oblasten, obwohl uns politische Grenzen fremder Staaten Jahrhunderte lang getrennt hatten. Wir waren eins.

Die „Westler" wussten sehr genau Bescheid darüber, was in der Ukrainischen SSR passierte, über die Repressionen und den Hunger. Manche Ereignisse in der UkrSSR und in den Gebieten bei Polen fanden fast gleichzeitig statt. Zum Beispiel die Ukrainisierung, oder besser gesagt der Kampf um die Muttersprache, um die autokephale Kirche, um die Erhaltung der eigenen Identität.

Der Unterschied bestand darin, dass in der UkrSSR die Regierung diese Aktionen abgefangen

Am 1. Januar 1945 befanden sich im Gefängnis Nr. 1 in Riwne 372 Personen, die zur Höchststrafe verurteilt worden waren, im Gefängnis Nr. 4 waren es 2 Personen, im Gefängnis in Dubno – 349 Personen, in Ostrog – 44 Personen. Allein in der Oblast Riwne waren es 767 Personen, darunter Frauen und Jugendliche bis 18 Jahren.

---

6 Anm. d. Übers.: Iwan Franko (1856 – 1916) war ein bedeutender ukrainischer Schriftsteller und Dichter, der maßgeblich die Entwicklung des Nationalgedankens und der entsprechenden Literatur prägte.

und blutig beendet hatte, und in Polen die Leute selbst in bürgerlichen und politischen Organisationen für ihre Rechte kämpften.

Im Dezember 1944 warf jemand durch das Fenster in unsere Zelle eine Zeitung auf Ukrainisch („Presse für Ukrainer", wie man sagte), wo etwas über den Tod und die Beerdigung des Metropoliten A. Scheptyzkyj stand, der zum Fürsten der Kirche ernannt wurde.

Auf dem Foto war das „ehrwürdige" Regiment der Roten Armee zu sehen, die an der Beisetzung des Metropoliten teilnahmen. So viel Lüge und Heuchelei! Die Lwiwer Bürger wussten genau, dass das „ehrwürdige" Regiment der Tschekisten nicht gekommen war, um dem Metropoliten die letzte Ehre zu erweisen, sondern um mögliche Ausschreitungen zu verhindern, auch für die Außenwelt, denn damals gab es in Lwiw Vertreter der westlichen Alliierten.

Als ich diese alte Zeitung las, erinnerte ich mich daran, wie Stalin einmal K. Lewyzkyj angeordnet hatte, dem Metropoliten Scheptyzkyj zu übermitteln, dass er (Scheptyzkyj) bei ihm (Stalin) kein Märtyrer werden würde. Er hielt sein Wort und befahl, ihn mit Ehre zu begraben. Doch was sollte jetzt, da der Metropolit tot war, aus der griechisch-katholischen Kirche werden?

Mitte Februar (etwa am 14.?) weckte uns in der Nacht ein Aufruhr auf dem Korridor. Jeder wusste, was das bedeutete – einen Ruf zum Tod. Doch es wurden in mehreren Zellen Leute aufgerufen, alle wurden auf den Korridor geführt und angewiesen, sich auf den Lehmboden zu setzen.

Auch ich wurde aufgerufen, und auf dem Korridor saßen bereits mehrere Dutzend Gefangene. Überraschenderweise ging man sanft mit uns um.

Die Leitung kam und rief jeden einzeln zum Tisch. Sie trugen ihnen vor, dass der Oberste Rat der UdSSR ihr Todesurteil in 20 Jahre Arbeitslager geändert hatte. So etwas hatte es hier noch nicht gegeben, dass so viele gleichzeitig „begnadigt" wurden: sowohl diejenigen, die einen Antrag auf Begnadigung gestellt hatten, als auch solche, die es nicht getan hatten.

Danach wurden wir in andere Zellen gesteckt, die nicht mehr so vollgepackt waren wie in der Todeszelle – nur 18 Personen. Am Morgen stattete uns

Im Gefängnis gab es den Brauch, dass Gefangene ihren Namen an die Wände schrieben oder kratzten. Nach diesen Aufschriften konnte man eine schreckliche namentliche Auflistung erstellen.

der Gefängnisdirektor samt seinem ganzen Gefolge einen Besuch ab. Er fragte nach unserer Stimmung und versprach, dass, sobald wir unsere Kräfte wiedererlangt hatten, er uns in den Sträflingstransport in die Lager schicken würde.

Der Tschekist, der uns in der Todeszelle empfangen hatte, hatte die Wahrheit gesagt – die „Heimat" verlangte nach Gratis-Arbeitskräften, um „eine Stadt für das neue Land zu bauen".

Man fing an, uns auf 10-minütige Spaziergänge hinauszuführen, wenn auch nicht täglich, denn die kleinen Höfe konnten nicht alle Häftlinge an einem Tag fassen. Auf dem Spaziergang konnte man Neuigkeiten aus dem Nachbarhof hören, und für uns, da wir nach wie vor sehr isoliert waren, war das sehr wichtig.

Doch auch den Spaziergängen wohnte eine gewisse Tragik inne, denn die „Spazierhöfe" befanden sich auf dem Gebiet des Gefängnisses, auf dem man Gefangene begraben hat, die die Tschekisten 1941 und die Deutschen 1942 erschossen hatten.

Wie viele von uns lagen wohl unter diesen Höfen? Ob unsere Nachfahren Tafeln mit ihren Namen errichten werden? Wird die Welt von den Verbrechern wissen, die Tausende Gefangener erschossen hatten, und werden sie bestraft werden? Diese Gedanken schwirrten uns im Kopf herum, als wir auf unseren Gräbern „spazieren gingen".

Und wer waren die „tapferen Ritter", die als Erste in den Kampf für die Freiheit des Volkes und den ukrainischen Staat zogen? Hier sind einige von ihnen, mit denen mich das Schicksal in diesen heldenhaften und stürmischen Jahren zusammengeführt hatte.

Serhij Katschynskyj, Kampfname Ostap – erster Regimentskommandeur der UPA, Sohn eines armen Bauern aus dem Dorf Piddubzi bei Luzk, ihr Haushalt war ein Ein-Zimmer-Haus und ein Stall unter einem Strohdach, selbst eine getrennte Küche hatten sie nicht, keine Scheune. Sein Bruder Stepan war Schneider und Musiker, er starb in Belgien in einem Hospiz. Seine Eltern und Schwester Sina wurden 1940 deportiert.

Mykola Mostowytsch, Mitglied der OUN-Leitung, Sohn eines orthodoxen Priesters aus dem Dorf Malyn in der Region Dubno. Die Eltern wurden 1940 nach Sibirien deportiert.

Die ukrainischen „tapferen Ritter", die in den Kampf für die Freiheit des Volkes zogen: Serhij Katschynskyj – Ostap; Mykola Mostowytsch; Ljuba Hnatjuk – Weiße, Meerjungfrau, Blume; Anatolij Kosjar – Hain, Wolodymyr; Mykola Jakymtschuk-Kowtonjuk – Hrischa; Kusma Musytschuk – Halsbrecher; Jaroslaw Harasymenko – J. Mowa; Jurko Myskowez; Jaroslawa Skab – Iwha; Olena Mostowytsch – Weide; Wasylyna Demtschynska – Zigeunerin; Serhij Manko – Echse; Juchim Wach.

Alle verurteilen Ukrainer verbanden die Worte I. Frankos: „Wir müssen uns wie Ukrainer fühlen – nicht wie Galizier oder Bukowiner, sondern Ukrainer ohne offizielle Grenzen".

Ljuba Hnatjuk, Weiße, Meerjungfrau, Blume – Tochter eines Bauern aus dem Dorf Haraschdschi in der Nähe von Luzk, Referentin der Frauenverbindung des Koweler Berzirks der OUN und der Oblast Wolyn, Leiterin der Ukrainischen Roten Kreuzes des Militärbezirks „Turiw" der UPA und des Krankenhauses des Militärbezirks „Sawychost". Ihre Familie wurde 1941 deportiert.

Anatolij Kosjar, Hain, Wolodymyr, Sohn landloser Bewohner des Dorfes Piddubzi. Regionsleiter der Wolyner OUN.

Mykola Jakymtschuk-Kowtonjuk – Hrischa, aus Piddubzi, Sohn armer Bauern. Bezirksleiter der Luzker OUN, erster Kommandeur der Gruppe „Turiw" – dort unter dem Kampfnamen Oleh bekannt.

Kusma Musytschuk, Halsbrecher, Sohn eines Hirten aus dem Dorf Haraschdschi, Referent des Sicherheitsdienstes der regionalen OUN.

Jaroslaw Harasymenko, J. Mowa, aus einer ukrainischen Intellektuellen-Familie aus Luzk; Redakteur und Linguist, Dichter.

Jurko Myskowez, Sohn eines Verkehrsarbeiters aus Luzk, eines Emigranten aus den östlichen Oblasten.

Jaroslawa Skab, Iwha, Tochter einer Dorflehrerin aus dem Kreis Tomaszowski, Regionsleiterin des Ukrainischen Roten Kreuzes.

Olena Mostowytsch, Weide, Tochter eines orthodoxen Priesters aus dem Dorf Malyn, Rajon Mlyn, heute Riwne, Referentin des Frauennetzes der OUN, erste Leiterin des Ukrainischen Roten Kreuzes der UPA und deren Organisatorin.

Wasylyna Demtschinska, Zigeunerin, arme Bäuerin aus Piddubzi, Leiterin der Lazarette der UPA in der Region Kolky.

Serhij Manko, Echse, aus dem Dorf Sadiw, Sohn eines Vaters aus Poltawa, Regionsleiter der OUN in der Region Kowel.

Juchim Wach, Aussiedler aus Holm, und Hunderte – Tausende weiterer.

Hier sind sie – die „Nationalisten der Bourgeoisie" und die „Söhnchen der Kulaks[7]" in der Moskauer Terminologie. So war es in der ganzen Ukraine.

---

7 Anm. d. Übers.: Dt. „Faust" – eine abwertende Bezeichnung für wohlhabende Bauern in der Sowjetunion.

Eugeniusz Klimakin

„Mein Großvater war in der SS." „Und meiner wurde in Auschwitz getötet." Die Geschichte einer Liebe zwischen den Nachfahren eines Täters und eines Opfers[1]

Ein Gespräch mit Uwe und Gabi von Seltmann, den Nachfahren des SS-Mitglieds Lothar von Seltmann und des KZ-Insassen Michał Pazdanowski darüber, wie wichtig es ist, die eigene Geschichte zu kennen und verzeihen zu können.

Krakau, 2006. Die Polin Gabriela verbrachte einen lustigen Abend mit Freunden im Café „Singer". Witze, trockener Wein, Gespräche über gemeinsame Bekannte, über Reisen. Sie beschlossen, ein Gruppenfoto zu machen.

Ein Mann, der allein am Nebentisch saß, bot an, es für sie zu machen. Ein Pole? Nein! Ein Ukrainer? Auch nicht. Er sprach mit einem seltsamen Akzent. Es stellte sich heraus, dass Uwe Deutscher war. Er gesellte sich zur Gruppe und sie kamen ins Gespräch.

Gabi und Uwe konnten einfach nicht aufhören, zu reden. Eine Stunde verging, zwei Stunden, ihre Freunde waren bereits nach Hause gegangen, und sie redeten und redeten immer weiter. Bis zum Morgengrauen.

„Was machst du in Krakau?"

„Es zieht mich in diese Stadt. Es ist nämlich so, dass mein Opa in der SS war."

„Warum hast du das gesagt?! Mein Opa wurde in Auschwitz ermordet", schrie Gabi fast.

Eine Stunde später gingen die Nachfahren des Täters und des Opfers die Breite Straße entlang und schwiegen. Und ein Jahr später haben Gabi und Uwe geheiratet.

---

1 Abgedruckt mit Genehmigung des Portals *Culture.pl*. Übersetzt ins Ukrainische von Natalka Rymska.

Gabi und Uwe von Seltmann. Foto: Juri Druh

Heute reist das Ehepaar um die ganze Welt und erzählt davon, wie wichtig es ist, die eigene Geschichte zu kennen und verzeihen zu können. Sie erklären, wie die Vergangenheit die Gegenwart und Zukunft beeinflusst.

Zehntausende haben Gabi und Uwe bereits getroffen, und die Bücher über ihre Geschichte und das Leben ihrer Vorfahren wurden zu Bestsellern.

Eugeniusz Klimakin: Wie alle anderen, werde auch ich euch bitten, eure Geschichte zu erzählen.

Gabi von Seltmann: Weißt du, als ich zu diesem Interview kam, dachte ich darüber nach, dass wir mit völlig anderen Emotionen unsere Geschichte und die Geschichte unserer Vorfahren erzählen.

EK: Wie meinst du das?

Uwe von Seltmann: Wir sind gelassener geworden.

GS: Ja, wir haben die ganze Wahrheit herausgefunden, um sie hinter uns zu lassen. Damit wir in Ruhe leben können, ohne die ganze Zeit zurückzuschauen.

US: Es hatte uns ja niemand erzählt, wer unsere Vorfahren waren, wie sie gelebt, wem sie geholfen oder welche Verbrechen sie begangen hatten. Wir mussten die Welt bereisen, Archive durchforsten und Stück für Stück Informationen sammeln.

EK: Wie sah euer Leben vor diesen Enthüllungen aus?

US: In Polen gibt es das Sprichwort „unter den Teppich kehren", also alles Unbequeme oder Unangenehme verstecken. Wir lebten lange in dem Anschein, dass alles gut sei, dass da nichts „unter unseren Füßen" war, doch dann waren wir gezwungen, alles „unter dem Teppich hervorzukehren", was unsere Vorfahren dort versteckt hatten.

Schuldgefühle für die Verbrechen des Großvaters

US: Ich lebte lange mit einem Schuldgefühl für die Verbrechen meines Großvaters. 1999 kam ich als Journalist aus Deutschland nach Krakau, um einen Artikel über den Stadtbezirk Kazimierz zu schreiben, wo vor dem Krieg etwa 60.000 Juden gelebt hatten. Als ich die Synagoge Remuh betrat, bemerkte ich einen Mann in einem dunklen Anzug – er las ein Gebet für die Verstorbenen. Ich fragte ihn, ob ich ihm ein paar Fragen stellen könnte.

Er willigte ein und überschüttete mich dann selbst mit Fragen.

„Warum haben Sie sich an mich gewandt?"

„Ich schreibe einen Artikel über das jüdische Krakau, ich habe Judaismus studiert."

„Warum nicht Islam? Schuldgefühle? In welchem Jahr ist Ihr Vater geboren?"

„1943."

„Und Ihr Großvater?"

„Das weiß ich nicht genau, ich glaube, 1917."

„Aha." Mein Gesprächspartner schwieg eine Weile und fügte traurig hinzu: „Ihr Opa war ein Nazi."

„Ja, er war in der SS", antwortete ich. „Mehr weiß ich nicht."

„Jetzt verstehe ich. Sie fühlen sich schuldig für das, was Ihr Großvater getan hat", schloss der Mann.

Wie sehr ich meinen Großvater, Lothar von Seltmann, in diesem Moment hasste! Seinetwegen hatten mich 20 Jahre lang Schuldgefühle gequält.

Wegen meines SS-Großvaters Lothar von Seltmann, den ich nie gesehen habe, aber von dem ich wusste, dass er 1943 eigenhändig Menschen im Warschauer Ghetto ermordet hatte, lebte ich 20 Jahre lang mit einem schlechten Gewissen.

Das begriff ich dank einem Mann, der nur einige Worte für die Reportage sagen sollte, und der in der Tat mein Leben verändert hatte.

EK: Wenn ich es richtig verstehe, begann dann die lange Suche. Uwe, erzähl, was du gefunden hast.

US: Ich wollte immer schon wissen, wer mein Großvater war, was er gemacht hatte. Als kleiner Junge hatte ich den Pass meines Vaters gefunden. In der Zeile „Geburtsort" stand „Krakau". Das überraschte mich. Ich fragte ihn: „Krakau – wo ist das?"

„In Polen. Meine Eltern haben dort gelebt. Sohn, fragt mich nichts mehr, ich weiß einfach nichts darüber", antwortete mein Vater.

Es wusste es wirklich nicht. Als mein Vater zwei Jahre alt war, war Opa bereits gestorben. Weitere zwei Jahre später starb auch die Mutter meines Vaters, meine Oma. Mein Vater, seine Brüder und Schwestern landeten in Waisenhäusern und verschiedenen Pflegefamilien. Er wusste nicht, warum er in einer kleinen Stadt in der Nähe von Dortmund gelandet war.

EK: Hatte dein Vater viele Geschwister?

US: Fünf. Sein ältester Bruder Helmut wurde 1938 in Wien geboren, und der jüngste 1945. Mein Vater war das zweitjüngste Kind. Er und seine Geschwister wussten nicht, dass ihr Vater ein Verbrecher war. Ich war derjenige, der meiner Familie diese schreckliche Wahrheit eröffnet hat. Ich begann meine Ermittlungen, als ich 35 Jahre alt war. Sogar heute, 18 Jahre später, stolpere ich immer wieder über neue Informationen über Lothar von Seltmann.

EK: Was genau hast du über deinen Großvater erfahren?

US: Die wichtigste Enthüllung war für mich, dass er 1943 mit eigenen Händen Menschen im Warschauer Ghetto getötet hat. Ich sammelte Stück für Stück Informationen über ihn. Zum Beispiel fand ich heraus, dass er während des Krieges in Lublin, Lwiw, Tscherniwzi und Odessa gewesen war. Sogar vorher schon, ohne mir dessen bewusst zu sein, war ich der Spur meines Großvaters gefolgt. Es zog mich zu diesen Orten.

Was faszinierte die Jugend am Nationalsozialismus?

EK: War dein Großvater ein Fanatiker?

US: Er wuchs in Österreich auf. Mit 13 Jahren wurde er Mitglied der Hitlerjugend. Als er 16 war, wurde er als junger Nazi für kriminelle Aktivitäten verhaftet. Gemeinsam mit Gleichgesinnten hatte mein Großvater Züge gesprengt und verschiedene Provokationen vorbereitet. 1934 floh er aus Österreich nach Deutschland und studierte in einer elitären Nazi-Schule. Dort traf er seine zukünftige Frau, meine Oma Wilhelmine Fritsch. 1938 begrüßte Österreich Adolf Hitler fröhlich, und die dortigen Juden wurden gezwungen, die Bürgersteige mit Zahnbürsten zu reinigen. Nach solchen Ereignissen kamen meine Oma und mein Nazi-Opa ohne jede Furcht nach Wien. Mit 22 Jahren begann Opa, für NS-Organisationen zu arbeiten und lerne Odilo Globocnik kennen.

EK: Den Begründer der Konzentrationslager?

US: Ja, dieser Mann war Bevollmächtigter des Reichsführers SS für die Errichtung der SS-Strukturen und Konzentrationslager auf den Territorien des okkupierten Polens. Globocnik bot meinem Großvater an, mit ihm zusammenzuarbeiten, und meine Großeltern zogen ins besetzte Lublin.

EK: Aus deinem Buch „Gabi und Uwe" habe ich auch herausgefunden, dass dein Vater mit Heinrich Himmler zu tun hatte.

US: Ja, das stimmt. Opa hatte mit der Zeit Karriere gemacht und mit den einflussreichsten Nazis zusammengearbeitet.

EK: Uwe, warum hat die Idee des Nationalsozialismus das Herz eines so jungen Mannes gebannt? Wahrscheinlich hast du dich das selbst gefragt.

US: Die Eltern meines Großvaters waren sehr konservative Leute, Monarchisten. Der Nationalsozialismus wiederum wirkte sehr modern auf die jungen Leute, sogar angesagt. So wurde er eine Alternative zur Monarchie. Wenn ich mir das anschaue, was gerade in der Welt passiert, erinnert mich das an die dramatische Geschichte des vergangenen Jahrhunderts. Heute werden Leute, die

Als Lothar von Seltmann 22 Jahre alt war, bot Odilo Globocnik ihm eine Stelle an, der Bevollmächtigte des Reichsführers SS für die Errichtung der SS-Strukturen und Konzentrationslager auf den Territorien des okkupierten Polens. Großvater machte Karriere und arbeitete mit den einflussreichsten Nazis zusammen, unter anderem Heinrich Himmler.

nicht hassen wollen, konservativ genannt, altmodisch. Wir alle sind Zeugen, wie der Nationalismus seine Schwingen ausbreitet. Kurz vor dem Zweiten Weltkrieg war die Situation sehr ähnlich.

Die „Arbeit", die daran hinderte, den Frühling zu genießen

EK: Als dein Großvater in den besetzten Gebieten war, schickte er Briefe an seine Eltern. Worüber hatte er geschrieben?
US: Kein Wort über den Krieg, kein Wort darüber, wie die Deutschen das Leben von Millionen von Menschen in einen Albtraum verwandelt hatten. Er schrieb nur, dass er beschäftigt sei, dass er viel Arbeit habe. Als mein Vater geboren wurde, war mein Großvater im Warschauer Ghetto. Er schrieb meiner Mutter, er sei stolz, dass in Krakau sein Sohn geboren wurde. Er bedauerte, dass er wegen einer wichtigen Operation in Warschau nicht bei seiner Familie sein konnte.

Er erzählte auch darüber, dass ein wunderbarer Frühling begonnen habe, die Natur erwacht sei, aber er das alles wegen seiner Arbeit nicht in vollen Zügen genießen könne. Es ist schaurig, doch genau in diesem Moment ermordete er eigenhändig Juden im Warschauer Ghetto. Das war die „Arbeit", die ihn daran hinderte, den Frühling zu genießen und bei seinem neugeborenen Sohn, meinem Vater, zu sein.

EK: Was hatte dein Großvater vor dem Warschauer Ghetto gemacht?
US: Er arbeitete zum Beispiel in der Propaganda, brachte ein propagandistisches Magazin heraus. Außerdem war er dafür verantwortlich, Leute mit deutschen Wurzeln zu finden. Das Dritte Reich war der Ansicht, dass diese Leute unterstützt werden müssten. So sah ihre Arbeit aus: Polen inhaftieren oder ermorden, und gleichzeitig ethnische Deutsche retten und zurück nach Deutschland schicken.

EK: Was denkst du über die Verantwortung derer, die damals in der Propaganda gearbeitet haben oder heute noch arbeiten?
US: Das ist ein schweres Verbrechen. Propaganda ist das Fundament, auf dem man diverse

schreckliche Dinge aufbauen kann. Ohne Propaganda hätte es Hitler nicht geschafft, diesen ganzen Albtraum umzusetzen. Zweifellos sind Propagandisten Verbrecher, die für ihre Taten zur Verantwortung gezogen werden müssen.

George Orwell schrieb einmal, dass die Wahrheit das erste Todesopfer des Krieges sei. Als ich heute von Journalisten lese, die für ihre professionellen Aktivitäten verhaftet oder gar ermordet werden, wird mir klar, dass der Schriftsteller recht hatte.

EK: Wo hast du nach Informationen über deinen Großvater gesucht?

US: In den Archiven Polens, Deutschlands und der USA. Beispielsweise gibt es in den USA eine ganze Sammlung von Dokumenten zum Aufstand im Warschauer Ghetto. Ich sammelte überall Informationen, wo es welche gab. Ich habe es geschafft, das Leben meines Großvaters zu rekonstruieren.

Zum Beispiel fand ich heraus, dass er sich 1945 das Leben genommen hat. Kurz vor seinem Tod hatte er die Schwester seiner Frau getroffen, ihr die Pistole gezeigt und gesagt, dass er im Fall eines Sieges der Roten Armee wisse, was zu tun sei.

Ich würde gerne glauben, dass er seine Verbrechen bedauerte, aber ich fürchte, das Gegenteil war der Fall.

Als die SS 1944 eine halbe Million ungarischer Juden ermordet hatte, war Lothar von Seltmann sehr froh. Er schrieb: „Endlich töten sie die letzten Juden Europas". Die Ironie des Schicksals – in Opas Adern floss ebenfalls jüdisches Blut.

EK: Erzähl uns mehr darüber.

GS: 2012 wurden wir nach Ungarn zu einer Autorenkonferenz eingeladen. Wir wussten nicht mehr, um welche Uhrzeit sie genau anfangen würde, also entschieden wir uns, die Organisatoren nicht zu stören und im Internet nachzusehen.

Uwe gab zwei Wörter in Google ein: „Seltmann" und „Budapest" – und wir waren schockiert, als wir den Link mit der Information über einen Seltmann sahen, der auch Jude war – ein ungarischer Rabbi.

Sie erfuhren, dass ein Teil von Uwes Familie aus Ungarn stammte. Manche ließen sich taufen und verließen das Land. Die, die zurückblieben, wurden während des Krieges ermordet.

Wir wissen nicht, ob Lothar von Seltmann selbst von seinen jüdischen Wurzeln wusste.

Eine schicksalhafte Begegnung

EK: Die Geschichte seines Großvaters hat Uwe in seinem Buch „Schweigen die Täter, reden die Enkel" beschrieben, das in Deutschland zum Bestseller wurde. Kurz nach der Veröffentlichung des Buches fand eure schicksalhafte Begegnung statt. Erzählt mir, wie ihr euch getroffen habt.

US: Ich leite manchmal Touren aus Deutschland in die Ukraine. Ich zeige den Leuten Lwiw, Tscherniwzi... 2006, als ich von einer solchen Tour zurückkam, blieb ich mit der Gruppe eine Nacht in Krakau. Abends ging ich in das Café „Singer".

GS: Am gleichen Abend war ich mit Freunden dort. Wir haben trockenen Wein getrunken und gelacht. Dann wollten wir ein Foto von uns machen und Uwe, der am Nachbartisch saß, bot an, uns zu helfen. An seinem Akzent haben wir gleich erkannt, dass er kein Pole ist. Uwe setzte sich an unseren Tisch und wir kamen ins Gespräch. Ich fand ihn sehr interessant. Dann gab er zu, dass sein Großvater in der SS gedient hatte. Das war ein Schock!

EK: Gabi, was hast du empfunden, als du das gehört hast?

GS: Es war, als hätte mich eine Axt am Kopf getroffen. Als Antwort auf sein „Mein Großvater war in der SS" platzte aus mir heraus: „Und mein Großvater wurde in Auschwitz ermordet". Da! Da hast du es! Mein Wort, mein Trauma, meine Geschichte sind stärker als deine! Es war schwer, meine Emotionen zu beherrschen.

Doch später habe ich verstanden, dass dieser Mann versuchte, etwas mit seiner schrecklichen Vergangenheit anzufangen, damit aufzuräumen. Ich hatte vorher noch keine Person getroffen, die so ehrlich über diese Dinge sprechen konnte.

EK: Gabi, woran erinnerst du dich am meisten von dieser Begegnung?

GS: Ich erinnere mich an alles. Nie werde ich die Wut vergessen, die ich damals gefühlt hatte. Schon im Morgengrauen spazierten Uwe und ich entlang des alten jüdischen Friedhofs und ich dachte: „Warum passiert uns das?" Ich hatte einen guten, intelligenten Mann getroffen. Man könnte sagen, was kümmert es jemanden, was unsere Vorfahren getan hatten. Sein Großvater und meiner waren zwei unterschiedliche Menschen.

Ich wusste es und doch konnte ich nichts gegen die Wut tun, die in meinem Herzen erschienen war. Zwei Wochen später kam Uwe erneut nach Krakau. Er gefiel mir. Ich dachte: „Ein interessanter Mann. Er muss entweder verheiratet oder schwul sein".

Zu unserem Glück irrte ich mich. Unsere Beziehung entwickelte sich rasant, und innerhalb eines Jahres waren wir verheiratet.

Die Begegnung mit Uwe war für mich ein wichtiges Signal: dank meinem Mann habe ich verstanden, dass es auch für mich Zeit war, meine Geschichte zu erfahren.

EK: Die Geschichte deines Großvaters?

GS: Ja. Meine Mutter erlaubte uns Kindern nicht, bei Schulexkursionen ins Konzentrationslager Auschwitz-Birkenau mitzufahren. Sie dachte, dass sie auf diese Weise uns und sich selbst von der furchtbaren Wahrheit, von dieser Tragödie beschützen könnte. Wenn man es nicht weiß, sieht man es nicht, denkt man nicht darüber nach, schläft also ruhig. Ich begriff, dass das nicht der richtige Ansatz war.

EK: Wie hat deine Familie reagiert?

GS: Sie waren nicht begeistert.

Das Tabuthema

EK: Uwe, wir hat deine Familie: dein Vater, seine Brüder und Schwestern, darauf reagiert, dass du die Wahrheit herausfinden wolltest?

US: Papas älterer Bruder Helmut – der Einzige, der sich noch an etwas erinnert – war strikt dagegen. Er erzählte mir nichts. Die anderen hatten mit der Zeit verstanden, dass es wichtig ist.

Nachdem mein Buch auf Polnisch herauskam, kontaktierte uns eine Polin. Sie schrieb: „Auf einem Foto in Ihrem Buch habe ich die Wohnung erkannt, in der ich aufgewachsen bin. Vor uns hatte dort die Familie Ihres Großvaters gelebt. Wenn Sie sie besuchen möchten, schreiben Sie mir. Sie gehört immer noch uns."

So begann die „Pilgerreise" meiner Familie nach Krakau.

EK: Gabi, wohnte dein Großvater auch in Krakau?

GS: Er war ein verarmtes Mitglied der Oberschicht und kam ursprünglich aus Krakau. Er studierte an der Jagiellonen-Universität und in der Schweiz. Dann zog er nach Werchowyna, das damals an den östlichen Grenzen Polens war[2]. 1935 baute er dort eine Schule und wurde ihr Direktor. Interessant ist, dass dieses Gebäude nach wie vor dort steht. Sogar Fotos sind erhalten geblieben. Heute befindet sich im Gebäude der ehemaligen Schule das Kreiskrankenhaus.

Als ich dort ankam, lernte ich Frau Wasylyna kennen, die mir über meinen Großvater erzählte und darüber, dass er die Kultur und Traditionen der Huzulen[3] sehr bewunderte. Mich beschäftigte sehr die Frage, was für ein Mensch er war. Seien wir mal ehrlich: zu der Zeit verhielten sich einige Polen dort schrecklich.

EK: Wie war dein Großvater?

GS: Bei der Erforschung seiner Geschichte fanden wir in den Archiven Anzeigen gegen ihn.

EK: Wer hatte sie geschrieben?

GS: Polen. Sie beschwerten sich, dass er die Bewohner nicht polonisierte. Ich muss zugeben, dass ich erleichtert aufatmete, als ich diese Anzeigen las. Uwe sagte einmal, ich hätte Glück gehabt mit meinem Großvater, dass er ein guter Mensch war.

EK: Was hat deine Familie gemacht, als der Krieg begann?

GS: 1939 packten Oma und Opa ihre Sachen und entschieden sich, mit ihren zwei Kindern nach

---

2 Jetzt gehört es zur Ukraine, Oblast Iwano-Frankiwsk.
3 Anm. d. Übers.: Ein karpatisches Bergvolk, das sich heute überwiegend als Ukrainer identifiziert.

Hause zurückzukehren. Meine Mutter war da noch nicht geboren. Auf dem Weg begann ihre Tochter, meine Tante, heftig zu weinen, und bat ihre Eltern, umzudrehen. Meine Großeltern dachten darüber nach – und kehrten ihren Wagen um. Sie kamen zurück, und bald darauf begannen schreckliche Dinge in Werchowyna.

EK: Welche genau?

GS: Bis 1941 waren dort sowjetische Truppen stationiert. Wie die Einwohner erzählen, hatten die Sowjets fast sofort alle einflussreichen Ukrainer umgebracht.

Dann kamen die Deutschen. Mein Opa wurde 1942 verhaftet und deportiert. Dann verhafteten sie die Polen, die Direktoren, Führungskräfte, katholische Priester waren. Vor allem die Einheimischen verrieten sie an die Deutschen.

Zuerst hatte man Opa nach Kolomyja gebracht, dann nach Stanisławów (Iwano-Frankiwsk), anschließend nach Lwiw. Er kam in das Konzentrationslager Majdanek, und schließlich nach Auschwitz-Birkenau, wo er starb.

Zur gleichen Zeit wurden in Werchowyna selbst alle Juden getötet. Man führte sie einfach in den Wald und erschoss sie.

EK: Was passierte mit deiner Großmutter?

GS: Dann begann die Periode der Aktivität der UPA. Man versuchte mehrmals, Oma zu töten. Glücklicherweise warnte sie ein ukrainischer Lehrer, dass Gefahr im Verzug war. 1943 schaffte sie es, mit ihren Kindern zu fliehen. Seitdem kam niemand von uns dorthin zurück.

Ich war die Erste.

So trat erst fast 70 Jahre später der Fuß einer Polin den Boden Werchowynas, der Nachfahrin von Isabella und Michał Pazdanowski.

Die Ukraine war in unserer Familie ein Tabuthema. Werchowyna war für uns ein verfluchter Ort.

Trotzdem hatte ich mir immer wieder die Frage gestellt: wenn dieser Ort verflucht war, warum hatten meine Großeltern dort gelebt, warum waren sie zurückgekommen? Das heißt, es war gar nicht so schrecklich. So entschloss ich mich, dort hinzufahren.

Werchowyna hatte im Zweiten Weltkrieg viel Leid erfahren: bis 1941 herrschten dort die Sowjets, die alle einflussreichen Ukrainer töteten. Dann kamen die Deutschen und verhafteten auf Hinweis der Einheimischen Polen, die Direktoren, Führungskräfte, katholische Priester waren. Auch führten sie alle Juden in den Wald und erschossen sie.

Die erste Begegnung mit der Vergangenheit

EK: Aber du kanntest dort niemanden?

GS: Anfangs lernten wir Anna kennen, die Polnisch sprach, und gingen später mit ihr von Tür zu Tür, zeigten das Foto meiner Großeltern und fragten die Leute, ob sie etwas über die Pazdanowskis wüssten.

Zuerst fragten uns die Leute, ob wir nicht irgendwelches Eigentum zurückholen wollten. Wir sagten, das sei nicht der Fall. Es kam sogar ein Mann, der versprach, uns zu helfen, unser Haus zurückzuholen, aber ich sagte, das sei nicht nötig, ich möchte nur etwas mehr über meine Großeltern, über die damalige Zeit erfahren.

Dann riefen Leute an und sagten, dass in der Nähe der Schule eine Frau Wasylyna wohne, die sich womöglich an etwas erinnert. Sie war da schon 85.

EK: Und ihr seid zu ihr gegangen ...

GS: Wir zeigten ihr das Foto – und sie sagte sofort: „Das ist Michał, das ist Isabella", sie hatte sie sofort erkannt. Ich werde diesen Tag nie vergessen!

So habe ich in den ukrainischen Bergen eine alte Frau getroffen, die die Geschichte meiner Vorfahren besser kannte als ich. Ich war so aufgeregt! Meine Hände zitterten vor Aufregung, wir weinten alle wie Kinder.

Frau Wasylyna wiederholte immer wieder: „Wo wart ihr so lange? Warum seid ihr nicht schon früher gekommen?"

Während des Krieges wohnte meine Oma in Werchowyna und hungerte. Einmal kam Wasylyna zu ihr und sah, dass Isabella, die allein mit drei Kindern war, nur etwas rote Bete zu Hause hatte. Wasylyna erzählte ihrer Großmutter davon – und die begann, ihr Essen zu geben, dass das Mädchen uns heimlich nach Hause brachte. Wasylyna hatte praktisch meine Familie vor dem Hungertod gerettet. Jeden Tag zum Sonnenaufgang brachte sie meiner Oma Essen und lief schnell wieder davon, damit es niemand sah. Ihr Vater war in der UPA und hatte natürlich keine Ahnung davon. Verstehst du, wie schwierig und uneindeutig die Geschichte sein kann? Kannst du dir vorstellen, was diese Begegnung für mich bedeutete?

EK: Ist Frau Wasylyna noch am Leben?

US: Sie starb 2015. Sie wartete vier Jahre darauf, meine Mutter zu treffen.

EK: Und hat sie es geschafft?

GS: Ja. Als der ganze Horror in Werchowyna passierte, war Mama noch ein kleines Kind. Sie kann sich an nichts erinnern, doch sie erbte eine Art genetischer Angst und Frustration.

Meine Mutter ist das beste Beispiel für jemanden, der mehrere Jahrzehnte die Last einer Tragödie auf sich trug, die Leiden der vorherigen Generation. Sie weiß nicht mehr, wie Opa verhaftet wurde, wie die Leute von der UPA kamen, sie hat nichts gesehen, und doch verbrachte sie ihr ganzes Leben mit einem Gefühl des Leids.

Ich erzähle Leuten von ihr, die sagen, dass man alte Wunden nicht aufreißen solle, dass man am besten alles vergessen und nicht in schmerzhaften Themen herumstochern sollte. Das stimmt nicht! Die Vergangenheit hat einen aktiven Einfluss auf uns, auf unser heutiges Leben.

Ihr hättet sehen müssen, wie viel Angst meine Mutter hatte, nach Werchowyna zu fahren!

EK: Und doch tat sie es.

GS: Ich habe sie überredet. Wir gingen zu dem Haus, in dem im vergangenen Jahrhundert meine Familie gelebt hatte. Jetzt wohnt eine Lehrerin dort, Frau Maria. Sie empfing uns sehr herzlich, decke den Tisch, lud uns zum Essen ein.

Frau Maria bot meiner Mutter an, bei ihr zu übernachten. Ehrlich gesagt wollte Mama das nicht, aber ich bestand darauf. Ich wusste, dass sie ihre Angst überwinden musste, die Absurdität ihrer Phobien begreifen, indem sie in dem Haus blieb, in dem sie die ersten Jahre ihres Lebens verbracht hatte.

Mama konnte lange nicht einschlafen. Dann ging Frau Maria in den Garten und brachte verschiedene Kräuter mit, kochte daraus Tee, und danach schlief Mama ein. Und sie wachte als ganz neuer Mensch auf!

Unsere ganze Familie spürte, dass Mama sich verändert hatte. Die schreckliche Geschichte, die sich die ganze Zeit bemerkbar machte, hatte ein Ende gefunden.

EK: Und was hast du gefühlt, als du zum ersten Mal nach Werchowyna gekommen bist?

GS: Ich hatte auch Angst. Uwe musste mich fast mit Gewalt dorthin schleppen.

Wovor hatte ich Angst? Vor Leuten mit Maschinengewehren oder Äxten? Das ist doch absurd! Ich verstand, das war eine irrationale, panische Furcht. Ich war mir dessen bewusst, dass nichts Schlimmes passieren würde, und doch konnte ich nichts dagegen machen. So etwas ist irgendwo im Unterbewusstsein verankert. Orte lösen Erinnerungen aus.

EK: Wie meinst du das?

GS: Als ich zum ersten Mal in Werchowyna übernachtete, wachte ich um drei Uhr nachts auf. Ich war in Panik. Ich hatte den Eindruck, dass jemand kam, dass ich in der Ferne Gespräche hörte, dass das Tor sich öffnete. Später stellte sich heraus, dass Opa damals um Punkt drei Uhr nachts verhaftet wurde.

Der Ort, an dem das passiert war, hatte die Ressourcen des Unterbewusstseins aktiviert. Ich überwand diese Angst, und es ging mir besser. Ich hatte auch Angst, nach Auschwitz zu fahren.

Erst mit 39 Jahren, nicht zuletzt dank meinem deutschen Mann, traute ich mich, den Ort zu besuchen, an dem mein Opa ermordet wurde.

Dort verstand ich: das Konzentrationslager Auschwitz ist ein Lehrer. Auschwitz zeigt uns die Wahrheit über uns Menschen.

Die Nachfahren spüren eine irrationale, panische Angst, denn sie haben die schwere Last der Tragödie zu tragen, das Leid der vorherigen Generation.

Erinnerung rettet

EK: Was denkst du heute über die furchtbaren Ereignisse des vergangenen Jahrhunderts?

GS: Jedes Volk hat seine eigenen Sünden auf dem Gewissen. Die Polen haben ihre eigenen, die Deutschen haben ihre eigenen, Ukrainer oder Russen wiederum ihre eigenen.

Jedes Volk hat auch Traumata. Wer denkt, Vergessen oder Schweigen würden heilen, der irrt sich gewaltig.

US: Wie wichtig die Erinnerung ist, davon haben sich 2011 die Dorfbewohner im Norden Japans überzeugen können. In vielen Orten an der Küste standen dort Steine, in die jemand vor einem Jahrhundert die Verhaltensregeln im Fall eines Tsunami eingeritzt hatte. Leider war dieser Rat der Vorfahren zugewachsen und vergessen. Dafür haben Tausende während des Tsunami 2011 mit ihrem Leben bezahlt, die nicht wussten, wie sie sich in der Katastrophe verhalten sollten. Nur in einem kleinen Dorf, Aneyoshi, starb niemand. Alle dort wussten, was auf den Steinen stand. Darüber erzählte man sogar Kindern in der Schule. Dank diesem Wissen konnten sich alle Bewohner rechtzeitig in die Berge retten.

EK: Die Erinnerung hatte sie gerettet.

US: Der japanische Professor Fumihiko Imamura, der Naturkatastrophen erforscht, sagt, dass die Erinnerung an ein schreckliches Ereignis oder eine Katastrophe in der vierten Generation verschwindet.

Nun sitzt in den Schulen die vierte Generation nach dem Zweiten Weltkrieg.

Ich möchte die Leute, die davon reden, es sei wichtig, alles zu vergessen, fragen: erziehen wir etwa Kanonenfutter für den nächsten Krieg? Der Frieden und die Freiheit werden uns nicht ein für alle Mal gegeben. Um die Harmonie zu wahren, muss man reden, einander zuhören, sich an den Preis erinnern, den die Menschheit für die Unfähigkeit und den Unwillen zahlt, einander zu verstehen.

EK: Wie beeinflusst die Vergangenheit noch die Gegenwart?

GS: Zum Beispiel haben die Frauen in meiner Familie keine Kinder. Als sie aus Werchowyna geflohen ist, erlebte meine Großmutter einen großen Schock, Angst um ihre Kinder. Mama hatte diese Angst einen Großteil ihres Lebens nicht überwunden. Im Endeffekt kann eine Generation von Enkeln die familiäre Linie nicht fortsetzen.

Oma hatte drei Kinder, die 14 Enkel geboren haben. Niemand von uns hat Kinder. Übrigens war das für solche Familien eine typische Situation. Wie soll man das erklären? Ob wir wollen oder nicht, ernten wir die Früchte der Vergangenheit.

Es ist erwiesen, dass die Nachkommen von Opfern nicht wissen, was mit ihnen geschieht, sie leiden oft an Depressionen und haben Suizidgedanken. Nachfahren von Tätern wiederum ziehen oft um, fliehen unterbewusst und verstecken sich die ganze Zeit vor etwas. Erst in der vierten Generation verschwindet die Erinnerung an jedes schreckliche Ereignis.

EK: Oft, ohne es zu wissen ...
GS: Ja. Zum Beispiel leiden die Nachfahren von Opfern oft an Depressionen, sie haben einen Hang zum Suizid. Sie verstehen nicht, was mit ihnen nicht stimmt. Das ist eine Tatsache.

Wenn es dir schlecht geht, du unruhig bist und weißt, dass einer deiner Vorfahren eine schwierige Biografie hatte, finde unbedingt mehr über deine Eltern, Großeltern und deren Leben heraus. In der Vergangenheit können deine Probleme und die deiner Verwandten vergraben sein. Jemand in der Familie muss die Kette durchbrechen, die unterbewusste Angst, Depressionen, Phobien weitergibt.

So ziehen Nachfahren von Tätern oft um. Uwe hatte vor dem Treffen mit mir an 13 verschiedenen Orten gelebt. Die Nachkommen von Verbrechern fliehen unterbewusst, verstecken sich ständig vor etwas.

Wichtig ist, dass sowohl die Nachfahren von Tätern als auch die der Opfer einer Arbeit an sich bedürfen.

Es ist kein Geheimnis, dass das Opfer oft aggressiv sein kann. Ich werde nicht müde, zu wiederholen, dass man sich zumindest aus einem gesunden Egoismus heraus für die Vergangenheit interessieren sollte.

Jeder von uns hat nur dieses eine Leben. Man sollte es glücklich leben.

Ich habe den Eindruck, dass es Täter und Opfer nur in der ersten Generation gibt. In der zweiten und dritten werden alle zu Opfern.

US: Ich möchte noch etwas Wichtiges sagen. Die Geschichte meines Großvaters ist für mich bereits abgeschlossen. Alle Punkte sind gesetzt. Ich lebe ohne Schuldgefühle, dafür habe ich ein Gefühl der Verantwortung.

Wenn ich mir unsere Welt ansehe und das, was gerade darin passiert, verstehe ich, dass wir in einer hochexplosiven Umwelt leben. Die Demokratie ist die letzte Chance, etwas sehr Schlechtes aufzuhalten. Die Situation auf der Welt ähnelt dem, was vor dem Ersten und Zweiten Weltkrieg geschah.

Freie, offene und tolerante Menschen müssen den Nationalismus stoppen. Nationalismus führt immer zu Konflikten und Kriegen. Lasst uns das nicht vergessen.

Wolodymyr Parchomenko

Im Feuer nicht verbrannt, im Dnepr nicht ertrunken

Bis vor kurzem hatte ich die Angewohnheit, am 9. Mai das Denkmal in Ljutisch zu besuchen und meinem Vater sowie den verstorbenen Landsleuten der 340. Division Sumy-Kyjiw Ehre zu erweisen. Dieses Jahr mache ich das vielleicht an einem anderen Tag.

Als der deutsch-sowjetische Krieg begann, hatten meine zukünftigen Eltern – beide 1924 geboren – die 9. Klasse der Mittelschule abgeschlossen.

Meine Mutter, Ljudmyla Kolodjaschna, war eine Waise und wohnte bei einer Pflegemutter, die ihr die Kolchose zugewiesen hatte, in ihrem Heimatdorf Hlynsk in der Oblast Sumy.

Mein Vater, Hryhorij Parchomenko, kam aus dem gleichen Dorf, aber lebte mit seiner Familie in Altschewsk, wohin mein Großvater Tymofij Parchomenko 1925 umgezogen war. Opa arbeitete im dortigen metallurgischen Betrieb als Schweißer, später leitete er die sogenannte Wohneinheit.

Obwohl Altschewsk erst am 12. Juli 1942 von den Deutschen okkupiert wurde, hatten die Schulen im Schuljahr wohl 1941 – 1942 geschlossen, denn Papa beendete nie die 10. Klasse. Gemeinsam mit seinen Klassenkameraden arbeitete er in der Kolchose und auf dem Bau der Gräben. Einmal gerieten sie in einen Luftangriff, bei dem Papas Klassenkamerad Wasyl Prozenko starb.

Zu der Zeit absolvierte Papas Bruder Mychajlo 1941 seinen Wehrdienst auf der von der UdSSR okkupierten finnischen Halbinsel Hanko. Einige Monate wehrten sich die sowjetischen Truppen dort gegen den Feind, doch irgendwann im November wurden sie über die finnische Bucht ins damals schon von Deutschen und Finnen blockierte Leningrad evakuiert.

Altschewsk wurde am 12. Juli 1942 von den Deutschen besetzt, aber die Schulen hatten bereits seit September 1941 geschlossen. Die, die zur Schule hätten gehen müssen, arbeiteten in den Kolchosen und hoben Gruben aus.

Mychajlo Parchomenko (links) auf der Halbinsel Hanko.

Einige Transportschiffe hatten die Deutschen auf diesem Weg versenkt, und Tausende Soldaten starben in den kalten Gewässern des Baltikums. In Leningrad führte das Schicksal Mychajlo in einer Kompanie mit seinem Cousin Semen Parchomenko zusammen.

Im September 1942 wurde Semen vor den Augen seines Cousins von einem Geschoss in Stücke gerissen, und Mychajlo selbst starb Anfang Januar 1943 beim Versuch, die Blockade Leningards zu durchdringen. Dort ist er auch beerdigt worden.

Der Bruder meiner Mutter Arkadij Kolodjaschnyj, geboren 1922, hatte zu Beginn des Krieges gerade das zweite Jahr des Marineinstituts in Leningrad beendet. Übrigens erzählte er von einem Kommissar dieser Hochschule mit dem Nachnamen Miroschnytschenko, der in vertraulichen Gesprächen mit den ukrainischen Studenten die Überzeugung äußerte, dass die Ukraine unabhängig werden und Marineoffiziere brauchen würde.

Kurze Zeit später wurden die Studenten geschickt, um Tallinn zu verteidigen, wo mein Onkel in seinen eigenen Worten einen Maschinengewehrtrupp leitete. Im Spätherbst wurde die Entscheidung getroffen, die Schule nach Baku zu evakuieren, um dort die Vorbereitung der Studenten für den Dienst als Offiziere in der Flotte zu beenden.

Da Leningrad schon eingekesselt war, wurden die Studenten über den Ladogasee weggebracht,

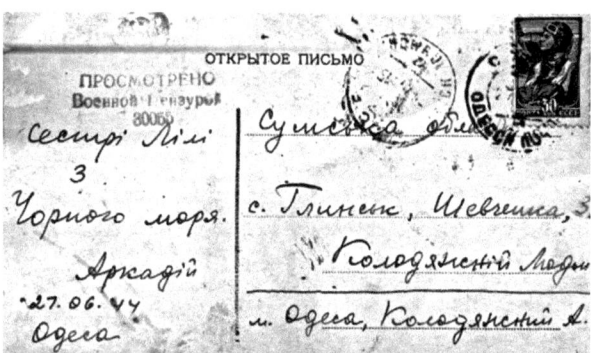

Eine Postkarte des Leutnants Arkadij Kolodjaschnyj an seine Schwester aus dem befreiten Odessa

Die Studenten der Militärschule für Marine wurden im Spätherbst aus dem eingekesselten Leningrad nach Baku evakuiert. Sie wurden auf einem alten verrotteten Lastkahn über den Ladogasee gebracht. Im See bracht das Boot entzwei und ging unter, die meisten Studenten ertranken.

indem man sie auf einen alten verrotteten Lastkahn setzte, der voller trockenem Dung war. Inmitten des Sees brach das Boot ob der Last und der leichten Wellen entzwei und ging unter. Die meisten Studenten, die darauf saßen, ertranken. Mein Onkel war einer der wenigen, die es schafften, sich zu retten.

Nachdem er sein Studium in Baku beendet hatte, begann er 1944 den Dienst auf dem Schwarzen Meer, danach in der Donauer Flottille. Er überlebte, bekam zahlreiche Auszeichnungen und beendete die Militärschule für Marine. Währenddessen war er ein überzeugter ukrainischer Nationalist und Kommunist, der glaubte, die Ukraine würde unabhängig werden, müsste dabei aber kommunistisch bleiben.

Unter Berücksichtigung der Verdienste des Hauptmanns 1. Ranges A. O. Kolodjaschnyj in hydrographischen Forschungen benannte die UNESCO vor einigen Jahren eine Unterwasserhöhle im Atlantik nach Kolodjaschnyj. Arkadi Omeljanowytsch selbst erlebte es nicht mehr. Als sein Heimatdorf im September 1941 okkupiert wurde, begann meine Mutter, gewöhnliche Arbeiten in der okkupierten Variante der Kolchose zu verrichten, die Gemeinschaftshof genannt wurde.

Einige Zeit später wurde das Mädchen, dem „neun Schulklassen auf der Stirn geschrieben standen", zur Buchhalterin ernannt. Mit jeder neuen Welle der Zwangsrekrutierung von Arbeitskräften

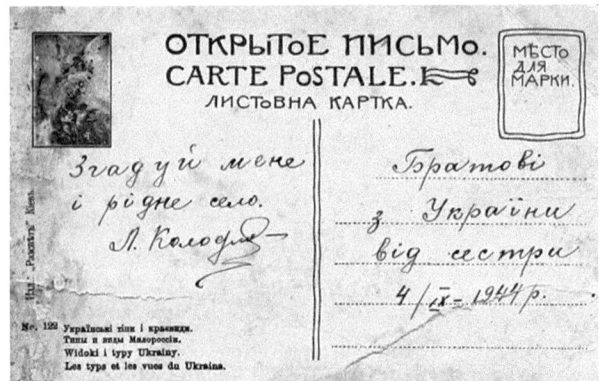

Eine Postkarte der Studentin Ljudmyla Kolodjaschna an ihren Bruder an der Front

für Deutschland tauchte sie jedes Mal bei ihrer Tante im Nachbardorf unter, deren Sohn in der Polizei diente und die daher nicht gestört wurde.

Im besetzten Altschewsk hatte mein Opa keine Arbeit, denn die Metallfabrik stand still. In die Rote Armee hatte man ihn wegen seines Alters nicht aufgenommen. Auch Papas Schwester Nastja hatte ihre Arbeit verloren.

Das sowjetische Lazarett, in dem sie vorher gearbeitet hatte und bei einem Luftangriff leicht verletzt worden war, wurde beim Rückzug der Roten Armee evakuiert und sie blieb mit ihren Eltern zurück. Sie lebten sehr bescheiden, für Lebensmittel mussten sie nach und nach ihre wenigen Habseligkeiten eintauschen.

Zur gleichen Zeit wurden auch im okkupierten Donbass Leute zur Arbeit nach Deutschland geschickt. Einmal hatte man Opa mitgenommen und in die Kolonne gestellt, die zum Bahnhof ziehen sollte. Statt einer Tasche nahm Opa auf die Schnelle einen alten Eimer mit, in den er ein Stück Brot und noch etwas für unterwegs warf.

Unterwegs beschloss er, sich auszuruhen. Er stellte den Eimer umgedreht auf den Boden und setze sich darauf. Er hatte einen langen Bart und sah ganz alt aus, daher schenkten ihm die Eskortierenden keine Beachtung (an der Straße standen viele Menschen) – da sitzt irgendein Opa, lasst ihn sitzen. Die Kolonne zog weiter, und Opa kehrte zurück nach Hause. Mein 18-jähriger Vater entging währenddessen der Deportation nach Deutschland, so gut er konnte. Einmal jedoch geriet er in eine Falle auf dem Markt, wo er Trinkwasser in Tassen aus einem Eimer verkaufte. Deutsche umzingelten die Menge, filterten schnell die Alten und Kleinen aus, trieben den Rest zusammen und luden sie auf ein Auto, worauf sie sie in Partien zum Bahnhof fuhren.

Mit jeder Partie fuhren ein – zwei Deutsche mit. Als nur noch eine Partie und mit ihnen zwei Deutsche übrig waren, nahm Vater seinen ganzen Mut zusammen und stob davon. Die Deutschen schrien: „Halt! Halt!", doch sie liefen nicht hinterher (dann wären alle anderen auch geflohen) und schossen nicht (denn der Markt war voller Menschen).

Ein anderes Mal hatte man Vater doch an einen Sammelpunkt in der Nähe des Bahnhofs geschickt. Das war ein Gebiet, das mit Stacheldraht umzäunt und nachts von einem Wachturm per Scheinwerfer beleuchtet war. In der Nacht vor dem Beladen des Zuges waren mein Vater und noch einige Jungs geflohen, indem sie schnell ihre Jacken auf den Stacheldraht warfen, wenn der Scheinwerfer nicht in ihre Richtung leuchtete.

Schließlich, als sie in Altschewsk nichts mehr zu essen hatten, beschloss die Familie, in ihr Heimatdorf Hlynsk umzuziehen, wo noch ihr Haus stand, in dem Untermieter wohnten. Im Frühjahr schickte man meine Tante Nastja dorthin, um die Frage mit dem Grundstück zu klären.

Nastja war irgendwie nach Hlynsk gekommen, hatte eine Anfrage an den Bürgermeister geschrieben, doch das Land wurde ihr als „Tochter eines Kommunisten" verwehrt, obwohl mein Opa nie ein Kommunist gewesen war. „Sind Sie etwa kein Kommunist?!", konnte sich meine Tante nicht zurückhalten, die noch eine junge Frau war. Der Verwaltungschef wollte sich auf sie stürzen, doch er verfolgte sie nicht.

Schließlich war die ganze Familie nach Hlynsk umgezogen. Ihre Verwandten teilten etwas Land mit ihnen und legten einen Küchengarten an. Alle arbeiteten im bereits erwähnten Gemeinschaftshof – anders ging es nicht.

Die Worte einer Zeitzeugin über die Überquerung des Dnepr: „Oh, mein Sohn, wie viele Jungs aus Sumy wurden dort umgebracht, auf dem Feld hinter dem Bach! Sie lagen dort zuhauf!.."

Überlebende Soldaten der Eisenbahn nach dem Krieg. Mein Vater – Hryhorij Parchomenko – ist umrandet

Einmal musste Vater ein Pferd satteln, und da er das als Stadtkind ungeschickt gemacht hatte, bekam er Peitschenhiebe vom Ältesten dieses Gemeinschaftshofes. Der temperamentvolle Bursche stürzte sich auf seinen Schläger, doch wohlmeinende Menschen trennten sie voneinander. Der Hofälteste ließ dem Vorfall keine Konsequenzen folgen – aus dem Osten hörte man bereits Kanonenfeuer.

Im September 1943 war die Rote Armee an das linke Ufer der Sula gekommen. Die Einheimischen bewahrten die Brücke, und manchen Einheiten zeigten unsere Jungs, wo das seichte Gewässer war. Die Deutschen wurden schnell zum Dnepr gejagt.

Im Dorf, das das Rajonszentrum war, befand sich ein mobiles Wehrersatzamt. In ein – zwei Tagen wurden alle Männer, die annähernd dienstfähig waren, erfasst, und noch einen Tag später schritten sie zur Front – überwiegend als Teil der 340. Sumyer Division.

Mein Vater hatte einen „Freifahrtschein" – seine Sehkraft auf dem rechten Auge (mit dem er zielte) betrug etwa 5 %. Doch er ging freiwillig in die Armee. Auf den Protest seiner Mutter erwiderte er nur: „Denkst du, Myschko wollte nicht leben?.."

Die Neuankömmlinge wurden sogleich nach Kyjiw geführt. Sie trugen noch ihre Zivilkleidung – warum sollte man in Militäruniformen für Todgeweihte investieren? Die Leute nannten sie traurig die schwarzen Mäntel. Mit den Waffen sah es auch nicht gut aus, wobei Papa, der ein hartnäckiger Mensch war, sich ein Gewehr beschafft hatte. Er kam in die Gruppierung, die zum Aufmarschgebiet in Ljutisch unterwegs war. Unzählige Menschen waren im Dnepr ertrunken, um den man unter wahnsinnigen Beschüssen mit improvisierten Mitteln kämpfte.

Das Floß, auf dem mein Vater mitfuhr, wurde von einem Geschoss zerstört. Papa konnte nicht schwimmen, wo hätte er es in Altschewsk lernen sollen? Und wohin hätte er im Wasser bei Novembertemperaturen schwimmen sollen, voll bekleidet und mit Gewehr im Schlepptau? Doch Vater hatte Glück, er wurde rechtzeitig von Soldaten in ein Boot gezogen, die mehr Glück gehabt hatten.

Im September 1967, 24 Jahre später, war ich als Erstsemester der Nationalen Technischen Universität bei Kolchosenarbeiten im Dorf Moschtschun bei Puschtscha-Wodyzja. Als die Hausherrin herausfand, woher ich kam, begann sie zu weinen: „Oh, mein Sohn, wie viele Jungs aus Sumy wurden dort auf dem Feld hinter dem Bach umgebracht! Sie lagen dort zuhauf!"

Vater erzählte, dass nach der Überfahrt und den Schlachten in ihrer Kompanie 12 Soldaten übrig waren. Er bedauerte, dass die meisten von ihnen wegen ihrer Unwissenheit selbst einfacher Regeln des Krieges gestorben waren. Niemanden kümmerte es, sie wurden einfach vor die Kanonen gejagt, wie Vieh. Vater war bis an sein Lebensende überzeugt, dass Stalin auf diese Weise die ukrainische Jugend vernichten wollte, die das Leben ohne Kommunisten kennengelernt hatte.

Danach wurden die Reste der Truppen, die Kyjiw befreit hatten, zur Umformierung zurückgezogen. Dabei kam Papa sogar bis nach Pensa. Er erzählte von furchtbaren Dingen, dass Soldaten dort praktisch nichts zu essen bekamen und viele von ihnen verhungerten ... Später fand ich Unterlagen darüber, dass das auch in anderen Städten in den Tiefen Russlands geschah, in denen Truppen vorübergehend stationiert waren.

Erst dann, am 18. Dezember 1943, nach über zwei Monaten im Dienst, sollte er seinen Schwur ablegen. Seinen verstorbenen Kameraden wurde

In den Städten, in denen Truppen temporär in den Tiefen Russlands stationiert waren, bekamen Soldaten, die zur Umformierung vorgesehen waren, praktisch nichts zu essen, und viele von ihnen verhungerten ...

Endlich zu Hause! Mein Onkel (Mamas Bruder), der Marineoffizier Arkadij Kolodjaschnyj mit seiner Familie und seinen Nachbarn. 1946

also selbst diese Ehre nicht zuteil, und die Heimat schuldete ihnen nichts ...

Schließlich verbannte die militärische medizinische Kommission, die die überlebenden Befreier Kyjiws untersuchte, Papa aus der Infanterie und schickte ihn zu den Eisenbahntruppen. Ab da beteiligte er sich an der Erneuerung des Eisenbahnnetzes, der Brücken in der Ukraine, in Polen und der Mandschurei. Oft unter Bomben.

In Hlynsk hatte die Mittelschule nach der Erneuerung der sowjetischen Regierung wieder den Betrieb aufgenommen. Deshalb konnte Mama 1944 die 10. Klasse abschließen und wurde als Klassenbeste ohne Prüfungen am medizinischen Institut in Kyjiw aufgenommen.

Die Universitätsgebäude und Wohnheime waren damals in der ganzen Stadt verstreut und der öffentliche Nahverkehr funktionierte nicht, daher mussten die Studenten viel zu Fuß laufen. Nicht nur am Wochenende räumten sie zusammen mit anderen Bürgern die Ruinen auf dem Chreschtschatyk auf. Schon damals war bekannt, dass die Ruinen nicht das Werk von Deutschen, sondern von Bolschewiki war, doch es wurde nur flüsternd darüber geredet und nur mit denjenigen, denen man vertraute.

Unterdessen ging der Krieg zu Ende, doch meine Mutter hatte als Waise kein Geld für das Leben in der Hauptstadt – alles, vor allem Lebensmittel, was schrecklich teuer. Daher brach sie ihr Studium ab, ging zurück nach Hlynsk und arbeitete in einer der Rajonsverwaltungsbehörden.

1947 kehrte mein Vater aus der Armee in das Dorf zurück, wo er meine Mutter kennenlernte und heiratete. Infolgedessen gibt es jemanden, der diese Geschichte über ihr Leben und das ihrer Verwandten während der Schrecken des Krieges aufschreiben konnte.

P. S.: Bis vor Kurzem hatte ich die Angewohnheit, am 9. Mai das Denkmal in Ljutisch zu besuchen und meinem Vater sowie seinen verstorbenen Landsleuten der 340. Division Sumy-Kyjiw Ehre zu erweisen. Dieses Jahr mache ich das vielleicht an einem anderen Tag. Ich möchte nicht zum Vergnügen der Marionetten des Kreml Blumen unter die blutigen Flaggen eines unmenschlichen Regimes legen, das seine eigenen Bürger hasste und millionenfach vernichtete ...

Borys Artemow

Die zwei Leben und ein Sieg des Juchim Eisenberg

Das ist eine Geschichte darüber, wie Juchim Eisenberg, ein Jude aus Dnipropetrowsk, geboren 1924, im Sommer 1942 starb und dafür Viktor Borysowytsch Artemow, ein Russe aus Mosdok, geboren 1921, überlebte.

Jeder weiß, dass die Juden der Ukraine in den 1930ern keinen Hunger gelitten und den Großen Krieg in Taschkent ausgesessen haben. Weil es dort warm war und es Pilaw und Obst gab. Das wichtigste: dort wurde nicht geschossen. Und da es jeder weiß, ist es sinnlos, dem zu widersprechen. Vor allem, da meine Geschichte eine Bestätigung dafür ist.

1933 wohnte die kleine Familie meines Vaters – er und seine Mutter – im Dorf Weseli Terny bei Krywyj Rih.

So hatten sie die Ergebnisse der stalinistischen Kollektivierung mit eigenen Augen gesehen.

Die Mutter meines Vaters, Kateryna Juchimiwna Briliant, war eine Dorfhebamme, und mein Vater – Juchim Eisenberg – ging in die zweite Gruppe der Dorfschule. Es gibt noch ein altes Foto vom 28. April 1933, auf dem die kleinen und sehr ernsten Dorfschüler vor dem Fotografen mit Rechen posieren, die doppelt so groß waren wie sie.

Im Dorf lebten auch andere Juden. Darunter unsere Verwandten – die Familie von Moisej Dolschanskyj, in der Papas Cousin Juri aufwuchs.

Nachdem sie die schweren Zeiten des Holodomor im Dorf erlebt hatten, zogen meine Oma und mein Vater in den 1930ern nach Dnipropetrowsk. Oma arbeitete dort, und Papa ging in die Mittelschule Nr. 34. Die zehnte Klasse schloss er im Mai 1941 ab.

Juri Dolschanskyj, der älter war als Papa, war zu der Zeit bereits Student am Institut für Bergbau

Juchim Eisenberg mit Schirmmütze – Zweiter von rechts

in Krywyj Rih[1]. Nach Kriegsbeginn im Juli wurde Juri Dolschanskyj in die Armee eingezogen. Als Student wurde er in die militärpolitische Schule eingeschrieben.

Oma und Papa wurden in einem der letzten Waggons unter Bomben und Geschossen aus Dnipropetrowsk nach Mosdok[2] evakuiert. Seit Ende 1941 stand Papa vor der Tür des Wehrersatzamtes und bat darum, in die Armee aufgenommen zu werden.

Im Frühjahr 1942 wurde er nach kurzer Vorbereitung zusammen mit anderen Jungs aus Mosdok in die Schlacht gegen die vormarschierenden Deutschen geschickt.

Das Frühjahr und der Sommer 1942 war eine furchtbare Zeit. Die Offensiven der Roten Armee endeten in „Kesseln", in denen ganze Divisionen verbrannten und Zehntausende Rotarmisten in Kriegsgefangenschaft gerieten.

Die Front erbebte und zog sich zurück. Es schien, als könnte die Zurückziehenden weder Stalins Befehl Nr. 227[3] noch Parteiversammlungen

---

1 Anm. d. Übers.: Heute die Nationale Universität Krywyj Rih.
2 Mosdok ist eine Stadt in Nordossetien.
3 Der Befehl des Volkskommissars für Verteidigung der Sowjetunion Josef Stalin Nr. 227 vom 28. Juli 1942 sollte für „strengste Ordnung und eiserne Disziplin" in der Armee

Juchim Eisenberg. Dnipropetrowsk, 6. Mai 1941

der Militärführung aufhalten, die die Entscheidung „Nicht einen Schritt zurück!" beschlossen hatten, noch die Maschinengewehre der Sperrtrupps, noch die Strafbataillone.

Die Einheit, in der mein Vater diente, hielt die Verteidigung in den Vororten Stalingrads. Sie hielt sie selbst dann, als die Nachbarn links und rechts nicht mehr da waren, und auch dann, als ihr Kommandeur gefallen war und die Patronen ausgingen, und sogar dann, als nur wenige Dutzend Soldaten in den Kompanien übrig waren.

Als sie den Befehl zum Rückzug erhielten, hatten die Deutschen sie bereits eingekesselt. Und da nahmen die, die überlebt hatten, den Toten die Munition aus den Patronentaschen und gingen in den Durchbruch. Sie hatten so gut wie keine Chance – und wer kann ihnen vorwerfen, dass sie sich auf das Schlimmste vorbereiteten? Der Kommissar zog sein blutiges Feldhemd mit den Sternen am Ärmel aus und die jüdischen Soldaten nahmen die Papiere ihrer toten nichtjüdischen Kameraden mit.

Auch Juchim tat es. Die Papiere gehörten Vitja – einem Kumpel, mit dem er Zwieback und Wasser aus der Flasche geteilt hatte. Nicht, um ein gutes Leben in Gefangenschaft zu führen. Daran glaubte niemand mehr. Sondern, um nicht in den ersten Minuten der Gefangenschaft hingerichtet zu werden und wenigstens die Chance zu haben, zu fliehen.

Man kann also glauben, dass Juchim Eisenberg, ein Jude aus Dnipropetrowsk, geboren 1924,

---

sorgen. Er sah vor, dass die Kommandeure jeglichen Ranges suspendiert und vor Gericht gestellt werden, wenn sie einen Rückzug ihrer Einheiten ohne entsprechenden Befehl von oben zugelassen haben, und dass Panikmacher und Feiglinge an Ort und Stelle erschossen werden, sowie dass im Armeebereich Strafabteilungen und Sperrabteilungen aufgestellt werden.

Zehntklässler der Dnipropetrowsker Mittelschule. Juchim Eisenberg ist der Zweite von rechts. Mai 1941

Vater kämpfte im 54. Garde-Artillerieregiment der 27. Schützendivision und marschierte von Stalingrad nach Berlin.

im Sommer 1942 gestorben war. Oder vermisst wurde – wer zählte sie schon und schrieb sie auf, die Einkesselungsopfer dieses furchtbaren Sommers? Dafür war Viktor Borysowytsch Artemow, ein Russe aus Mosdok, geboren 1921, am Leben geblieben. Er schaffte es, zu den Roten zu gelangen, samt Waffe, Uniform und Papieren. Er passierte die obligatorische Kontrolle in der Spezialabteilung und wurde in ein neues Regiment geschickt, das gerade formiert wurde.

Das weitere Schicksal Juchim Eisenbergs an der Front – jetzt Viktor Artemow – hing zusammen mit dem 54. Garde-Artillerieregiment der 27. Schützendivision. Er war Verbindungsmann, später Panzerkommandeur.

Am 9. August 1942 wurde das Regiment direkt dem Hauptquartier des Kommandos des Obersten Befehlshabers (Stawka) unterstellt und nahm an den Verteidigungskämpfen um Stalingrad teil. Am 9. Februar 1943 beendete es seinen Einsatz und am 12. Februar 1943 als Teil einer Division schloß sich der 62. Armee der Donfront an.

Am 8. März 1943 wurde das Regiment auf einen Zug geladen und zum Bahnhof Kupjansk in der Oblast Charkiw gebracht. Vom 15. März bis 10. Juli 1943 wurde es verstärkt und militärisch vorbereitet.

Für seine Teilnahme an Kampfhandlungen wurde Juchim Eisenberg, bzw. Viktor Artemow mit dem Orden des Roten Sterns, den Medaillen „Für militärische Verdienste", „Für die Verteidigung Stalingrads", „Für die Befreiung Warschaus", „Für die Eroberung Berlins", Dankschreiben und Urkunden des Obersten Befehlshabers, goldenen und roten Aufnähern für Verletzungen belohnt.

Juchim
Eisenberg.
Mosdok,
9. November
1941

Viktor
Artemow.
Deutschland,
5. November
1945

Am 10. Juli 1943 marschierte das Regiment los und konzentrierte sich bis zum 12. Juli am rechten Ufer des Flusses Siwerskyj Donez in der Oblast Charkiw. Vom 13. Juli 1943 bis zum 16. Juli 1944 fanden Offensiven statt: die Isjum-Barwenkowo-Offensive, die Befreiung von Saporischschja und Krywyj Rih.

Im Juli 1944 trat das Regiment der 1. Weißrussischen Front bei und nahm die Verteidigung um die Stadt Kowel ein. Von 18. Juli 1944 führte es Offensiven durch, überquerte den Westlichen Bug, beteiligte sich an der Befreiung der Stadt Łódź und kam am 1. August an das westliche Ufer der Weichsel. Vom 1. August 1944 bis zum 14. August 1945 gab es Schlachten zur Eroberung und Haltung des Aufmarschgebiets am westlichen Ufer der Weichsel.

Für die vorbildliche Erfüllung der Aufgaben des Oberkommandos im Kampf gegen die deutschfaschistischen Eindringlinge, vor allem während der Durchbrechung der Verteidigung der Deutschen nördlich von Warschau, und die Tapferkeit und den Mut wurde dem Regiment gemäß der Anordnung des Präsidiums des obersten Sowjets der UdSSR vom 19. Februar 1945 der Orden der Roten Fahne verliehen.

Vom 14. Januar 1945 nahm das Regiment an der Artillerie-Offensive auf das Weichsel-Aufmarschgebiet teil. Nach der Durchbrechung der Verteidigung kam es, die Schützenregimente der Division unterstützend, bis zur Stadt Posen.

Vom 22. Januar bis 22. Februar 1945 führte das Regiment schwere Straßenkämpfe in der Stadt und der Burg Posen. Für diese Kämpfe wurde dem Regiment gemäß dem Befehl des Obersten Befehlshabers am 5. April 1945 der Ehrentitel „Posenregiment" verliehen.

Am 26. Februar 1945 trat das Regiment in das Aufmarschgebiet am westlichen Ufer der Oder ein.

Am 14. April 1945 nahm das Regiment teil an der Generaloffensive vom Odener Brückenkopf auf Berlin. Vom 26. April 1945 gingen die Batterien des Regiments in die organisierten Kleingruppen ein und führten Straßenkämpfe in Berlin.

Am 4. Mai 1945 war das Regiment gemeinsam mit den Schützenverbänden in Berlin stationiert

Urkunde für die Kämpfe bei Łódź. 9. Januar 1945

und säuberte zusammen mit der Infanterie angrenzende Gebiete der Stadt von den Resten der gegnerischen Gruppen.

Ich habe nicht umsonst so detailliert die Kampfhandlungen des Regiments aufgezählt. Jedes Datum dieses Weges ist in Papas Orden und Medaillen dokumentiert – dem Roten Stern, „Für militärische Verdienste", „Für die Verteidigung Stalingrads", für Warschau, Berlin, Dankschreiben und Urkunden des Obersten Befehlshabers, goldenen und roten Aufnähern für Verletzungen.

Am 2. Mai 1945 erlitt Papa in Berlin eine schwere Kontusionsverletzung, die ihn 19 Jahre später ins Grab brachte.

1947, nach der Demobilisierung, kehrte Vater nach Dnipropetrowsk zurück und studierte am medizinischen Institut. Dort lernte er meine Mutter, Olha Borysowna Israjilewytsch, kennen. Am 8. März 1951 heirateten sie.

... Er starb 1964 an den Folgen seiner Kontusion – er war noch ganz jung. Damals gab es noch viele lebende Soldaten und es war nicht angebracht, mit den Heldentaten der Front anzugeben. Die, die im schrecklichen Jahr 1942 und im siegreichen

Feldwebel Viktor Artemow. Thüringen, 21. Februar 1946

Jahr 1945 mit aller Härte gekämpft hatten, sprachen auch nicht gerne über den Krieg: das war nicht literarisch genug und zu bitter. Sie konnten gut kämpfen, aber nicht gut davon erzählen (obwohl zwischen Papas Lieblingsbüchern auf dem Ehrenplatz ein Band seines Grabenkameraden stand, des Trägers der Stalinprämie und zukünftigen Dissidenten Viktor Platonowitsch Nekrassow).

Das einzige Fest war für meinen Vater bis an sein Lebensende der Tag des Sieges – noch bevor er ein offizieller Feiertag wurde und die Soldaten weniger von Heroismus und Heldentaten erzählten als

Papas Zertifikat zur Medaille „Für die Eroberung Berlins"

von gewöhnlichen, verständlichen Dingen. Davon, wie sie beim Marsch schliefen, indem sie sich in der Kolonne aneinanderdrückten oder sich am Kanonenrohr festhielten. Wie sie Wodka und die Sachen der Verstorbenen teilten. Davon, wie die schönen polnischen Mädchen sie küssten, die gestern noch Schüler gewesen waren – nicht, weil sie Helden waren, sondern weil die Liebe, die Jugend und das Leben trotz des Krieges weiterlebten. Und auch davon, wie sie ihre Namen in Mauern des Reichstags ritzten. Auch mein Vater hatte seinen Namen reingeritzt, den er nun bis an sein Lebensende trug – Viktor Borysowytsch Artemow.

Noch heute liegt er unter diesem Namen in der jüdischen Ecke des alten Friedhofs in Saporischschja. Er hat weder seinen noch den Namen seines gefallenen Freundes auch nur ein Stück beschmutzt. Können Sie ihn dafür verurteilen?

Ein paar Worte zu seinem Cousin Juri. Gemäß dem Erlass des Präsidiums des Obersten Sowjets der UdSSR wurde am 16. Oktober 1943 für die vorbildliche Erfüllung der Aufgaben des Oberkommandos und für den dabei bewiesenen Mut und

Juri Moisejowytsch Dolschanskyj wurde gemäß dem Erlass des Präsidiums des Obersten Sowjets der UdSSR am 16. Oktober 1943 der Titel eines Helden der Sowjetunion verliehen.

Viktor Artemow und Olha Israjilewytsch (ganz rechts) mit ihren Kommilitonen. Dnipropetrowsk, Anfang der 1950er

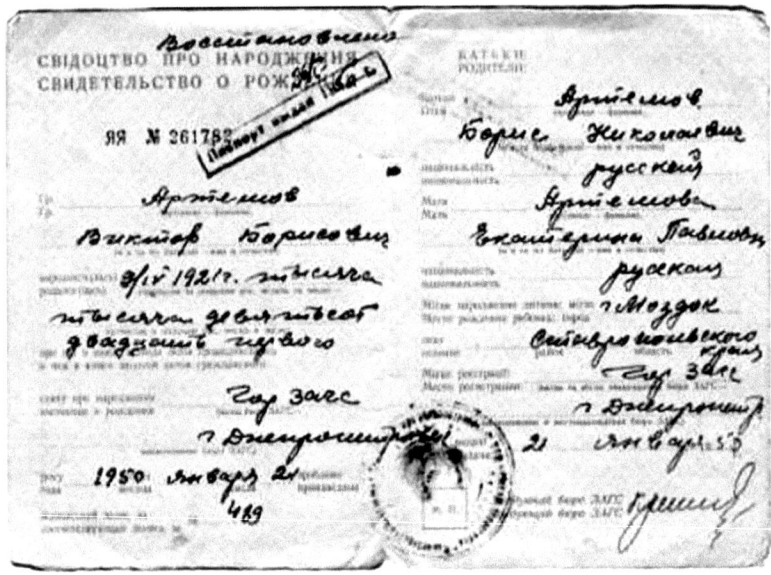

Erneuerte Geburtsurkunde von Viktor Artemow. Dnipropetrowsk, 1950

Heroismus dem Garde-Oberleutnant Juri Moisejowytsch Dolschanskyj der Titel eines Helden der Sowjetunion verliehen.

Und am 27. November 1943 fiel der Komsomol-Organisator des Regiments Juri Moisejowytsch Dolschanskyj in der Schlacht.

„Ich kannte den Komsomol-Organisator des Schützenregiments", schreibt ein berühmter Feldherr später in seinen Memoiren. „Er war ein tapferer und lustiger dunkelhaariger Ukrainer …" Und ich widerspreche nicht.

Denn wie jeder weiß, kämpften damals überwiegend Russen. Das hat sogar Putin, der damals russischer Premierminister war, verkündet. Höchstens Ukrainer aus den östlichen Gebieten. Währenddessen aßen die Juden Pilaw und Aprikosen im sonnigen Taschkent. Meine Geschichte bestätigt das.

Danuta Kostura

„In der Roten Armee trug Papa ein Gewehr ..." so, wie man es ihm in der Division „Galizien" beigebracht hatte

Von seinem Dienst in der Division „Galizien" erzählte Papa nicht viel, dieses Thema war in meiner Familie ein Tabu. Den Krieg hatte er in den Reihen der Roten Armee beendet.

Mein Vater Wasyl Kostura ist am 12. Februar 1925 im Dorf Andrijiwka im Lemkenland[1], Polen, geboren. Opa Kostjantyn arbeitete als Straßenmeister. Die Straße führte zum Kurort Krynyzja.

Das Dorf war groß, aufgeteilt nach ukrainischer und Moskauer Orientierung mit dazugehörigen Kulturvereinen – der eine nach Schewtschenko benannt, der andere nach Katschkowski. Die Familie Kostura gehörte zur ersteren. Nach der 7. Klasse in seinem Dorf ging Papa auf eine Privatschule in Muschyn, einer kleinen Stadt sieben Kilometer von Andrijiwka entfernt.

In seiner Klasse gab es nur wenige Ukrainer. Diese mussten den Religionsunterricht nicht besuchen, in dem auf Polnisch gebetet wurde. Doch manchmal, wenn das Wetter draußen schlecht war, blieb Papa in der Klasse. Dort lernte er das polnische Gebet und wie man sich entsprechend bekreuzigt. Dieser Unterricht hat ihm letztendlich das Leben gerettet.

Mit 16 Jahren, 1941, als die Deutschen bereits im Dorf waren, ging Papa nach Deutschland. Er kam in eine Bauernfamilie, die einen Sohn in Papas Alter hat-

Den Ukrainern in den polnischen Schulen wurde erlaubt, den Religionsunterricht nicht zu besuchen, in dem auf Polnisch gebetet und sich nach katholischem Brauch bekreuzigt wurde.

---

1 Anm. d. Übers.: Das russinische Karpatenvolk der Lemken stammt aus Polen und der Slowakei. Heute leben sie als eine Minderheit in Polen, wobei sich viele als Ukrainer identifizieren.

Mein Vater nach seiner Ankunft in Deutschland. 1941

te. Er arbeitete hart und gewissenhaft. Die Hausherrin ging wohlwollend mit ihm um.

Doch während sie die Güte in Person war, war der Hausherr das genaue Gegenteil. Einmal ließ er im Feld seine Wut an einem Pferd aus – er schlug es erbarmungslos. Papa hielt es nicht aus, nahm einen Stein und wollte ihn auf das Tier werfen, damit es weglief. Aber er traf den Herrn am Kopf. Es gab eine Platzwunde. Blut floss.

Am Abend wies die Hausherrin ihren Sohn an, neben Wasyl zu schlafen – sie hatte Angst um das Leben des „Schläger-"Arbeiters. Als sie schlafen gingen, betrat mein Vater das Badezimmer und hörte plötzlich einen dumpfen Schrei. Er eilte dorthin. Der Hausherr würgte seinen eigenen Sohn, den er für meinen Vater gehalten hatte.

Danach kam er zu einem anderen Hausherrn. Temporär. Danach kam der dritte und letzte.

Papa hatte die Aufgabe, dreimal am Tag eine große Zahl Kühe mit Wasser zu versorgen. Sobald er morgens damit fertig war, musste er bereits für den Mittag Wasser tragen. Abends ging er völlig erschöpft ins Bett, nur um im Morgengrauen alles von Neuem zu beginnen. Sonntags hatte er frei.

Einmal wurde es unruhig bei den Bauern, alle waren in Aufruhr. Der Hof war plötzlich voller Soldaten: der Sohn war von der Front nach Hause gekommen. Er war ein hohes Tier – so etwas wie Kommandant von Ternopil. Er hatte ihnen „Souvenirs" aus der Ukraine mitgebracht, über die alle Deutschen lachten. Ich weiß nicht mehr, was zu dieser „Witzesammlung" gehörte.

Er rief meinen Vater zu sich und fragte ihn, ob er Ukrainer sei und wisse, wo Ternopil liege. Papa bestätigte seine Staatsangehörigkeit und gleichzeitig sein geographisches Wissen, obwohl er zum ersten Mal von dieser Stadt hörte. Daraufhin wurde ihm großzügig erlaubt, zu gehen.

Papa wollte nach Hause.

Um gehen zu können, brauchte er eine Berufung im Zusammenhang mit der Krankheit der Eltern, die von einem deutschen Arzt bescheinigt werden musste. Opa nahm eine Gans mit und ging zu einem deutschen Arzt. Dieser stellte ihm eine Bescheinigung aus. Die Gans nahm er nicht an.

Natürlich kehrte Papa danach nicht mehr nach Deutschland zurück. Er und Opa fuhren herum und bauten irgendwelche Hallen.

Mein Vater in Deutschland. 1942

Papa war modebewusst und liebte Kleidung. Dabei dachte er überhaupt nicht über „Prioritäten" in Kriegszeiten nach. Er trug zum Beispiel ein Schiffchen im deutschen Stil und eine Jacke im sowjetischen – ihm gefiel der Stil, da konnte man nichts machen.

Einmal fielen Deutsche in den Waggon ein, in dem er mitfuhr, und jagten die Leute in einen anderen. Weil Papa eine „deutsche" Mütze trug, hielten sie ihn für einen von ihnen. Doch da hielt der Waggon unter einer Laterne – und die Deutschen erkannten Papas Jacke. Sie verprügelten ihn und warfen ihn aus dem fahrenden Zug. Er hatte mehrere gebrochene Rippen und schaffte es gerade noch nach Hause.

Einmal sah Papa eine Ankündigung, dass junge Männer für die Division „Galizien" gesucht wurden.

Über seinen Aufenthalt dort sowie seine Ausbildung erzählte er wenig. Und überhaupt hörte ich zum ersten Mal gegen Ende der 1980er von ihm Details über die Division, als die Perestroika in vollem Gange war. Naja, einiges wusste ich, aber das Thema war in meiner Familie ein Tabu.

Bei der Ausbildung in der Division „Galizien" gab es anstrengenden Drill und die Auszubildenden marschierten zu ukrainischen Liedern.

Er sagte, dass er zum Gruppenführer ernannt wurde – womöglich wegen seiner Deutschkenntnisse –, dass es anstrengenden Drill gab, dass sie zu ukrainischen Liedern marschierten, von denen er dort viele gelernt hatte. Doch mit 18 Jahren war er quasi noch ein Junge. Wie auch die meisten anderen.

Einmal, so erzählte er, gingen die Jungs durch den Wald. Und da sprangen Eichhörnchen von Ast zu Ast. Tja, die Jungs schossen auf sie. Mein Vater auch mit ihnen.

Als sie zurückkamen, mussten sie sich für die Schießerei verantworten. Allen voran Papa als Ältester. Ihre Gewehrläufe wurden überprüft, ob sie Spuren von Schüssen aufwiesen.

Manche Jungs hatten ihre Waffen vorsorglich von Schießpulver gereinigt. Papa war nicht darauf gekommen. Und weil er die Gruppe führte, drohte ihm die Hinrichtung. Man warf ihn in den Keller. Dort verbrachte er einige Tage.

Papa während seines Dienstes in der Roten Armee. 315. Schützenregiment

Pidhajzi. Beginn der 1950er

Doch in Freiheit passierte in diesen Tagen etwas. Alle waren in Aufruhr, die Einsatzvorbereitungen liefen – und sie hatten keinen Kopf mehr für Papa. Er wurde freigelassen. Er fand sich zusammen mit der Division bei Brody wieder, wo ihre Truppe niedergestreckt wurde.

Die Jungs, die überlebt hatten, liefen in alle Richtungen davon. Papa zog sich Bauernkleidung an, die ihm die Einheimischen gegeben hatten, und brach auf gen Westen. Nach Hause.

Unterwegs stieß er auf einen Hinterhalt der Polnischen Heimatarmee.

„Aha, ein Banderiwez!" – sie stellten ihn an die Wand.

Papa versicherte ihnen, er sei ein Pole.

„Dann bete!" In dem Moment zahlte sich der Religionsunterricht bei schlechtem Wetter aus.

Sie ließen ihn widerwillig laufen und schossen ihm hinterher. Die Kugel zischte an seinem Ohr vorbei.

Um Ukrainer von Polen zu unterscheiden, beobachteten die Soldaten der Polnischen Heimatarmee, wie die Leute beteten.

Als Papa begriff, dass er nicht durch die Frontlinie kommen würde, schloss er sich einer polnischen Familie an und half ihnen im Haushalt. Sie bemühten sich um eine Bescheinigung für ihn.

Wasyl Kostura kehrte zurück nach Andrijiwka, als dort bereits die sowjetischen Truppen waren.

Vorher aber versteckte er sich einen Monat bei Verwandten im Nachbardorf, bis Opa die Lage einschätzte und feststellte, dass keine besondere Gefahr drohte.

Im Dorf wurden einheimische Jungs für die Front gemustert. Auch Papa schrieb sich ein.

Von den 22 Jungs, die ausgewählt wurden, fielen 20 schon in der ersten Schlacht. Papa und noch ein anderer Junge schlossen sich nach dem Rat eines slowakischen Lemken der Flugabwehreinheit an. Papa stellte die Geschosse bereit, und als einer der Kameraden fiel, schoss er auch.

Er erzählte, dass er so erschöpft war, dass er, einmal eingeschlafen, nicht mal vom Donner der Kanonen aufwachte, die direkt neben ihm einschlugen. Als er dann aufwachte, lagen um ihn herum Tote, Krater dampften. Als er verwundet wurde, wurde er auf dem Pferdewagen verarztet, der als Lazarett diente.

Er beendete den Krieg bei Prag.

Während seiner Zeit in der Division „Galizien" wurde Papa so gedrillt, dass er, als in der sowjetischen Armee die Neuankömmlinge gelehrt wurden, das Gewehr anzusetzen, die Bewegungen, die den deutschen Regeln zu eigen waren, zu sehr verinnerlicht hatte. Das erregte Verdacht. Also trug Papa das Gewehr wie eine Garbe. Schließlich gab man ihn auf.

Neben Papa kämpfe ein ruhiger, kluger Mann. Gemeinsam gingen sie durch die Lemkendörfer. Praktisch überall, wo sie waren, waren die Einwohner bereits wohl oder übel in die Ukraine ausgereist.

Einmal, als sein Kamerad im Fluss badete, wollte Papa dessen Papiere anschauen, die er in seinem Feldhemd gelassen hatte. Der Mann erwies sich als Offizier des NKWD. Seitdem war mein Vater auf der Hut.

Einmal befahl man ihnen als Teil der Erkundungsaufgaben, sich einen deutschen Soldaten zu schnappen. Papa versuchte, zu erklären, dass sie das am besten nachts machen sollten, doch man befahl ihm, zu schweigen und die Anweisung zu befolgen. Schließlich wurde er selbst von einem deutschen Soldaten geschnappt. Papa schaffte es, den Fänger zum Reden zu bringen. Er kam aus der Gegend, in der Papa arbeitete. Sobald der Deutsche sich entspannte, ergriff Papa die Initiative. So hatte er dem Befehl Folge geleistet. Dafür verlieh man Papa eine Medaille. Er bekam auch noch eine andere. Ich weiß noch, wie ich als Kind damit gespielt hatte.

Irgendwann im Herbst 1945 kam Papa in die Oblast Ternopil zurück, in die Stadt Pidhajzi, wo es viele Lemken gab und wo bereits seine Cousine wohnte.

Papa wurde zum Bäckereidirektor ernannt und bekam eine Wohnung im Zentrum zugewiesen. Er fand heraus, dass die Eigentümer der Wohnung sie nicht einfach „verlassen" hatten – und konnte nicht dort wohnen. Er zog zu seiner Cousine.

Mit der Bäckerei war alles nicht so einfach.

Die Lemken hungerten. Die Einwohner hatten anscheinend kein Mitgefühl. Oft verjagten sie die aus Polen Vertriebenen von den abgeernteten Feldern, wo die unschuldigen Menschen nach verrotteten Kartoffeln suchten.

Es brach die Zeit eines großen Terrors an. Die Einwohner wurden nach Sibirien deportiert – es war eine unmenschliche Säuberung.

Die meisten Lemken waren außerdem russisch orientiert. Wie sollte man da noch Verständnis dafür haben, dass diese Orientierung eine Schutzmaßnahme gegen die Polonisierung war! Leider funktionieren Analyse, Logik und Menschenverstand in Extremsituationen in der Regel nicht mehr. Wie auch das Mitgefühl.

Nach und nach tauchten an allen Arbeitsstellen der Bäckerei Papas Landsleute auf. Alle hatten hungrige Familien, so wurden die Dosierungen der Produktionszutaten halbiert. Und als die Überprüfung anstand, drohte Papa die Exekution, denn die Bäckerei belieferte auch die Soldaten mit Brot. Zum Glück konnte der Konflikt gelöst werden. Seitdem wurden Papa keine Führungspositionen mehr angeboten.

Mama und Papa. 1950er Jahre

In dem Städtchen Pidhajzi in der Oblast Ternopil schlugen sich die meisten Lemken, um der Polonisierung zu entkommen, auf die Seite der Sowjets. Was – angesichts der damaligen Geschehnisse – ziemlich schwer zu begreifen ist.

Als Papa in Pidhajzi ankam, schmachteten die Mädchen: er war ein schöner, stattlicher Bursche. Aus den für die damalige Zeit wohlhabenden Mädchen wählte er eine junge Frau mit schwarzen Zöpfen und grünen Augen, die keine Probleme mit der Auswahl von Kleidung hatte: für die Sonntage hatte sie einen umgenähten Rock und eine Bluse aus einem Trophäen-Fallschirm. Nach der Hochzeit zog Papa zu Mama in den Umkreis von Pidhajzi, in ein Dorf mit dem wundersamen Namen Holendry, das aus dem Polnischen übersetzt Holland hieß – in ein Haus, das so aussah, als würde es bei einem Windstoß umfallen.

Einmal traf Mama auf Papas Landsfrau, die bei den Behörden als Putzfrau arbeitete, und warnte sie, dass es eine Anzeige gegen meinen Vater gab (sie hatte sie gelesen, weil man sie auf dem Tisch gelassen hatte).

Mit dem Abstand der vielen Jahre betrachte ich den Offizier des NKWD als einen Retter. Denn indem er die Anzeige sichtbar liegengelassen hatte, hatte er Papa praktisch die Möglichkeit gegeben, zu verschwinden. In der gleichen Nacht verließ Papa Pidhajzi und kam bis nach Karelien.

Ein – zwei Tage später wurde Mama zu den „Behörden" bestellt und gefragt, wo ihr Mann sei.

„Ich weiß es nicht", sagte Mama. „Er hat mich verlassen."

„Du lügst!", schlugen sie mit der Faust auf den Tisch.

Einige Zeit noch wurde Mama verhört und dann gehen gelassen. Ich glaube, man hatte sie noch mehrmals verhört.

Ein Jahr später starb Stalin.

Und eines Nachts klopfte Papa auf der Gartenseite ans Fenster ...

Das Leben in der Westukraine war gezeichnet von Alarmbereitschaft und Gefahrenbewusstsein, daher war es den Kindern strengstens verboten, jemandem etwas zu erzählen.

Mir wurde strengstens verboten, jemandem etwas zu sagen. Anscheinend wurde das Gefühl der Alarmbereitschaft und Gefahr, mit dem das Leben in der Westukraine durchtränkt war, auch den Kindern weitergegeben. Ich erinnere mich an eine Begebenheit, obwohl ich damals keine vier Jahre alt war.

Ich spielte draußen im Hof. Eine Tante fragte mich immer wieder, wo denn mein Vater sei.

Und da meine Oma mir beigebracht hatte: „Gott sieht alles und man darf nicht lügen", war ich in der Zwickmühle. Ich gab mir Mühe, die Frage zu überhören. Ich begann zu singen, doch die Tante fragte und fragte weiter. Ich sah mich gezwungen, ihr zwischen den Liedern zu verkünden, dass ich spielen gehen würde. Das Geheimnis war gewahrt. Und auch mit der Wahrheit war alles in Ordnung.

Dann fuhr Papa nach Boryslaw in der Oblast Lwiw. Dorthin zog kurze Zeit später auch Mama, dann wurde ich geholt. Schließlich kamen wir alle zurück nach Hause.

Zweimal fuhr Papa ins „Neuland"[2] – er verdiente Geld für ein neues Haus. Mama nähte.

Papa hatte ein komplexes Temperament, obendrein war er vertrauensselig. Oft hatte man ihn auflaufen lassen. Was er alles gearbeitet hatte! Als Chauffeur, Buchhalter, Mechaniker, Verkäufer. Erzürnt erzählte er Mama von Ungerechtigkeit, Verrat, Hinterhältigkeit mancher Leute. Und Mama stimmte voll und ganz zu – ihr Wasyl hatte immer recht.

Papa interessierte sich auch für Politik, hörte Radio, und Mama ging hinaus in den Hof und hielt Wache, damit niemand zu ihnen nach Hause kam. Papa akzeptierte das „System" nicht. Aus Überzeugung und ohne Wenn und Aber. Daher, als man aus mir einen „Roten Pionier" machte und ich als Zeichen der Zugehörigkeit das rote Halstuch tragen musste, stand ich vor einem Problem. Deswegen auf dem Weg zur Schule versteckte ich das Halstuch unter meiner Schuluniform, vor der Schule zog es wieder zum Vorzeigen aus, und nach der Schule versteckte ich es wieder. Das machten viele Kinder.

Einmal hatte ich es vergessen und kam mit dem Halstuch nach Hause.

Viele Schüler in der Westukraine gingen zum Unterricht mit einem Pionierhalstuch, das unter der Schuluniform versteckt war. Sie zogen dieses vor dem Schulgebäude heraus und nach dem Unterricht, sobald sie das Schulgelände verlassen hatten, nahmen sie es ab.

---

2 Anm. d. Übers.: Gemeint sind die Kampagnen zur großflächigen Gewinnung des landwirtschaftlichen Neulands (russisch „Zelina") in den 1950er und späteren Jahren. Aus der ganzen UdSSR kamen kurzfristig Arbeiter vor allem nach Kasachstan und Südsibirien, um dort Geld zu verdienen. Für die sowjetische Regierung war das ein vielversprechendes Prestigeprojekt, daher war dort die Fleißarbeit unter miserablen Bedingungen relativ gut dotiert.

„Du beschämst uns! Wie konntest du das vergessen und so durch die ganze Stadt laufen", schimpfte Mama mit mir.

Ich verstand gar nichts.

Einerseits waren da meine Eltern mit ihrer unbestreitbaren Autorität. Andererseits die Schule, in der beispielsweise russische Literatur von einer intelligenten, sehr gebildeten Lehrerin gelehrt wurde, deren Unterricht ich atemlos folgte. Sie erzählte uns nicht nur von der russischen Literatur, sondern auch von den Ukrainern darin.

Wir sprachen über Widerstandskämpfer der Jungen Garde und andere Helden. Sprachen mit vollem Verständnis und Begeisterung. Und ich war ehrlich, aber heimlich, eingenommen von der Idee.

Als ich dem Komsomol beitrat, trug ich etwa einen Monat lang das Abzeichen hinter dem Revers meiner Jacke. Damit meine Eltern es nicht sahen.

Etwa 1970, nachdem ich aus Lwiw zurückkam, spürte ich, dass das Haus mit Sorge und Spannung gefüllt war. Ich erfuhr, dass im Stadtzentrum irgendeine Frau zu meinem Vater gekommen war und geschrien hatte, dass sie ihn mit Deutschen irgendwo im Dorf Turka gesehen und ihn an seinem Goldzahn erkannt hätte. Das war eine Lüge. Lediglich ein Vorwand für eine Vorladung in den „Behörden", der nicht lange auf sich warten ließ.

Papa erzählte ein weiteres Mal seine „richtige" Biografie, die er in- und auswendig kannte. Er wurde frei- und seitdem in Ruhe gelassen.

Die Perestroika betrachtete Papa mit Interesse. Zu den Demos ging er selten, aber er versuchte, auf dem Laufenden zu bleiben, im Gegensatz zu Mama, die sich vollkommen in den Wirbel der Perestroika stürzte.

Papa ging selten zur Kirche. Er sagte, dass er wegen Asthma den Weihrauch schlecht vertrug. Da er die Nuancen in zwischenmenschlichen Beziehungen nicht wahrnahm und oft zu direkt war, stellte er besondere Ansprüche an die Vertreter des Klerus. Als würde er mit seiner Person den klassischen Charakter der Lemken „verdünnen" – das Volk der Ruhigen und Gutmütigen.

Mit 67 Jahren starb mein Papa.

Maria Matios

Frieden. Krieg. Und Menschen[1]

Wo seid ihr, Rabbiner, Geistliche und Priester, bekannte Schönredner und Lügenmäuler, Politiker und Populisten, warum schweigt ihr so, während vor den Augen des ganzen mit dem 9. Mai verwirrten Landes eine weitere Provokation geplant wird?! Und wieder in Lwiw. Und wieder an diesem Datum.
    Was? Wieder Krieg? Oder wieder nicht-Euro-2012? Was wisst ihr über den Krieg – ihr, die euer politisches Kartenspiel auslegt in der Hoffnung, diesmal um die „Judenfrage" zu spielen?
    Ich weiß es auch nicht. Aber meine Generation und ich ernten bis heute die Früchte einer 70 Jahre alten Tragödie, die niemanden verschont hat. Niemanden! Selbst wenn man nichts mit den Kriegshandlungen zu tun hatte. Selbst wenn man in einem anderen Land gelebt hat.
    Wie meine Großväter zum Beispiel ...

… Wenn Sie glauben, dass meine Stadt Rostoky zu sehr ukrainisch orientiert ist, dann irren Sie sich. Die Bukowina ist nicht Galizien. Ich habe kein Recht, außer einem verschwiegenen moralischen, jemanden für etwas zu verurteilen. Denn „es war eine blöde Zeit – in dieser verblöden die Leute", sagte meine Oma, die so weise war wie König Salomo. Auch heute verblöden sie noch, würde ich hinzufügen. Doch wir leben in einem freien Land – und es steht uns frei, das zu tun, was uns unsere Erziehung, Weltanschauung und der Rest sagen. Dabei verteidigt um uns herum überall jeder Mensch seine Ehre und das Seine so, wie er es kann.
    Alte Männer von der anderen Seite des Tscheremosch, aus Rostoky in der Oblast Iwano-Franki-

---

1 Ausschnitt aus dem Buch „Ausgerissene Seiten der Autobiographie" | „Вирвані сторінки з автобіографії" (Lwiw: Literaturagentur Piramida, 2010), ergänzt.

Die alten Leute sagen: „es war eine blöde Zeit – in dieser verblöden die Leute", also haben wir kein Recht, außer einem verschwiegenen moralischen, jemanden für etwas zu verurteilen.

wsk (wo die bekannte ukrainische Schriftstellerin Maria Wlad geboren wurde, die auf der Bukowiner Seite zur Schule ging – zusammen mit meiner Mutter), erzählten mir Ende der 1980er etwas über den Distrikt Galizien in der Kriegszeit.

Dort standen damals die Deutschen. Der ukrainische Untergrund war sehr aktiv. Um nicht zugeben zu müssen, dass er etwas mit den „Rächern des Volkes" aus dem Wald zu tun hatte (und damals hatte ich nichts Gutes über sie gehört!), sagte Opa Mychajlo es so: „Die Jungs und ich …" Und dann kam eine Geschichte, was er gemeinsam mit den Jungs gemacht hatte.

Sehr gut kann ich mich an die Geschichte darüber erinnern, wie sie „mit den Jungs" in Rostoky im Rajon Kosiw ein deutsches Lager überfielen. Wie sie es vor dem Morgengrauen ausraubten. Und damit die Polizei nicht darauf aufmerksam wurde, warfen sie den deutschen Wachmann mit dem Gesicht nach unten auf den Boden, legten ihm in der Dunkelheit ein Gänseei auf den Rücken und sagten ihm, es sei eine Granate: „Wenn du dich bewegst, stirbst du auf der Stelle."

Manchmal könnte ich mir die Haare raufen, wie schlecht mein Gedächtnis ist! Und dass meine Zunge damals wie am Gaumen festgenäht war. Und ein anderes Mal erinnere ich mich, dass die alten Männer … über diese Zeit sprachen, als hätten sie drei Tage nichts gegessen. Sie hatten Angst, von dieser Zeit zu erzählen. Viele haben auch heute noch Angst. Und bald ist niemand mehr da, der erzählen kann.

Die alten Männer hatten Angst, von „diesen Zeiten" zu erzählen, und wenn sie doch etwas sagten, dann mit Bedacht. Viele haben auch heute noch Angst. Und bald ist niemand mehr da, der erzählen kann.

Mein Opa Wlassij (ein Bukowiner), der nicht lesen und schreiben kann, erzählte mir vor allem, „wie lange das alles her war". Aber wenn der Dorf-Salomo, meine Oma Hafia, uns beim Gespräch erwischte, erteilte sie jedem „Arbeitsanweisungen":

„Wlassij, hast du schon das Gras auf dem Iwanzew gemäht?"

„Maria, geh doch und schau im Stall nach, ob die Kuh wiederkäut und ob die Hühner auf den Stangen sitzen."

Heute hätte ich sie verstanden. Damals nicht. Die „Tore" zu den Gesprächen mit den Großmüttern öffneten sich 1990. Aber sie blieben nicht lange offen. Und nur halb. Meine Oma war ein Wunder!

„Hier, sieh dir den Krawtschuk im Fernsehen an! [*Gemeint war Leonid Makarowytsch. – M.M.*][2] So hübsch, als würde er nach wie vor die Brust bekommen! Das ist – ich sage es dir – wirklich vornehm!"

Beim Gespräch mit Leonid Makarowytsch 2010 beim Festival „Ukrainischer Frühling", wo wir beide zu Gast waren, dachte ich, Maria Matios, genau das Gleiche, was meine Oma, Hafia Illiwna Matios, mir 1990 gesagt hatte: „So hübsch, als würde er nach wie vor ..."

... Die genaue Anzahl der Benachteiligten, Unterdrückten, Ermordeten usw. in Rostoky in der Bukowina nach der Ankunft der sowjetischen Regierung 1940 kann niemand mehr nennen. Wie auch die Anzahl derer, die in den Weiten der „unermesslichen Heimat" geblieben sind. Ob tot oder lebendig.

Denn bis heute melden sich immer wieder Kinder und Enkel derer, die „weggebracht" wurden. Viele von ihnen leben in Russland, sprechen Russisch. Mit wem sie sich identifizieren, weiß ich nicht, ich kenne sie nur vom Hörensagen. Aber etwas ruft nach ihnen. Einmal im Leben zieht es sie in die Berge, in ihre Heimat.

Viele leben im Donbass. Viele in den Oblasten Mykolajiw und Cherson, wohin sie bereits zu meinen Lebzeiten freiwillig gezogen waren, Ende der 60er – Anfang der 70er, auf der Suche nach einem besseren Leben.

Auch erinnere ich mich, dass in unserem Dorf an gut besuchten Stellen – beim Klub, bei der Schule, dem Dorfrat und der Post – Stellenanzeigen für Arbeit im Süden der Ukraine hingen, mit Unterkunft usw. Einige kamen zurück, andere leben auch heute noch dort – und ich weiß nicht, ob sie noch mit ihren Familien Kontakt haben.

Ich erinnere mich an eine Nachbarsfamilie, die sich mit ihren vier Kindern auf die Suche nach einem besseren Leben begeben hat. Ich kenne einen ehemaligen Klassenkameraden, der als Bergmann im Donbass arbeitet. Er meldete sich fast 30 Jahre nicht bei seinen Verwandten – nicht einmal zur

Niemand kennt die genaue Anzahl der von der sowjetischen Regierung Unterdrückten, Ermordeten und Benachteiligten in der Bukowina. Ebenfalls unbekannt ist auch die Zahl der Bukowiner, die, tot oder lebendig, in den Weiten der „unermesslichen Heimat" geblieben sind.

---

2 Anm. d. Übers.: Leonid Krawtschuk, der erste Präsident der unabhängigen Ukraine (1991 –1994).

In sowjetischen Schulen gab es Unterricht in patriotischer Erziehung, zu dem man Veteranen des Zweiten Weltkrieges und Kolchosenarbeiter eingeladen hatte, die nicht die Wahrheit erzählen konnten, denn sie hatte nicht so ein heldenhaftes Gesicht wie in den Büchern. Die eingeladenen Helden mussten „vom Blatt" lesen.

Beerdigung seiner Mutter war er gekommen. Und jetzt hatte er sich gemeldet.

… In meiner Schulzeit respektierte und erinnerte man vor allem an die Veteranen des Großen Vaterländischen Krieges und vorbildliche Kolchosenarbeiter. In der Schule gab es Unterricht zur patriotischen Erziehung – da wurde immer jemand von den örtlichen Veteranen eingeladen.

Doch das ging nicht lange so. Wir waren interessierte, redselige, neugierige Kinder. Aber unsere Dorfveteranen, wie ich heute verstehe, hatten nicht viel zu erzählen. Nein, ich weiß heute, dass gerade sie – die „Eingeborenen" Afanasij Wasyljowytsch Hawriljakow, Mychajlo Dmytrowytsch Mychajljuk, Iwan Tymofijowytsch Chimtschynskyj und Mykola Jurijowytsch Stebljukow – sehr wohl etwas zu erzählen hatten.

Das System konnte jedoch gut denjenigen „einen Maulkorb verpassen", die etwas wussten und es sagen konnten. Diesen „Dorfveteranen" war es selbstverständlich unmöglich, die Wahrheit zu sagen. Denn die Wahrheit hatte ein hässliches Gesicht – nicht so ein heroisches wie in den Büchern.

Die Wahrheit lag darin, dass sie, die jungen, nicht ausgestatteten und unausgebildeten Bukowiner, 1944 im Krieg erprobt wurden, und das sehr grausam. Sie waren schuldig vor der sowjetischen Regierung! Schuldig ob ihrer bloßen Existenz auf dem okkupierten Territorium [*Die Oblast Tscherniwzi gehörte 1941 – 1944 zu Rumänien, damals ein Verbündeter Deutschlands* – M.M.].

Es war unerheblich, dass es dort kaum deutsche Besatzungsmächte oder ununterbrochene Kriegshandlungen gab. Sie wurden zu Kanonenfutter. Und dass sie überlebt hatten – das war schlicht der Wille Gottes – und nichts anderes. Denn vor ihnen war das Feuer des Feindes, und hinter ihnen das Feuer der Befreier aus den „Sperrtruppen".

Wenn Sie jemals in die Bukowina reisen und durch den Rajon Wyschnyzja fahren, können Sie in jedem Dorf Denkmalsäulen für die Gefallenen im Zweiten Weltkrieg sehen. In Milijewe, Ispas, Banyliw, Waschkiwzi … Überall! Es ist gruselig, die Inschriften auf den Obelisken zu lesen – es sind so viele, die in ihren ersten Schlachten gefallen sind, mit nur einem

Gewehr und einer Granate für zehn Leute! Das ist eine weitere schreckliche Bukowiner Wahrheit, die die Historiker noch nicht erforscht haben.

Die Historiker gingen in die „Tiefe der Jahrhunderte", und die Unschuldigen, die gerade erst getötet worden waren, wurden übergangen. Ich weiß nicht, ob irgendwo ihre echten Erinnerungen – nicht die vom Blatt – zu finden sind, abgesehen von den familiären. Wenn sie sie ihren Familien erzählt hatten. Und selbst wenn sie es taten, ist niemand mehr übrig, der das Erzählte weitergeben kann.

Die Bukowiner, die nach all diesen historischen Katastrophen in der Bukowina geblieben waren, schrieben ihre Erinnerungen nicht gerne auf. Nicht umsonst haben wir in der Bukowina wohl das Sprichwort: „Für ‚weiß ich nicht' schlägt und straft man nicht".

In der Bukowina ist das Sprichwort verbreitet: „Für ‚weiß ich nicht' schlägt und straft man nicht"

Und wer repräsentiert uns gegenüber der Welt, wenn wir es nicht selbst tun?

… Mein Opa Wlassij Matios, geboren 1906, erzählte, wie er ausgemustert wurde. In Wyschnyzja suchte man nach Männern im mobilisierungsfähigen Alter aus den umliegenden Dörfern. Zwischen den Reihen gingen sowjetische Offiziere. Sie schätzten die Eignung der Männer für den Krieg ein.

Mein Opa hatte ein künstliches Auge. Sein eigenes hatte er bei einem Unfall verloren – während der Holzarbeit. Das Auge hatte ein Arzt aus Iași in Rumänien mitgebracht, an den mein Opa sich in Wyschnyzja gewandt hatte.

Opa sagte dem sowjetischen Offizier, dass er schlecht sehen könne, „nur die Hälfte". Der Offizier fluchte und stach mit dem Finger in Opas Auge. Das Glasauge fiel heraus und zerbrach vor aller Augen. Der Offizier fluchte erneut und ging weiter.

So entging Opa der Front. Doch sein ganzes restliches Leben quälte er sich mit den ständig zu erneuernden künstlichen Augen. Denn die Augenprothesen, die Opa schon in sowjetischen Apotheken kaufte, waren von schlechter Qualität und scheuerten in seiner Augenhöhle, und an ein Auge aus dem Ausland kam Opa nicht: wir hatten damals schlicht keine.

Ich erinnere mich an Opas Leid mit dem Auge. Und ich erinnere mich gut daran, dass ich die Wahr-

Gegen Ende der 1960er – Anfang der 1970er wurde in der Kolchose eine Zeitung herausgegeben. Keine Wandzeitung, sondern eine vollwertige Zeitung mit dem Titel „Der Kirower", die eine bedeutende Auflage hatte. Ihr Redakteur war Juri Iwanowytsch Kotscherhan – ein überzeugter lokaler Kommunist.

heit erst viel später erfahren habe. Auf meine neugierig-nervende Frage, warum Opa nicht im Krieg gekämpft hatte, antwortete fast immer meine Oma: „Er wurde wegen seines Auges ausgemustert". Und das war's ...

Also zu unseren Dorfveteranen. Zuerst kamen sie im Patriotenunterricht mit Gemeinplätzen davon, danach durften sie einfach nicht mehr so oft zur Schule gehen. Ihre Erinnerungen an den Zweiten Weltkrieg teilten sie im Klub vor dem Tag der Armee und dem Tag des Sieges. Doch dieses Mal auf jeden Fall vom Blatt.

Nicht vom Blatt sprachen dagegen die Veteranen, die nicht aus unseren Dörfern kamen. Es gab damals zwei – eine Sanitäterin des Krankenhauses Rostoky, Jewdokija Andrijiwna Bubultschuk, und der langjährige Leiter der lokalen Kirow-Kolchose, Pawlo Iwanowytsch Mykytenko. Sie waren echte Soldaten, mit Orden und Medaillen, hatten den gesamten Krieg mitgemacht, und Jewdokija Andrijiwna war an der Verteidigung und Durchbrechung der Leningrader Blockade beteiligt gewesen.

Über Jewdokija Bubultschuks Schicksal erzähle ich gleich mehr, und von Pawlo Iwanowytsch erzähle ich das Wenige, woran ich mich noch erinnere. Mykytenko kam irgendwo aus der Ukraine. Er sprach Ukrainisch. Er war klug, ernst und konnte gut wirtschaften. Mit ihm blühte unsere Kolchose richtig auf, wie sie eben zu dieser Zeit aufblühen konnte. Dass unsere Kolchose im Rajon dauerhaft als Musterbetrieb galt, war unumstritten sein Verdienst.

Er konnte „kräftig", nach Soldatenmanier, sogar im Rajonskomitee der Partei sprechen und für die Kolchose mehr „rausschlagen", als vorgesehen war.

Ich erinnere mich an diese Zeiten (gegen Ende der 1960er – Anfang der 1970er), als in der Kolchose eine Zeitung herauskam. Keine Wandzeitung, sondern eine vollwertige Mehrauflagen-Zeitung, hergestellt im Hochdruckverfahren, mit dem Titel „Der Kirower". Ihr Redakteur war Juri Iwanowytsch Kotscherhan – ein sehr hartgesottener Kommunist aus der Gegend.

Bei uns zu Hause sind noch einige Ausgaben des „Kirower" erhalten, wo etwas über meinen Opa väterlicherseits, Onufrij Matios, steht. Dort ist er als fleißiger Holzfäller beschrieben. Offensichtlich verdankte die Kolchose die „Vorreiterstellung" nicht zuletzt seinem Leiter – Pawlo Mykytenko.

Begraben liegt Pawlo Iwanowytsch in Rostoky. Und seine Frau Oleksandra Tymofijiwna Husatschenko (aus der Oblast Mykolajiw) war mehrere Jahrzehnte Lehrerin in Rostoky, wo sie auch heute noch wohnt.

Heute lebt noch ein Veteran in unserem Dorf – der Belarusse Albin Josypowytsch Hljosa, der in hohem Alter zu seinem Sohn Valerij gezogen war, der in der Bukowina geheiratet hatte. Die Russin Sofia Jefremiwna Tomnjuk, die ihr ganzes Leben in Rostoky verbracht hatte, wurde auch dort beerdigt.

Hier sind die Angaben über Jewdokija Bubultschuk, die zum Vorbild für die Sanitäterin Dussja in meinem Buch „Nation" wurde, in der Novelle „Jurjana und Dowhopol": Jewdokija Andrijiwna Bubultschuk (Mädchenname unbekannt; 06.04.1920 – 07.04.1989), Russin, geboren in Tjumen, Russland. Aus einer kinderreichen Familie (sie hatte fünf Schwestern: Anna und Wira lebten in Jaroslawl, Nadija – in Donezk, Walja in Tjumen, Dussja in Rostoky). Nahm an der Verteidigung und Durchbrechung der Blockade Leningrads teil. 1944 beteiligt an den grausamen Schlachten an der Grenze Ungarns. Seit 1946 in der Bukowina.

Jewdokija Andrijiwna Bubultschuk (Mädchenname unbekannt; 06.04.1920 – 07.04.1989), Russin, geboren in Tjumen, Russland. Sie wurde zum Vorbild für die Sanitäterin Dussja im Buch „Nation" (Novelle „Jurjana und Dowhopol").

Ihr Mann aus der Bukowina war der „Springer"[3] Oleksij Bubultschuk – 1946 wurde er von einer Aktion der UPA getötet. Die schwangere Dussja konnte sich in einer Holztoilette (ein Plumpsklo, wie im Dorf üblich) retten, indem sie die Tür von außen abschloss und auf den „Sitz" kletterte, sodass die Laterne der „nächtlichen Besucher" ihre Füße „nicht bemerkte".

Am 30. Mai 1947 brachte die Witwe Dussja Bubultschuk ihren Sohn Oleksij zur Welt (dieser starb am 30.01.1978). Bis zu ihrem Lebensende arbeitete Jewdokija Andrijiwna in der Dorfambulanz.

---

3   Ein „Springer" war ein Soldat des Vernichtungsbataillons – einer Militärformation aus denen, die keiner verpflichtenden Mobilisierung unterlagen.

Ihre Mitbürger liebten sie sehr, denn sie war sehr mitfühlend, wenn auch streng. Sie nahm selbst kein einziges Mal medizinische Hilfe in Anspruch. Ihr Grab liegt im Dorf Rostoky.

Am 10. April 2010, bei der Premiere des Theaterstücks „Nation" in Iwano-Frankiwsk, war auf meine Einladung die Schwiegertochter Jewdokija Bubultschuks gekommen – Olena Pawliwna, Lehrerin an meiner ehemaligen Schule, Witwe ihres Sohnes Oleksij.

P. S. Nach der Aufführung küsste Olena Pawliwna meine Hände und konnte nicht aufhören zu weinen. Ihre Schwiegermutter Jewdokija Andrijiwna, verkörpert von der jungen Schauspielerin Myroslawa Husak, die die Rolle auf Russisch spielte, hatte so zur Schwiegertochter gesprochen, wie sie es in Rostoky vor ihrem Tod getan hatte.

Vor Kurzem war ich mit der Iwano-Frankiwsker Interpretation der „Nation" im polnischen Rzeszów im Wanda-Semaschkowa-Theater. Das polnische Publikum weinte ebenso viele Tränen, wie die Zuschauer in Cherson geweint hatten, als die „Moskalka" – die Sanitäterin Dussja auf Russisch den NKWDler Diduschenko überredete, die sterbende Frau Dschurjatschka ins Rajonskrankenhaus aufzunehmen, dessen Mann im sowjetischen Ministerium für Staatssicherheit in Untersuchungshaft sitzt, sowie den Operationsbevollmächtigten des Ministeriums für Staatssicherheit Dowhopol, der von „Wäldlern" angeschossen wurde.

In dem Buch „Nation" gibt es keinen einzigen erfundenen Charakter. Dazu tragen alle Figuren ihre echten Namen.

Für die, die wegen meiner „Nation" vor Wut geifern, erkläre ich es gern verständlich: keine der Figuren ist erfunden. Außerdem haben sie ihre echten Namen beibehalten. Dschurjatschka ist meine Oma, der Dorf-Salomo. Dowhopol ist derjenige, dem unsere Familie die Rettung von Wlassij verdankt (dem mit dem Glasauge).

Die Daten über ihn suche ich schon seit Jahrzehnten in allen Archiven, doch ich bekomme nur Absagen. Dabei möchte ich doch so sehr ein Wort des Dankes an seine Nachfahren übermitteln! Denn ich glaube, dass jede gute Tat, wie auch jede böse, beim Namen genannt werden muss.

Über Diduschenko habe ich Folgendes herausgefunden. Ich habe Informationen über ihn im Nachwort der ukrainisch-russischen Ausgabe der „Süßen Darussja" geteilt: der Oberstleutnant des NKWD Hryhorij Diduschenko Musijowytsch (21.01.1911 – ?), Ukrainer, Muttersprache: Russisch, geboren im Dorf Dmytriwka, Oblast Woronesch.

Schulabschluss, Berufsausbildung in der Fabrik, Stalin-Chemietechnikum. Er hatte keine Kurse des NKWD besucht und keine parteipolitische Bildung genossen. Arbeitete in der Kirow-Fabrik in Makijiwka, seit 1938 im NKWD Ordschonikidse, Kramatorsk, Woroschylowgrad, Saratow, Baku. An der Front des Zweiten Weltkriegs war er nicht. Diente im NKGB Kolomyja, Stanislaw (Oblast Iwano-Frankiwsk), Storoschynez, Wyschnyzja (Oblast Tscherniwzi). Bekam eine Ehrenwaffe für erfolgreich ausgeführte Arbeit unter in der Kriegszeit (1944).

Hatte Disziplinarstrafen: 20 Tage Haft in Kramatorsk für Verantwortungslosigkeit und grobe Fahrlässigkeit bei der Fallbearbeitung, 1944; in Stanislaw einen Verweis für grobe Verletzung der Strafprozessordnung (1945); 5 Tage Haft für Trunkenheit, fehlende Strenge und unzureichende Arbeitsergebnisse (1950) …

Danach schlug das Leben auf ihn ein. Und zwar schwer. Vielleicht für diese „unzureichenden Arbeitsergebnisse" in der Westukraine nach dem Krieg. Aber heute möchte ich nicht darüber sprechen: Diduschenko hat noch lebende Nachfahren. Er ist so alt wie meine Oma. Gott ist der Richter! So ging die Geschichte.

P. P. S. Und dem hyperaktiven Typen Markow aus der Mülldeponie in Odessa und seinen „Transformer-Pseudojuden" hätte ich statt der geplanten Reise nach Lwiw eine passendere Arbeit gegeben: sie hätten sich der Gruppe derer (unter anderem Lwiwer Bürger) anschließen sollen, die den Titel des Gerechten unter den Völkern für den gesegneten Pater Omeljan Kowtsch (aus Kosmatsch in der Oblast Iwano-Frankiwsk) forderten.

In Peremyschl geriet der ehemalige Pastor im Dezember 1942 in die Hände der Gestapo, weil er Juden taufte und so versuchte, sie vor dem Tod zu retten. Er saß im Lonzki-Gefängnis, später in Majdanek. Er hätte überleben können: die kirchlichen Hierarchen traten für ihn ein. Doch er sagte: „Wenn ich nicht hier bin, wer kann ihnen dann helfen, diese Leiden zu überstehen?"

1999 verlieh der Judenrat der Ukraine Pater Omeljan Kowtsch den Titel „Gerechter der Ukraine" und 2001 sprach Papst Johann Paul II. ihn selig, weil dieser Pastor während des Krieges Juden taufte, um sie vor dem Tod zu retten.

1999 verlieh der Judenrat der Ukraine Pater Omeljan Kowtsch den Titel „Gerechter der Ukraine". 2001 sprach Papst Johann Paul II. ihn selig.

Ob die „Reisenden", die von der Fahne des Provokateurs Markow „erleuchtet" wurden, nach Lwiw fahren, um Kowtsch zu gedenken? Wenn nicht, dann bitte ich darum: ich habe für diese „Juden gegen Hurwitz"[4] eine andere Arbeit, nämlich die, die ich heute mache.

60 Jahre später erfuhr ich von meinem ehemaligen Klassenkameraden Emil Klugmann, der 1944 in Rostoky gestorben war. Heute geht sein Name in die unendlich schrecklichen und traurigen personifizierten Gedenkbücher der Gedenkstätte Yad Vashem in Jerusalem ein. Denn was kann ich mehr für die tun, die gestorben sind, als an ihre Namen zu erinnern?

Wir alle können diese Aufgabe erfüllen. Jeder, wie er kann. Für die, die nicht mehr da sind, und für die, die noch nicht geboren sind.

---

4 Anm. d. Übers.: „Juden gegen Hurwitz" nannte sich eine prorussische Gruppierung aus Odessa, die in 2011 eine provokative Reise in die Westukraine plante, um dort angeblich „gegen Banderiwzi zu protestieren, die im 2. Weltkrieg an der Ermordung von Juden beteiligt waren". Eduard Hurwitz (selbst jüdischen Glaubens) leitete damals die Odessaer Staatsadminstration und hatte angeblich Konflikte mit den Anführern der Gruppierung.

Dmytro Stembkowskyj

Mein Großvater war im Untergrund in Kyjiw ... und sprengte die Brücke über den Dnepr

Das Hauptziel der Untergrundgruppe, zu der mein Opa gehörte, war die Zerstörung der Eisenbrücke über den Dnepr. An der Vorbereitung der Sprengung waren viele Leute beteiligt, und mein Opa zündete die Sprengschnur – Wadym Josypowytsch Stembkowskyj.

Wadym Josypowytsch Stembkowskyj ist mein Opa väterlicherseits. Als 1941 die Deutschen nach Kyjiw unterwegs waren, bekam er, jung, gebildet und einheimisch, den Befehl, in der Stadt zu bleiben und sich dem Untergrund anzuschließen.

Mein Opa gehörte zur Diversionsgruppe Iwan Kudrjas und sein unmittelbarer Kommandeur war der bekannte Untergrundkämpfer Dmytro Sobolew.

War Opa an den Explosionen auf dem Chreschtschatyk und im Kyjiwer Höhlenkloster beteiligt? Soweit ich weiß, nein. Im von Deutschen okkupierten Kyjiw beschaffte er für den Untergrund nützliche Informationen, beobachtete deutsche Offiziere und die Strecken der LKWs. Die Mitglieder der Untergrundgruppe, in der er aktiv war, töteten Polizisten, Verräter und die, die den Deutschen die Familien Roter Offiziere auslieferten. Außerdem beteiligten sie sich am Raub deutscher Banken (eher Kassen). Dieses Geld verwendeten sie für die Bestechung der Okkupanten. So seltsam es auch war, aber Deutsche, jedoch besonders Rumänen, von denen es in der besetzten Stadt viele gab, waren ziemlich bestechlich. Auch nach dem Krieg war in Kyjiw das Sprichwort verbreitet: „Wir sind hier nicht bei den Rumänen!" (als hätten nicht die Deutschen, sondern Rumänen Kyjiw okkupiert) – und das hieß, dass es unter Rumänen keine deutsche Disziplin gab.

Einmal hätte man Opa fast nach Deutschland zwangsrekrutiert – er floh einfach vor den Wachen am Sammelpunkt, von dem aus man Ostarbeiter wegschickte.

Er lernte einmal einen Deutschen kennen, der kein Soldat war, sondern im Besatzungsgebiet bei der deutschen Eisenbahn arbeitete. Dieser erzählte begeistert, wie er einmal auf dem Gleis Kaffeebohnen aufgesammelt hatte, die aus dem Güterwaggon gerieselt waren. Er hatte 100 Gramm zusammenbekommen und wollte diesen Kaffee seiner Familie zu Weihnachten schicken, als edles Geschenk. Sie hatten es eben auch schwer, sie waren im gleichen Krieg wie wir.

Das Hauptziel von Opas Untergrundgruppe war die Zerstörung der Eisenbrücke über den Dnepr, die die Deutschen gebaut hatten, denn nach dem Rückzug der Roten Armee hatte man alle Brücken gesprengt.

Die Brücke war von der deutschen Firma „Dortmund Union" erneuert worden, und mein Opa arbeitete auf dieser Baustelle als Elektriker. In der Schalttafel hinterlegten sie den Sprengstoff, und mein Opa Wadym war derjenige, der die Sprengschnur zündete und als letzter der Untergrundkämpfer wegging.

(Einmal wurde im ukrainischen Fernsehen eine Geschichtssendung gezeigt, in der der Moderator erzählte, dass Iwan Kudrja höchstpersönlich die Brücke gesprengt hatte, indem er den Sprengstoff aus dem Zug geworfen hatte. Doch das entsprang der Fantasie des Drehbuchautors. An der Vorbereitung der Explosion, die mehrere Tage andauerte, waren viele Leute beteiligt, die Untergrundkämpfer versteckten den Sprengstoff im Wydubyzkyj-Kloster, und mein Großvater Wadym Josypowytsch Stembkowskyj hatte die Brücke gesprengt.)

Nachdem er die Schnur gezündet hatte, lief er zu Fuß über die Brücke zur Schranke, an der die Wachen standen, denen er seine Durchgangserlaubnis zeigen musste. Opa ging und dachte daran, wie viel Sprengstoff hinter seinem Rücken war und

Die Brücke, die während des Rückzugs von der Roten Armee gesprengt worden war und die von der deutschen Firma „Dortmund Union" wiederhergestellt wurde, sollte vom sowjetischen Untergrund erneut in die Luft gejagt werden.

Mein Opa Wadym – rechts unten. Bei Žilina (Slowakei), April 1945

was gleich passieren würde. Er war sehr nervös, aber er versuchte, sich zu beherrschen.

Als er bei der Schranke ankam, wurde ihm bewusst, dass man ihm die Nervosität zu sehr ansehen konnte und die Wachen Verdacht schöpfen würden. In diesem Moment ging die Brücke hoch. Opa wurde von der Druckwelle über die Schranke geschleudert. Auf dem Boden liegend sah er, wie der Wachturm in die Luft flog.

Die Sprengung dieser Brücke war ein Signal für Opas Untergrundgruppe, ihre Tätigkeit zu beenden, Kyjiw zu verlassen und sich der Gruppe der Partisanen anzuschließen. Der Treffpunkt wurde im Voraus festgelegt – am rechten Ufer des Dnepr. Doch im letzten Moment, kurz vor der Zündung der Sprengschnur, lief nicht alles so wie geplant, darum fand Opa sich am linken Ufer wieder und wusste nicht, wie er rechtzeitig zum Treffpunkt kommen sollte.

In die Stadt zurück konnte er nicht – in Kyjiw wurden nach der Explosion Kontrollen und Verhaftungen durchgeführt. Daher ging er hinunter zum Dnepr, an die 30 Kilometer, bis er zwei Angler in einem Boot traf. Opa Wadym bat darum, ihn über den Dnepr zu bringen, natürlich gegen eine Entschädigung. Als sie in der Mitte des Flusses ankamen, hielten die Fischer an und sagten, dass er ihnen mehr geben müsse, sonst würden sie das Boot umkehren.

Opa sagte: „Gleich gebe ich euch mehr" – und zeigte ihnen seine Pistole. Die Angler brachten ihn umsonst ans rechte Ufer. Ja, er war stark, sowohl physisch als auch mental. Die Mitglieder des Untergrunds waren kühne Menschen.

In Kyjiw waren viele Untergrundgruppen aktiv. Alle hielten eine strenge Verschwiegenheit ein. Man konnte mit jemandem in einem Zimmer wohnen und nicht wissen, dass er auch im Untergrund war und vielleicht sogar an der gleichen Aufgabe arbeitete.

Überhaupt waren in Kyjiw viele Untergrundgruppen aktiv, doch die Tarn- und Täuschungsmaßnahmen waren so effektiv, dass man mit jemandem in einem Zimmer wohnen und nicht wissen konnte, dass er auch zum Untergrund gehört und vielleicht sogar an der gleichen Aufgabe arbeitet. Es war alles durchdacht: wenn jemand geschnappt wurde, konnte er auch unter Folter nicht mehr als ein bis zwei Personen verraten – mehr wusste einfach niemand.

Doch in der SD arbeiteten Profis, daher flog leider die Mehrheit des Untergrunds auf. Wahrscheinlich hat die Tatsache, dass die Gruppe, die die Brücke gesprengt hatte, Kyjiw verlassen hat, Opa das Leben gerettet.

Die meisten Mitglieder des Untergrunds gingen in den Wald zusammen mit ihren Familien – wären diese in Kyjiw geblieben, hätte man sie verhaftet. Zusammen mit Opa in der Partisanengruppe war auch seine Mutter – meine Uroma – Walentyna und Opas Bruder Juri – noch ganz jung.

Die Partisanengruppe, der sich der Kyjiwer Untergrund nach der Sprengung der Brücke anschloss, gehörte zu unterschiedlichen Zeiten zu den Verbindungen Taranuschtschenkos, Sbanazkyjs und Kowpaks. Die Partisanen führten Überfälle auf feindliche Stellungen durch und sprengten deutsche Züge.

Bei den Partisanen waren sie bis zur Befreiung der Ukraine. Opas Partisanengruppe war in den Verbänden Taranuschtschenkos, Sbanazkyjs, einige Zeit auch in Kowpaks. Die ganze Zeit verbrachte er mit Überfällen auf feindliche Stellungen und sprengte deutsche Züge, vor allem in den Oblasten Tschernihiw und Sumy. Oft führten sie in Schytomyr Überfälle durch, wobei sie durch Belarus dorthin gingen, ausschließlich zu Fuß und nur nachts. Sie führten Überfälle in der Westukraine durch.

Einmal mussten sie Bahngleise überqueren, das von einer deutschen Patrouille bewacht wurde. Opa saß im Wald und wartete, bis der Patrouillierende sich lang genug wegdrehte, damit sie Zeit hatten, das Gleis zu überspringen und sich im dahinterliegenden Wald zu verstecken. Als ein solcher Moment gekommen war, rannte Opa los, doch er bemerkte, dass Erbsen auf dem Gleis verschüttet waren, die anscheinend genauso aus dem Waggon gerieselt waren wie der Kaffee, von dem ihm einmal der Deutsche erzählt hatte.

Die Erbsen waren auf dem nassen Boden aufgeweicht worden, da legte sich Opa auf den Boden und begann, sie zu essen. Er begriff, dass der Deutsche sich jeden Moment umdrehen und ihn sehen würde, aber er hatte solchen Hunger, dass er nicht aufhören konnte.

Opas Mutter und sein Bruder kamen nach der Befreiung Kyjiws zurück in die Stadt. Bei seinem Aufenthalt bei den Partisanen trug Juri eine Behinderung davon (während einer Schlacht war neben ihm eine Granate explodiert, Wadym hat seinen verletzten Bruder herausgezogen und ihn gerettet, später zog man 96 Splitter aus Juri heraus). Und Uroma Valentina starb im von Deutschen befreiten Kyjiw während eines Bombenangriffs. Die Deutschen bombardierten die Schiffe auf dem Dnepr aus großer Höhe, daher war die Trefferquote sehr niedrig. Eine Bombe traf die Postfiliale Nr. 11, in der meine Uroma damals tätig war. Diese Filiale gibt es noch heute, am selben Ort: Kutusow-Gasse 3 – aber in einem neuen Gebäude, versteht sich. Ironischerweise wohnte meine Familie nach dem Krieg direkt gegenüber in der Panas-Myrnyj-Straße auf der anderen Seite des Petscherskyj-Marktes. Dort verbrachte mein Vater seine Kindheit. Das Haus gibt es nicht mehr, es wurde in den 1980ern abgerissen, Opa Wadym wurde in den Bezirk Trojeschtschyna umgesiedelt, und an dieser Stelle steht jetzt ein Neubau.

Nach der Befreiung der Ukraine fand sich Opa in den Reihen der Roten Armee wieder. Er kämpfte an der 4. Ukrainischen Front in der 102. Armee, in den Fernmeldetruppen, wo er Telefonkabel verlegte.

Einmal musste er an der Front das Kabel dorthin ziehen, wo sich nach einem Angriff in den deutschen Gräben ein Strafbataillon befand. Die Deutschen beschossen den ganzen Tag verstärkt diese Positionen, und am nächsten Morgen befahl man meinem Großvater, die Verbindung mit dem Strafbataillon herzustellen.

Das war im Spätherbst, am Morgen war ein leichter Schnee gefallen, und vor dem Angriff hatten die Kämpfer des Strafbataillons ihre Mäntel abgelegt – so konnten sie sich leichter bewegen. Als Opa zu ihnen gekrochen kam, sah er: alle, die die Attacke überlebt hatten, waren in der Nacht erfroren, es gab keinen einzigen Überlebenden.

Den Sieg erlebte Wadym Josypowytsch in Prag. Nach dem Krieg diente er noch einige Jahre. Ich habe den Verdacht, dass er wahrscheinlich gegen die UPA kämpfte. Doch das sind nur meine Vermutungen, genau weiß ich es nicht. Wie stehe ich dazu? Die Soldaten der UPA kämpften für die Ukraine, für ihre Unabhängigkeit, ich persönlich habe keinen Zweifel, dass die Ukraine heute nur dank ihrer Aufopferung existiert.

Trotzdem bin ich sehr stolz auf meinen Opa – auf seine Stärke und seine Bereitschaft, das eigene Land und die Heimat vor dem Feind zu verteidigen, der vor ihm steht, ausgehend vom Kontext und den verfügbaren Informationen.

Nach dem Krieg heiratete Opa Wadym meine Oma Nadija Hryhoriwna Remisowska. Sie kam übrigens auch aus Kyjiw, ihre Wurzeln hier gingen mehrere Generationen zurück, und während der Besatzung blieb sie in Kyjiw.

Als Opa Wadym schon bei den Partisanen war, begegnete er ihr zufällig auf dem Waldweg. Nadija Hryhoriwna ging zusammen mit anderen Städterinnen durch die Dörfer in der Hoffnung, irgendwelche Sachen für Lebensmittel einzutauschen. Diese Gruppe trafen zufällig die Partisanen. Opa Wadym erkannte Oma Nadija, denn sie hatten sich, wie sich herausstellte, schon vor dem Krieg gekannt. Wahrscheinlich gefiel Opa die junge Nadija Hryhoriwna schon damals, und er versprach, sie zu finden, sobald der Krieg vorbei sein würde.

Leider ereilte auch Oma das Schicksal vieler junger Leute aus Kyjiw: sie wurde nach Deutschland gebracht, war eine Ostarbeiterin. In den 1990ern bekam sie vom deutschen Staat eine finanzielle Entschädigung. Über ihren Aufenthalt in Deutschland weiß ich so gut wie nichts. Mir ist nur bekannt, dass sie dort in einer Gummifabrik gearbeitet hatte.

Die UPA kämpfte für die Unabhängigkeit der Ukraine. Offensichtlich existiert die Ukraine heute nur dank der Aufopferung der Soldaten der Aufständischen Armee.

In meiner Familie erzählte man nicht gerne (daher fand ich das erst spät heraus), dass Nadija Hryhoriwna nach dem Krieg einen jungen Offizier von der Front heiraten wollte. Heute bereiten sich junge Brautpaare ein halbes Jahr auf die Hochzeit vor, doch in der hungrigen Nachkriegszeit war alles anders. Damals spazierten die Verlobten mit einer Horde Freunde laut zum Bajan[1] singend durch Kyjiw zum Standesamt, um ihre Trauung zu vollziehen, aber es stellte sich heraus, dass die Abteilung für Eheschließungen an dem Tag geschlossen war. Die Gruppe kehrte um und ging genauso fröhlich wieder zurück. Auf dem Weg stießen sie auf eine kriminelle Bande, von denen es in der Stadt nach der Verkündung der Amnestie anlässlich des Tages des Sieges viele gab. Aus irgendeinem Grund gab es eine Schlägerei und Omas Verlobter, der junge Offizier, wurde von einem freigesprochenen Verbrecher erstochen. Die Polizei fasste ihn noch am selben Tag anhand einer heißen Spur. Es ist schon seltsam: wenn es diese Tragödie nicht gegeben hätte, wäre mein Vater nicht zur Welt gekommen und es gäbe mich gar nicht.

Wadym Josypowytsch und Nadija Hryhoriwna hatten drei Töchter und einen Sohn – meinen Vater. Nach dem Krieg arbeitete Opa bis zur Rente in der Ersten Schuhfabrik „Kyjiw", die gegenüber dem Höhlenkloster lag, und war Leiter der Elektrikwerkstatt in der Fabrik (er hatte auch vor dem Krieg dort gearbeitet). Er wirkte bei der Neuorganisation mit und baute die Fabrik aus.

In dieser Fabrik arbeitete einige Zeit auch meine Oma, und die meiste Zeit seines Lebens mein Vater – in der gleichen Elektrikwerkstatt. In der Fabrik lernte er meine Mutter kennen. Sogar ich hatte noch die Gelegenheit, in den 1990ern in der gleichen Elektrikwerkstatt zu arbeiten.

In den 2000ern gab es einige kriminelle Übernahmeversuche der Fabrik, und sie wurde in das Städtchen Wyschnewe „umgesiedelt", und an dieser Stelle plant man nun einen Hotelkomplex.

---

1 Anm. d. Übers.: Eine osteuropäische Form des Akkordeons.

An meinen Opa kann ich mich kaum erinnern, er starb am 23. Februar 1988 – am Feiertag der Sowjetischen Armee. Ihm wurde telefonisch aus der ganzen Welt gratuliert, er lächelte, scherzte, legte auf – und starb. Ganz plötzlich, ohne zu leiden.

Alles über Opas Leben hatte ich von meinem Vater gehört. Und der wiederum hatte von den Untergrundaktivitäten seines Vaters erst zu Beginn der 1960er erfahren. Bis dahin wusste niemand in der Familie etwas davon. Sie wussten nur, dass er ein Partisan war.

In der Erzählung „Blitz über der SD" (L. Spraha und J. Tumarkin) tritt Wadym Josypowytsch Stembkowskyj als einer der Helden auf. Der Autor änderte nicht einmal seinen Namen.

In den 1960ern kamen oft Journalisten und Schriftsteller zu meinem Opa: Spraha und Tumarkin, Przebilski, Sawalischyna und Smischnow. Sie fragten ihn aus und schrieben seine Erinnerungen auf. Diese nutzten mehrere sowjetische Autoren in Propagandaromanen über den Krieg. In der Erzählung „Blitz über der SD" (L. Spraha und J. Tumarkin) tritt er als einer der Helden auf, selbst sein Name wurde nicht geändert. In den 1960ern nahm Opa seinen Sohn – meinen Vater – zu Partisanentreffen mit. Dort waren auch Sydir Artemijowytsch Kowpak sowie andere Untergrundkämpfer und Partisanen. Sie umarmten und küssten sich, tranken zusammen.

Einmal fragte Papa Opa: „Wie viele Deutsche hast du getötet?" Opa wusste es nicht – vielleicht Hunderte, vielleicht auch zehntausend. Sie hatten sehr viele Züge entgleisen lassen, und was war in den Zügen gewesen? Möglicherweise Menschen, aber möglicherweise auch nur Holz. Auch gesprengt hatte er nicht selbst.

Wasyl Romanowytsch Hordijenko – mein Großvater mütterlicherseits – war ein Mechaniker und arbeitete auf dem Flugplatz, reparierte Flugzeuge. Einmal wurde sein Flugplatz bombardiert und Opa Wasyl wurde verletzt, und seine Familie bekam fälschlicherweise eine Todesmeldung. Erst einige Monate später bekamen sie von ihm einen Brief, der so anfing: „Uljana, ich bin am Leben!"

Uljana Hryhoriwna Hordijenko (geboren Poticha) ist meine liebe Oma. Sie hatte das Glück, den Holodomor 1932 – 1933 zu überleben – sie war einfach aus ihrem Dorf geflohen. Als der Krieg begann, fuhr sie, schon verheiratet, mit ihrer kleinen Tochter und auch noch schwanger, wissend, dass die Deutschen bereits in der Nähe waren, aus Bila Zerkwa in die Evakuation nach Poltawa, zu den Eltern ihres Mannes. Als sie nach Poltawa kam, warteten dort bereits die Deutschen.

Bei Poltawa erlebte sie die Okkupation. Dort bekam sie eine Lungenentzündung. Mit natürlichen Heilmitteln überwand sie die Krankheit, doch zu unserer Zeit – daran kann ich mich gut erinnern – hatte sie immer Probleme mit der Lunge. Die Ärzte schickten sie ständig zum Röntgen, und als sie die Aufnahme bekamen, dachten sie, diese wäre beschädigt, denn die Lunge war komplett mit kleinen Narben bedeckt, und die Ärzte dachten, die Aufnahme wäre verdunkelt. Daher schickten sie Oma zur nächsten Röntgenaufnahme.

Sie erzählte, wie ihr Mann – mein Opa Wasyl – frühmorgens aus dem Krieg zurückkam, wortwörtlich im Morgengrauen, und an das Fenster ihres Dorfhauses klopfte. Alle schliefen noch, und da: „Uljana, Wasyl ist zurück!" Jedes Mal, wenn sie mir das erzählte, glänzten Tränen in ihren Augen. Nun, da sie nicht mehr da ist, verliere ich selbst das Gleichgewicht ob dieser Worte.

Heute sind sowohl Papas Eltern, Wadym Josypowytsch und Nadija Hryhoriwna, als auch Mamas, Wasyl Romanowytsch und Uljana Hryhoriwna, nicht mehr da.

Auch Wadym Josypowytschs Brüder hatten im Krieg gekämpft (einer von ihnen war ein Panzerfahrer gewesen und hatte mehrmals im Panzer gebrannt), wie auch Uljana Hryhoriwnas (einer diente in der Artillerie und wurde für den Titel des Helden der Sowjetunion ausgewählt, die Auszeichnung hat er jedoch nie bekommen). Meine Verwandten hatten gekämpft. Ich erzähle das nicht, um zu prahlen, sondern damit dieser Horror sich nie wiederholt. Krieg ist etwas sehr Schreckliches.

Ihor Lubkiwskyj

Mein Großvater hat sowohl im Ersten als auch im Zweiten Weltkrieg gekämpft

Um zu überleben, kochte Oma Fleisch und brachte es an das Bahngleis – zu den Zügen, die nach Westen fuhren, an die Front. So hatte sie etwas Geld, denn vom Feld allein konnte man nicht leben.

Für meine Familie, wie auch für viele andere galizische Familien, begann der Krieg nicht am 22. Juni 1941, sondern viel früher. Und nicht einmal erst am 17. oder am 1. September 1939, sogar noch früher – im Ersten Weltkrieg. Der Krieg endete auch in der Zeit zwischen den Kriegen praktisch nicht.

In diesem ersten Krieg wurde Galizien zur Arena erbitterter Schlachten. Die einen kämpften für die Unabhängigkeit der Ukraine, die anderen für die Polens. In den Reihen der österreichischen Truppen kämpfte man ebenfalls gegen die Ukrainer (und Russen) der Zarenarmee. Viele Familien waren außerdem gemischt, ukrainisch-polnisch, das hatte ebenfalls diese Ereignisse geprägt.

Aus einer solchen Familie kam auch mein Großvater, Pawlo Stanislawowytsch. Seine Mutter, Teklja Holojiwska, war eine Ukrainerin aus der kleinen Siedlung Stadnyzja bei Ternopil. Ihr Grab befindet sich bis heute auf der ukrainischen Seite des Friedhofs. Denn auch wenn Polen und Ukrainer zusammenlebten, war ihr Glaube unterschiedlich, daher war auch der Friedhof in der Mitte getrennt. Auf der einen Seite wurden Polen beerdigt, auf der anderen Seite Ukrainer.

Auch wenn Teklja auf der ukrainischen Seite des Friedhofs begraben ist, liegt ihr Mann Stanislaw, wie man damals schrieb: Łubkowski, mein Uropa, auf der polnischen Seite. Ich weiß nicht, ob es normal war, die Ehefrauen getrennt von ihren Ehemännern zu beerdigen.

Meine Familie. In der Mitte ist mein Uropa Stanislaw mit seiner Frau Teklja. Oben links mein Opa Pawlo. In Wirklichkeit ist die Familie in dieser Zusammensetzung nie zusammengekommen, das alles ist damaliges „Photoshop". Teklja ist 1898 gestorben, vier Jahre nach der Geburt meines Opas, als die Kinder noch ganz klein waren. Ihr Mann Stanislaw starb 1930. Doch auch er hatte nicht alle so gesehen, wie sie auf dem Foto dargestellt sind. Sein jüngster Sohn Iwan (oben in der Mitte) ist in die USA emigriert, wo er Jewdokija aus Ternopil heiratete (auf dem Foto neben ihm). Er kam erst nach dem Tod seines Vaters zurück in die Ukraine, stellte für ihn einen Grabstein auf und gab den Bau eines Hauses in Auftrag. 1930 wollte er für immer aus den USA zurückkehren, aber er schaffte er nicht – kurz darauf starb er bei einem tragischen Unfall in New York vor dem Zweiten Weltkrieg (er war Fensterputzer für Hochhäuser).

Doch die Familie meines Opas war genauso gemischt: er heiratete auch eine Ukrainerin, und meine Oma ist ebenso auf der ukrainischen Seite des Friedhofs beerdigt, neben ihrer Schwiegermutter. Und ihr Ehemann, mein Opa Pawlo, ist genauso getrennt beigesetzt worden – auf der polnischen Seite des Friedhofs, in der Nähe seines Vaters Stanislaw.

Das ist unsere Familiengeschichte – ich weiß nicht, wie typisch sie war: Polen und Ukrainer gehen nach dem Tod auf unterschiedliche Seiten, auch wenn sie in einer Familie gelebt hatten.

Aber es ist eine Tatsache, dass Opa als Nachkomme einer gemischten Familie sich auf die Seite keiner nationalen Befreiungsbewegung gestellt hatte: er war weder Sitscher Schütze[1] noch ein be-

---

1   Anm. d. Übers.: Die Sitscher Schützen waren eine militärische Untereinheit der Armee der Ukrainischen Volksrepu-

Die erste Kommunion (das hatte nichts mit Kommunisten zu tun, sondern war bloß eine Eucharistie). Mein Papa Josyp Pawlowytsch ist oben, Zweiter von links

Nach zwei Jahren unter den russischen „Befreiern" wurden die Deutschen von manchen zunächst willkommen geheißen. Aber die, die schon aus dem Ersten Weltkrieg genau wussten, was für Wohltäter die Deutschen waren, hatten keine Illusionen.

sonders leidenschaftlicher Anhänger der Polen gewesen. Er hatte eine andere Aufgabe – selbst zu überleben. Im Ersten Weltkrieg kam er in Kriegsgefangenschaft und lernte alle „Freuden" der Konzentrationslager weit weg in Sizilien kennen. Danach erzählte er, dass man sie einfach auf einem Feld festgehalten hat, das mit Stacheldraht eingezäunt war, mit Wachtürmen mit Maschinengewehren an den Ecken.

In den ersten Tagen gab man ihnen nichts zu essen. So ging es fast zwei Wochen. Wer es nicht aushielt und versuchte, über den Stacheldraht zu fliehen, wurde sofort erschossen. Als die ersten Ungeduldigen und Ungehorsamen getötet wurden, machte man aus dem Rest Arbeitsbataillone, bei denen es wiederum die Möglichkeit gab, wegzulaufen. So nutzte er und seine Kameraden die erste Gelegenheit dazu.

Zu Fuß kamen sie aus Italien zurück nach Hause, nach Galizien. Auf dem Weg waren sie sehr vorsichtig, denn welches Land sie auch passierten, immer bestand die Gefahr, wieder als Soldaten rekrutiert zu werden – auf der jeweiligen Seite. Später, zurück in der Ukraine, versteckten sie sich mehrere Monate im Brjuchowytscher Wald bei Lwiw – sie

---

blik, die zuerst aus Ukrainern aus Galizien und der Bukowina sowie Kriegsgefangenen der österreichisch-ungarischen Armee bestand.

Ein vergrößerter Teil des vorherigen Fotos. Papa ist oben links zu sehen

Die erste Kommunion. 1941. Mein Papa steht rechts

waren dort genau zu der Zeit der Nationalbefreiungskämpfe der Polen und Ukrainer angekommen.

Sie wollten weder für die einen noch für die anderen kämpfen, denn unter ihnen waren sowohl Polen als auch Ukrainer. Außerdem hatten sie zu dem Zeitpunkt genug gekämpft – es stand ihnen bis zum Hals! Opa sagte später, dass, als sie in die Häuser gingen, um die Leute um Essen zu bitten, genau hinsahen, welche Ikonen dort hingen: orthodoxe oder katholische.

Um zu wissen, wie sie die Hausherren ansprechen sollten, damit diese sie für die Ihren hielten.

Dann kam eine kurze Zeit des Friedens – diesmal unter polnischer Herrschaft. Da gab es auch allerhand. In Galizien konnte man noch bis vor Kurzem ein solches Gespräch hören: „Ach, Sie können sagen, was Sie wollen, aber am Schlimmsten war es unter den Polen!"

Das damalige Polen ähnelte in hohem Maße der modernen Ukraine. Es war ebenso zerteilt, das Volk bestand ebenso fast zur Hälfte aus Nicht-Polen – sondern aus Ukrainern, Juden, Russen, Tschechen, Deutschen. Die Regierung setzte eine spezielle Befriedungspolitik um, eine sogenannte „Pazifi-

Unter den Deutschen war es in Galizien einige Jahre relativ friedlich, sogar die Schulen hatten geöffnet. Die versprochene ukrainische Autonomie hatte die deutsche Regierung jedoch nicht gewährt.

kation", doch besonders erfolgreich war sie nicht. Eher im Gegenteil.

Es gab auch spezielle militärisch-patriotische Arbeit. Noch heute wird ein gewöhnliches Herrenjackett auf Polnisch „marynarka" (Marine-Kleidung) genannt. Ich hatte nie, verstanden, warum, bis ich ein Foto meines Vaters aus der Zeit sah.

Kleine Jungen, 5 – 6 Jahre alt, wurden in Marineuniformen gekleidet. So sah die damals von der Regierung gebilligte Mode aus.

Das Foto auf Seite 257 wurde 1941 geschossen, als Galizien bereits von Nazis okkupiert war. Doch die polnischen Kirchen arbeiteten nach wie vor ungestört.

An dem Tag des Fotos führten die Deutschen die Juden zur Exekution – die Erinnerungen daran sind nach wie vor im Gedächtnis meines Vaters.

Um irgendeine staatliche Arbeit zu erhalten, beispielsweise eine Straße zu verlegen oder Holz zu verarbeiten, musste man sich ebenfalls als Pole bezeichnen. Opa wollte das nicht, er lebte vom Feld, sie waren Hofherren. Arm, aber dennoch Hofherren.

Papa spricht auch heute noch verächtlich über den Stadtteil, in dem früher die Landlosen lebten, und nennt sie „Proletarier".

* * *

Der Zweite Weltkrieg kam als sogenannte „Befreiung" nach Galizien – Papa erinnert sich wenig daran, er war noch zu klein. 1933 geboren, war er damals erst 6 Jahre alt. Die einzige deutliche Erinnerung, die er noch hat, war ein sowjetischer Soldat, der mit seinen Stiefeln über den Gemüsegarten stampfte, eine Gurke fand und freudig auf Russisch rief: „Oh, eine Gurke!"

Für einen Galizier war das damals wild. Wie geht das – einfach etwas nehmen, das einem anderen gehört, und eine Gurke ungewaschen essen, direkt auf dem Garten? Kann man das denn nicht etwas zivilisierter machen? Damals war das bei uns nicht angebracht. Einige Erinnerungen hat er auch noch über den zweiten Kriegsbeginn – 1941. Er erinnert sich an die deutschen Flugzeuge, die etwas bombardiert hatten – er lief mit den anderen Kindern hin, um zu schauen, sie dachten, sie würden Süßigkeiten herunterwerfen. Er erinnert sich an die erste Ankunft der Deutschen – sie liefen auf die „Ziegel" (so nannten sie die Pflasterstraße, die durch die Stadt ging), um zu schauen.

Jemand von den Erwachsenen, so sagte er, hoben zum Gruß die Hand – „Heil!", sozusagen. Ja, das gab es. Nach zwei Jahren der Herrschaft der russischen „Befreier" wurden die Deutschen zuerst auch als Wohltäter wahrgenommen. Und Opa, erzählt Papa, versteckte sich hinter dem Baum und weinte – denn er wusste schon sehr gut, was das für Wohltäter waren.

Ein Zeitzeuge über die russische Armee: „Nein, das ist irgendwie keine ernsthafte Armee – seht ihr, dass bei dem hier der Karabiner mit einer Schnur befestigt ist?"

Nachdem er im Ersten Weltkrieg zu Fuß durch halb Europa gegangen war, hatte er in Bezug auf die deutsche Regierung keine Illusionen. Bezüglich der russischen im Prinzip auch nicht. Den ganzen Krieg lang saß er zu Hause – der Beginn war so schnell, dass die sowjetische Regierung keine Zeit hatte, in Galizien zu mobilisieren. Dafür hatte sie das 1944 vollständig nachgeholt.

Dann war das Leben einige Jahre relativ friedlich, Papa ging unter den Deutschen sogar zur Schule. Eine Kuh mussten sie jedoch „an die Front" abgeben, ansonsten war alles mehr oder weniger normal. Sie lernten in der Schule auf Polnisch – die deutsche Regierung hatte ihr Versprechen einer ukrainischen Autonomie nicht erfüllt. Lustig, dass eines der Lehrbücher (für Mathematik) sowjetisch war – der Lehrer war der Meinung, dass es sehr gut war und nutzte es für den Unterricht. So war das also! Kann sich jemand vorstellen, dass man in der UdSSR erlaubt hätte, nach dem Krieg deutsche Schulbücher zu verwenden? Wahrscheinlich nicht, nach dem Krieg hatte die neue alte sowjetische Regierung nicht nur ihre eigenen Schulbücher, sondern auch ihre eigenen Lehrer, Schulleiter und Priester mitgebracht.

Eines war wirklich ein Verbrechen in Galizien unter den Deutschen – die Vernichtung der Juden. Vor dem Krieg gab es in jedem Rajonszentrum der Oblast Ternopil eigene jüdische Straßen, in Ternopil selbst an die 30 Synagogen. Nach dem Krieg war davon nichts übrig – weder Straßen noch Juden noch Synagogen.

Eine der schönsten und wohl die einzig übriggebliebene, inzwischen geschlossene Synagoge in der Oblast ist in Hussjatyn erhalten geblieben, die anderen wurden einfach zerstört. Es ist schwer zu sagen, wie man zu den Juden stand. Besonders gern hatte man sie wahrscheinlich wegen ihrer Neigung zur Geschäftemacherei nicht, aber man kann auch nicht sagen, dass die Ukrainer sie eigenhändig getötet hätten, wie es manchmal behauptet wird.

Es gab dieses und jenes. Mein Vater erinnert sich, wie die Deutschen ein jüdisches Dorf umzingelt hatten und die Bewohner zum Erschießen wegführten. Doch eine junge Frau konnte sich befreien und wollte fliehen. Ein Deutscher von den Wachen drehte sich weg, als würde er nichts sehen. Aber ein Ukrainer aus der Hilfspolizei erschoss sie doch von hinten. Es ging auch umgekehrt – er erzählte von ihren Nachbarn:

„Sie hatten so eine große Scheune (ohne Innenwände für die Lagerung von Korn) – sie ist abgebrannt, denn sie versteckten dort im Krieg einen Juden vor den Deutschen, und der hatte dort geraucht."

***

Das größte Leid kam über Galizien mit der erneuten „Befreiung" 1944. In die kleine Stadt, in der damals mein Vater wohnte, kam es in Form zweier sowjetischer Panzer mit offenen Luken, die von der Seite Hrymajlows kamen. Einer der Deutschen schoss in ihre Richtung, und sie eröffneten das Feuer.

Papa sagt, dass sie bei einem Nachbarn Schutz suchten, der einen zementierten Keller hatte, der schon voller Menschen war. Die sowjetische Armee machte auch fünf Jahre nach der ersten Befreiung keinen besseren Eindruck. Ein Soldat bat um etwas zu essen und eine Frau brachte ihm drei Liter Buttermilch hinaus – er trank sie komplett aus, so hungrig war er.

Einer der Einheimischen lachte aus einem anderen Grund: „Nein, das ist irgendwie keine ernsthafte Armee – seht ihr, dass bei dem hier der Karabiner mit einer Schnur befestigt ist?" Bei den Deutschen kam so etwas nicht vor, obwohl sie zu dem Zeitpunkt bereits angeschlagen waren und in

Ein typisches galizisches Provinzstädtchen. Nach dem Krieg, 1950er Jahre

Richtung Tschortkiw flohen. Sie baten sogar darum, in einem Bett im Haus zu übernachten, statt in der Scheune auf dem Heu – wie das „die Unseren" gemacht hätten.

Morgens trat ein sowjetischer Offizier ein, schaute in das Zimmer und fragte: „Wer ist das?" Der Hausherr antwortete, ohne mit der Wimper zu zucken: „Das sind meine Söhne". So ging der Offizier davon. Was hätte er auch sagen sollen? Hätte er sich und die Deutschen zusammen erschießen lassen sollen?

Ternopil wurde zweimal befreit – mit seinem ersten Verlust enden die Erinnerungen von Mansteins, bevor Hitler ihn vom Posten nahm. Dafür, dass er die deutschen Regimenter nicht eingekesselt lassen wollte, die im Norden der Oblast Ternopil abgeschnitten waren, beim Dnistro.

Doch auch, wenn sie Ternopil ohne Widerstand erobert hatten, schafften es die Sowjets, es erneut zu verlieren – die alten Leute sagen, weil ihnen die Deutschen zwei Zisternen mit Alkohol an den Bahnhof gestellt hatten.

Also betranken sich die glorreichen sowjetischen Krieger. Ein zweites Mal mussten sie die Stadt in schweren Schlachten und Zerstörungen befreien.

Die Jungs der Nachkriegsgeneration. Anfang der 1950er. Mein Vater ist oben, Erster von links

Deswegen feiert man das offizielle Datum der Befreiung Ternopils am 15. April und nicht dann, als von Manstein es zum ersten Mal aufgegeben hatte.

Für meine Familie endete die zweite „Befreiung" Galiziens damit, dass Opa wieder, zum zweiten Mal, in den Krieg ziehen musste, obwohl er zu dem Zeitpunkt gerade 50 Jahre alt wurde. Sie sahen es nicht ein – wer achtete damals schon auf so etwas?

Wie soll ich ihn nun sehen – als Helden der österreichischen Armee, der gegen Russen gekämpft hatte? Oder als sowjetischen Helden, der mit den gleichen Russen gemeinsam gegen Deutsche und Österreicher gekämpft hatte?

Es ist nicht so einfach, wie es manchen scheint. Die Welt ist nicht schwarz-weiß. Doch nachdem er durch den Ersten Weltkrieg gekommen war, konnte Opa überleben. Er fand eine Stelle beim Offizier als Laufbursche oder Helfer.

Zudem hatte es ein Pole leichter in der sowjetischen Armee, was soll man sagen – in die ersten Reihen ohne Waffen schickte man hauptsächlich Ukrainer. Und weil sie das wussten, stellten sich die Männer aus gemischten Familien alle als Polen vor. Aus diesem Grund gingen übrigens so viele zur UPA – dort war es ebenfalls einfacher, zu überleben.

Opa kam im Oktober 1945 zurück nach Hause (nicht im Mai nach dem Sieg, wie man annehmen könnte), und Papa musste in dieser Zeit dringend erwachsen werden. Auch wenn er 1944 erst 11 Jahre alt war, musste er alles selbst machen – Säcke schleppen und das Feld bestellen.

Um irgendwie zu überleben, kochte Oma (seine Mutter) Fleisch und brachte es zum Bahngleis – zu den Zügen, die nach Westen fuhren, an die Front. Das gab zumindest etwas Geld, denn allein vom Feld konnte man nicht leben. Vor allem ohne einen erwachsenen Mann in der Familie.

Aus der Brühe, die übrig blieb, kochte sie ihren Kindern Suppe. Papa erinnert sich auch heute noch mit Bedauern daran, wie er und sein Bruder mit hungrigen Augen das Fleisch angesehen haben. Das hielt jedoch nicht sehr lange – im Herbst 1945 kam sein Vater zurück nach Hause.

Doch dann kam ein anderes Problem. Eines Abends, als er etwa 100 Meter vom Haus Wasser holen ging – wir hatten damals solche österreichischen Brunnen an den Wegkreuzungen stehen – traf er scheinbar auf Banderiwzi, die sagten: „Bring uns zu Schtschepanskyj!" – einem anderen Nachbarn, ebenfalls einem Polen.

Genauer gesagt sollte er klopfen (damals schlossen sich alle nachts ein, weil sie Angst hatten), damit der Nachbar die Tür aufmacht. Dann würden sie hereinkommen. Er lehnte ab und sagte, er würde das nicht machen. Darauf sagten sie: „Dann gehen wir zu dir!"

„Dann kommt!", erwiderte Opa, und was hätte er sagen sollen? Sie kamen und nahmen alles mit, was im Haus war, sogar Kleidung und Schuhe. Es blieben nur etwas Getreide und ein paar Stiefel übrig, die er selbst anhatte. Papa ging danach mehrere Monate nicht zur Schule, bis zum polnischen Weihnachten, denn er hatte nichts zum Anziehen. Wer diese Leute waren, ob sie Banderiwzi waren oder nicht – wer weiß das schon?

Papa sagte, dass einer von ihnen Russisch gesprochen hatte. Nach Papieren hatte jedoch, wie Sie sich denken können, niemand gefragt. Es kamen Männer mit Maschinengewehren ins Haus – wer denkt da noch an Papiere? So war es damals – wer die Waffe hat, hat Recht!

Noch eine deutliche Erinnerung hat mein Vater aus diesen Zeiten behalten. Einmal fragte ich ihn, wie sie sich für die Kolchose anmeldeten. Ich scherzte – war das freiwillig oder nicht? Papa antwortete ernst: „Natürlich freiwillig!"

Ich stutzte: „Ist nicht wahr!", sagte ich ungläubig. „Wirklich?"

„Wirklich!", antwortete mein Vater mit Überzeugung. „Ich kam von der Schule, und hinter mir ging ein Mann in Militäruniform hinein und schrie mich auf Russisch an. Ich verstand nichts, stellte mich in eine Ecke und weinte heftig. Da kam Papa nach Hause, sah mich und sagte: ‚Weine nicht, mein Sohn! Ich gehe schon und melde mich an!'"

So „freiwillig" war das. Damit endet die Geschichte des Krieges für meine Eltern – das, was danach kam, ist schon aus den sowjetischen Schulbüchern bekannt …

Iryna Jazyschyn

„Viele Familien wurden nach Sibirien deportiert, und einige wurden von den eigenen Leuten für angebliche Kollaboration mit dem KGB bestraft"

Ich habe die Erinnerungen meiner Großmutter, Maria Oleksandriwna Zymbalysta (1920 – 2004) aufgeschrieben, einer Lehrerin aus dem Dorf Bowschiw des Rajons Halytsch in der Oblast Iwano-Frankiwsk.

1939: Wir begrüßten die ukrainische Armee mit Blumen – und warfen diese später weg

Unter den Polen hatten wir gelernt, was die UkrSSR war, und zwar selbstständig, denn in den Schulen wurde das nicht beigebracht. Die Schulen waren utraquistisch – das bedeutet, der Unterricht wurde auf Ukrainisch (Sprache, Literatur, Mathematik, Geographie) und auf Polnisch (polnische Sprache, Geschichte, Literatur) gehalten.

In den 6. und 7. Klassen kostete die Schulbildung 10 Złoty pro Jahr und alles war auf Polnisch. In den letzten Jahren vor dem Krieg konnte man nicht einmal mehr einen Brief auf Ukrainisch adressieren – er wurde bei der Post nicht angenommen. Um ein einfacher Arbeiter auf der Straße zu werden, musste man seine Konfession ändern …

… Das Leben unter den Polen war schwer. Es gab das Lwiwer Gefängnis „Brygidki", das Lager Bereza Kartuska, die Unterdrückung der Sprache, Verhaftungen, Durchsuchungen. Am 28. August dann auch den Krieg. Und bereits am 15. September kam eine Frau zu uns und verkündete freudig, dass

Unter sowjetischer Herrschaft beendeten die „Proswita" und dazugehörige Gruppen, die Union der Ukrainerinnen sowie die Gemeinschaft „Sitsch" ihre Tätigkeit. Die jungen Leute begannen, über die Grenze zu fliehen.

In den letzten Jahren vor dem Krieg konnte man in den ukrainischen Gebieten, die zu Polen gehörten, nicht einmal mehr einen Brief auf Ukrainisch adressieren – er wurde bei der Post nicht angenommen. Um als einfacher Angestellter zu arbeiten, musste man seine Konfession ändern.

die ukrainische Armee Tymoschenkos zum Dorf unterwegs sei.

„Wo kommt denn die ukrainische Armee her?"

„Sie ist doch ukrainisch, Tymoschenko ist ein Ukrainer."

Wir liefen los, die Soldaten mit Blumen zu begrüßen. Als wir ankamen, sahen wir auf den Uniformen einen fünfzackigen Stern, hörten die russische Sprache. Wer näher dran war, warf die Blumen auf die Panzer, der Rest schmiss sie entweder in die Büsche oder nahm sie mit nach Hause.

Die Herrschaft begann. Alles, was in der Wirtschaft war, wurde weggebracht. Die Straße war übersät mit Weizen, Roggen, allerlei Korn. Krzeczunowicz (ein polnischer Graf) schaffte es noch, wegzufahren, den Besatzer Rostropowicz hat man erschossen. Die einen waren verstummt, andere waren froh, dass sie von ihren Höfen Korn, Vieh und Möbel genommen hatten.

Die Grundstücke wurden aufgeteilt. Der Landesverwalter war Iwan Nykyforowytsch Zymbalistyj. Der Leiter des Dorfrates war Demjanez, ein armer, aber sanfter, ehrlicher Mann. Der Sekretär war mein Mann [*mein Großvater* – I.J.].

Sie machten sich daran, Kolchosen zu organisieren. Man hatte ganze 23 Beitrittsanträge zusammenbekommen, die im Dorfrat aufbewahrt wurden. Und da verschwanden die Anträge. Die Schuld daran gab man dem Sekretär (Opa). Er wurde entlassen und einen Monat später verhaftet. Eine Woche war er in Bilschywzi und wurde dann nach Stanislaw (Iwano-Frankiwsk) gebracht, von da aus nach Osten. Sendungen wurden nicht angenommen. So kam mein Mann aus dem Gefängnis direkt an die Front und erst 1945 zurück nach Hause.

Die jungen Leute flohen über die Grenze – sie übertraten diese heimlich. Auch Tante Olja ging von zu Hause weg, ging über die Grenze und lebte in Warjasch[1]. (Olha Stasjuk war ein Mitglied der OUN. Sie ging auf das Lwiwer Lehrergymnasium. Im dritten Jahr wurde sie von den Polen verhaftet.)

---

1 Warjasch ist heute ein Dorf im Rajon Sokalskyj in der Oblast Lwiw, früher (bis 1951) war es eine polnische Kleinstadt.

Die „Proswita", die Union der Ukrainerinnen, die Gemeinschaft „Sitsch" sowie Gruppen, die zur „Proswita" gehörten, beendeten ihre Tätigkeit. Es gab die Anordnung (im Spätherbst), zur Abstimmung bezüglich der Angliederung Galiziens an die UdSSR zu gehen. Man sollte früh hingehen, jeder Teil des Dorfes einzeln unter der roten Flagge. Man musste zur Abstimmung erscheinen, weil eine Einheit der sowjetischen Polizei da war, und damit sie nicht unter der roten Flagge gehen mussten, versammelten sich die Leute bereits in der Nacht bei der Schule.

Zur verordneten Zeit war fast das ganze Dorf zusammengekommen. Die „Befreier" nannten das den großen Wunsch des Volkes, sich der UdSSR anzuschließen.

Als die Deutschen kamen, herrschten sie auf ihre eigene Weise. Sie schlugen zwei Mitglieder des Komsomol und den Leiter des Dorfrates tot. Die jungen Leute schickten sie zum Arbeiten nach Deutschland.

Der 22. Juni und die deutsche Okkupation: einer der Deutschen zog seine Pistole und schoss auf ein Kind

Am Morgen bombardierten deutsche Flieger einen Flugplatz, den sowjetische Truppen gebaut hatten. Es gab einen Riesenkrach, Benzinkanister brannten, schwarze Wolken überschatteten das Dorf. Mykola, der Bruder meiner Mutter, lief hinaus, um zu sehen, was los war, und wurde an der Brust verletzt. Die Soldaten liefen in alle Richtungen, die meisten von ihnen waren an unseren Ufern.

Zwei Wochen später kamen bereits die Deutschen. Mit ihnen begann die neue Herrschaft. Im Dorf gab es zwei Mitglieder des Komsomol – sie wurden ermordet und der Leiter des Dorfrats so zusammengeschlagen, dass er ebenfalls bald darauf starb.

Viele Mädchen und Jungs schnappte man einfach auf der Straße, verhaftete sie und schicke sie nach Lwiw. Ihre Eltern gingen ihnen nach, zu Fuß oder per Anhalter. Dort machten sie mit dem Gefängniswärter aus, dass dieser sie freilassen würde, aber dafür wollte er 25.000 Złoty haben. Am Samstag kamen die Eltern zurück. Wir verteilten uns im Dorf und am Abend hatten wir das Geld zusammen. Am nächsten Morgen gingen sie dann zurück nach Lwiw (100 Kilometer). Doch sie kamen zu spät – ihre Kinder waren bereits erschossen worden.

Nach der Wiederherstellung sowjetischer Herrschaft wurden Kolchosen organisiert. Man hatte 23 Beitrittsanträge sammeln können, die ... verloren gegangen sind. Natürlich kam man nicht um Verhaftungen herum.

Die jungen Leute nahm man zum Arbeiten nach Deutschland mit. Damals traten die Jungs den Banderiwzi bei (Melnykiwzi gab es bei uns im Dorf nicht). Auf der Straße zwischen Bowschiw und Slobidka hatte jemand den Leiter der Bezirkspolizei und zwei Polizisten getötet. Am 14. März 1944 kam die Abrechnung.

Noch im Dunkeln umzingelten sie Slobidka und Bilschiwzi. Wir liefen hinaus – es war ein schrecklicher Anblick. In Slobidka und Bilschiwzi brannte alles, die Schüsse wollten nicht verstummen (die Nazis hatten die Dörfer eingekesselt und verbrannten die Leute in ihren Häusern, und wer versuchte, zu fliehen, wurde erschossen). Aus Slobidka kamen die Soldaten und schossen auf Bowschiw. Aus dem äußeren Haus trat ein Mann, Mykola Kurdydyk, und fiel sogleich tot um.

Unsere Leute verstanden dann, dass ihnen Unheil drohte. Die jungen und älteren Männer stellten sich bewaffnet auf, und die Deutschen mussten zurückweichen. Doch da folgte das nächste Unglück – Panzer kamen auf uns zu. Das hieß, dass die Brücke in Hnyla Lypa vernichtet werden musste. Dafür war keine Zeit mehr, und sie zerstörten die, die bei der Kirche in Mlyniwka lag. Die ganze Straße von Bilschiwzi bis zur zerstörten Brücke verbrannte. Die Leute flohen in alle Richtungen. Die Panzer fuhren bis zur zerstörten Brücke und drehten um. In Slobidka und Bilschiwzi war alles verbrannt, viele Menschen wurden erschossen, viele andere erstickten in ihren Kellern.

In Bilschiwzi gab es einen jungen Priester, der einen dreijährigen Sohn hatte. Während dieser Hölle ging er zur Kirche und gab einen Gottesdienst. Aus der Kirche wurde er abgeholt und seiner Frau wurde befohlen, Frühstück zu machen. Die Deutschen frühstückten und wiesen sie an, ihre Sachen zu packen. Die Frau brauchte zu lange, da zog einer der Deutschen seine Pistole und schoss auf ihr Kind.

Dem Priester wurden die Hände gefesselt, die Frau nahm das Kind, und sie wurden vor die Kirche geführt, wo bereits 200 Leute waren, und alle lagen sie auf dem Boden. Eine Frau drehte durch und wurde erschossen.

Etwa 200 Leute lagen mit dem Gesicht nach unten vor der Kirche, und die Deutschen schossen mit Maschinengewehren über ihre Köpfe. Die Frauen wurden freigelassen und die 110 Männer mitgenommen.

Die Leute lagen dort und die Nazis schossen der Reihe nach aus Maschinengewehren über ihre Köpfe. Als sie zufrieden waren, ließen sie die Frauen nach Hause gehen und die 110 Männer nahmen sie mit – so waren diese spurlos verschwunden.

Dort starben die Eltern von Olha Hrybytschka (Omas Tante und Onkel), Olha war damals 13 – 14 Jahre alt. Olha und Hanja lebten bei uns und bei der Schwester meines Mannes, bis sie sich selbst ein Häuschen gebaut hatten. Viele Leute kamen zu uns nach Hause. Unser Haus und das Haus meiner Oma waren voll. Die Alten und Kleinen schliefen in den Betten, und die Jungen waren wachsam und hielten abwechselnd auf der Seite des Flusses und der Weide Wache. Wenn man Schlaf brauchte, dann legte man sich, wie ich zum Beispiel, mit Schuhen, Mantel und Kopftuch bekleidet in die Küche unter die Bank.

Die Ankunft der sowjetischen Armee: „Nach uns kommen solche Leute, in deren Anwesenheit man lieber nicht zu viel sagt"

Irgendwann im April kamen die Jungs angelaufen – die Bolschewiki marschierten ein. Bei Bilschiwzi am Teich hatte man sowjetische Spähaufklärer gesehen (wie viele, weiß ich nicht). Auf Pferden, mit Ferngläsern. Sie hatten sich umgesehen, sich hin- und hergedreht und waren umgekehrt.

Die deutsche Besatzungsverwaltung wurde dann ruhig, eine polnische oder sowjetische gab es nicht. So ging das etwa zwei bis drei Wochen.

Danach wohnten sowjetische Kampfpiloten bei uns – sehr anständige, ältere Leute. Wir kamen ins Gespräch und sie sagten, wir sollten keine Angst haben, denn es sei die Frontarmee, doch nach ihnen würden andere kommen, da müsste man seine Worte mit Bedacht wählen.

So ging ich am Sonntag in die Kirche und auf dem Rückweg an der Schule vorbei (dort befand sich das Hauptquartier), als mich ein Soldat anhielt. Ich sah, dass er ein Offizier war. Er fragte mich aus: warum hast du geweint? Ich sagte, ich hätte nicht geweint. Ich wollte nicht zugeben, dass ich einfach um die Banderiwzi geweint hatte.

Die sowjetischen Kampfpiloten, die bei uns wohnten, sagten, wir müssten keine Angst vor ihnen haben, sie seien die vordere Armee. Nach ihnen würden diejenigen kommen, mit denen man vorsichtig sprechen müsste.

Meine Oma. 1942

Was sollte ich also machen? Da sagte ich: ich habe so geweint, weil der Ehemann meiner Schwester so krank geworden ist und es weit und breit keinen Arzt gibt. Er schickte einen Soldaten, um einen Feldarzt zu holen, und ließ mich nicht gehen. Wo sollte ich den Feldarzt hinführen? Der Soldat kam zurück – der Arzt war nicht da, er war irgendwo anders hingegangen.

Ich bat darum, nach Hause gehen zu dürfen. Er ließ mich unter der Bedingung gehen, dass ich ihm mein Haus zeigen musste. Ich ging nach Hause und machte mir Sorgen. Als ich ankam, standen vor dem Haus unsere Mieter und sagten, meine Mutter sei zu ihrer Schwester gegangen, da deren Ehemann schwer erkrankt sei, und dass ich auch dort hingehen sollte.

Der Arzt sagte, es sei Diphtherie. Er verbrachte die ganze Nacht beim Patienten und besuchte ihn noch eine ganze Woche früh morgens und abends, bis er wieder auf die Beine kam.

„Ich wurde aus dem NKWD für eine Kuh, zwei Betten und 10 Liter Selbstgebranntes verkauft"

Die Front war vorgerückt. Es begannen Unruhen der Untergrundorganisationen der UPA und die Verfolgung von diesen sowie der örtlichen Bewohner. Es gab viele Verstecke. Diese lagen in den Dörfern unter der Erde, der Eingang war in einer Grube mit Kartoffeln, auf der Feldseite konnte man über das Flussufer hinein, durch die Gräben im Feld, durch Heuhaufen. Tagsüber führte das KGB Razzien durch, nachts herrschten die Banderiwzi.

Es war eine furchtbare Zeit. Viele Familien wurden nach Sibirien deportiert, viele wurden verhaftet und viele für angebliche Kollaborationen mit dem KGB von den eigenen Leuten bestraft. So starb der Bruder meines Mannes, Teodor. Er wurde auf eine Bühne geführt und man versprach ihm, ihn zu begnadigen, wenn er über seine Zusammenarbeit mit dem KGB erzählte. Er erzählte alles, aber niemand weiß, was sie mit ihm gemacht hatten. Der Sohn des Mannes, der Teodor getötet hatte, verlobte sich später mit dessen Tochter.

1944 erschossen sie Onkel Mykola, da er zum Leiter des Dorf-Kooperativs gewählt worden war. Er hinterließ fünf Kinder, die älteste Tochter Olessja war 10 Jahre alt und der jüngste Sohn Mykola 6 Monate.

Am 7. Februar 1945 kam ich von der Arbeit zum Mittagessen und man sagte mir, dass man bei uns eine Durchsuchung durchgeführt und nach einem Versteck gesucht hatte, doch sie hatten es nicht gefunden und waren unverrichteter Dinge wieder gegangen. Meine Mama und die Tanten Natalka, Iwanka und Justyna baten mich, nicht mehr zur Schule zu gehen (diese hatte ein Zwei-Schicht-System). Ich blieb zu Hause, aber ich riet Iwanka, Nadja, Ira und Justyna, wegzugehen.

Eine halbe Stunde später tauchten 40 – 50 Soldaten vor unserem Haus auf und begaben sich direkt zur Kartoffelgrube (jemand hatte es ihnen verraten). Sie zogen sechs Jungs hinaus: Onkel Sema, Andrij Schkoza, den Nachbarn Slawa, Pawlo Lous und zwei mit dem Nachnamen Bandur:

Als die Front vorrückte, wurde die UPA aktiv. In den Dörfern gab es viele Verstecke. Sie wurden unterirdisch errichtet, man konnte durch eine Kartoffelgrube eintreten, vom Flussufer, vom Feld und durch Heuhaufen.

Mein Opa als Soldat der Roten Armee. 1944

Stepan und Mychajlo. Ich kriegte sofort ein paar Ohrfeigen ab – als Lehrerin hätte ihnen ja alles erzählen müssen.

Ich beteuerte, ich hätte von dem Versteck nichts gewusst, sondern würde den ganzen Tag arbeiten und hätte nachts Angst, aus dem Haus zu gehen. Uns allen – mir, Tante Natalka, den Jungs – wurden die Hände hinter dem Rücken verschränkt und die Knöpfe vom Mantel abgeschnitten.

Ich trug leichte selbstgemachte Schuhe, die Tante Holzschuhe. Draußen regnete es, es war ein Moor, so nass. So wurden wir nach Bilschiwzi geführt. Mit uns gingen noch mehr Frauen und Mädchen aus Bowschiw. Man setzte uns in eine Zelle, die kleiner war als unsere Küche. Wir waren nass, es war kalt, sogar zum Stehen war es zu eng, und die Läuse rieselten nur so von der Decke.

Später wurden wir weniger – einige wurden freigelassen, andere weitergebracht – sodass wir uns auf den Betonboden legen konnten, aber nur Seite an Seite, wie die Sardinen. Da bekam ich erfrorene Füße, besonders auf der rechten Seite.

Zu Hause nahmen sie alles mit, was da war, sogar die Säcke mit Brennnesseln. Einer der „Springer", Belej, der uns nach draußen führte, riet mir, mich als krank auszugeben, damit man mich freiließ. Also entschied ich mich für einen kranken Magen.

Ich aß und trank nicht, meine Zunge wurde rissig, und ich sah wirklich krank aus. Der Arzt aus Lypyzja diagnostizierte eine schwere Krankheit: am Herzen, am Magen, an der Lunge. Es war nämlich so, dass man mich freikaufen wollte.

Über einen Mittelsmann übergab Oma eine Kuh, der Schulleiter Noha zwei Betten, Pawlo Bartkiw (Sonjas Papa) 10 Liter Selbstgebranntes, außerdem legte jemand (ich weiß nicht wer) 10 Bündel Tabakblätter dazu, jemand hatte Pampuchs[2] gebraten, und drei Monate später kam ich zurück nach Hause.

Die, die verhaftet wurden, führte man nach Bilschiwzi. Man setzte sie in eine Zelle, die kleiner war als eine Küche. Die nassen, frierenden Leute hatten kaum Platz zum Stehen. Von der Decke tropften Läuse.

---

2   Anm. d. Übers.: Pampuchs oder Pampuschkas sind die ukrainische Version der Berliner bzw. Pfannkuchen aus Weizen- Roggen- oder Buchweizenmehl, die in der Ukraine bevorzugt zu Festen, v.a. Weihnachten, gebacken oder in Öl frittiert werden. Sie können herzhaft zu Borschtsch oder mit süßer Füllung und Puderzucker serviert werden.

Doch unsere Leute sagten, ich sollte versuchen, den Bolschewiki aus dem Weg zu gehen und verließ meine Arbeit. Ein ganzes Jahr übernachtete ich nicht zu Hause, sondern dort, wo es gerade ging.

Unerwartet traf ich den Vorsitzenden der Rajonsabteilung für Volksbildung. Er sagte, ich sollte zurück zur Arbeit gehen und keine Angst haben – er würde alles regeln. So machte ich es, aber nur nach vorheriger Erlaubnis meiner Jungs. Ich bekam eine Stelle im Nachbardorf Narajiwka. Im gleichen Jahr, 1945, wurde mein Mann demobilisiert. Die Winterferien verbrachte ich zu Hause.

1946, Quartier des NKWD: „Ein sowjetischer Soldat kam und warnte vor der Razzia"

Am 10. Januar 1946 kam die Armee – eine strafende Pazifikation. Weil unser Haus zu dem Zeitpunkt das größte im Dorf und weit weg von den Nachbarn war, quartierten sie uns aus und wohnten selbst darin. Zuerst schlugen sie meinen Mann, sperrten ihn ohne Winterkleider in der Scheune ein (es war 20 Grad unter null), obwohl er gerade von der Front gekommen war und Medaillen für die Eroberung Warschaus und Berlins bekommen hatte.

Aus dem Haus und vom Dachboden durften wir nichts mitnehmen außer Bettwäsche und Kleidern. Das Heu und Stroh trugen sie hinaus, warfen es auf den Hof und verbrannten es. Die Leute halfen uns und brachten mit, was sie konnten. Zuckerrüben für den Tee, Mehl, Öl, sogar etwas Fleisch.

Als ich nach den Feiertagen nach Narajiwka zur Arbeit kam, erkannte ich das Dorf nicht wieder – es war kein Dorf, sondern eine Brandstätte. Eine Witwe hatte eine Tochter Chrystja, sie wurde leblos am Fluss gefunden, nass und mit Stacheldraht gefesselt.

Man machte bestialische Dinge mit den Leuten. Nadja Romanyschyn hat man mitgenommen und so gefoltert, dass ihr ganzer Rücken und ihre Oberschenkel mit Wunden und Schorf übersät waren. Viele Jungs und Mädchen sind damals gestorben.

Wasyls Mama, die Schwiegermutter von Olha Sosnowska (Opas Nichte), wurde für ihre Söhne

Es ist unmöglich, von allen Unmenschlichkeiten zu erzählen - davon gab es sehr viele. Wir lebten in ständiger Angst. Es gab kein Dorf, das nicht gebrannt hatte ...

gefoltert, man sprang vom Tisch auf sie, und brachte sie hinaus, wo es −25 Grad war, warf sie in den Schnee, und sie erfror. Sie war 75 Jahre alt.

Aber es gab auch so einen Fall. Am Samstag, etwa gegen 11 Uhr abends, klopfte jemand an die Tür. Wir machten auf – dort stand ein sowjetischer Soldat und rief meinen Mann hinaus. Ein paar Minuten später kam mein Mann ins Haus, zog sich an und ging mit dem Soldaten mit.

Gegen 5 Uhr morgens kam er wieder zurück und erzählte, dass jemand in der Garnison angezeigt hatte, dass seine Mama im Dorfteil Kut in der Scheune zwischen den Heuhaufen ein Versteck hatte, und am Morgen eine Truppe des NKWD dorthin gehen würde.

Dieser Soldat rief meinen Mann, ging mit ihm mit, sie weckten Mama, den Bruder meines Mannes, Iwan, seine Schwester Olha, und räumten alle gemeinsam das Versteck aus; die Jungs liefen im Schutz der Nacht davon, und sie schafften es, alles aufzuräumen. Um 6 Uhr morgens war das NKWD bereits in Kut. Sie suchten, stellten alles auf den Kopf und verfluchten den, der sie belogen hatte.

Es ist unmöglich, alles zu erzählen. Manches ist in Vergessenheit geraten, doch in jedem Fall wurde den Menschen viel Schreckliches angetan. Wir lebten in ständiger Angst und Not. Es gab kein Dorf, das nicht gebrannt hatte. Nur zu Mariä Verkündigung verließen die NKWDler das Dorf. Sie können sich vorstellen, was sie in den Dörfern und in unserem Haus hinterließen …

… Zu ihrer Ablösung kam eine Truppe unter dem Kommando Leutnant Popows. Wir wurden nicht mehr ausquartiert, sie ließen sich in einem anderen Haus in großer Zahl nieder, aber in unserem kleinen Zimmer auf der Gartenseite errichteten sie eine Folterkammer.

Schreie und Stöhnen – alles konnte man durch die Wand hören, und in der Nacht war es noch schlimmer. Mein Mann und ich berieten uns, ich nahm die einjährige Natalia [*meine Mutter* – I.J.] auf den Arm und er das Kinderbett. Kaum waren wir aus dem Tor getreten, kehrten sie gerade wieder von ihrer Menschenjagd zurück. Wir wollten für einige Zeit bei jemandem unterkommen, weil Nata-

Omas Familie. Oma – Maria Zymbalista – ist unten in der Mitte. Ende der 1930er

lia nachts schrie und nicht schlief. Sie stoppten uns und erlaubten nicht einmal, die Haustür zu schließen.

Irgendwo im Dorfteil Dworyschtscha war eine Hochzeit, dort liefen die NKWDler hin und ließen im Haus einen zusammengeschlagenen, gefesselten Stefuk Omeljan zurück. Er fragte nur nach einem Schluck Wasser. Wie sollten wir das anstellen? Wir berieten uns mit Tante Natalka, sie hielt Wache bei der Hasel, und ich kochte Milch auf, nahm einen groben hohlen Stängel und schob ihn durch das Schlüsselloch. Mit ein paar Rucken zog er sich zu dem Loch, fiel hin, doch letztendlich konnte er die Milch durch den Stängel ziehen. Die Tasse ließ ich an der Tür stehen.

Er bat mich, zu seinen Eltern zu gehen, damit sie ihm irgendwie helfen konnten. Ich ging hin, und noch vor dem Abend kam seine Frau und brachte Bestechungsmaterial in beiden Händen mit. Sie riefen sie ins Zimmer und nahmen ihr die Taschen ab, dann wurde sie gefoltert, sie schrie wie am Spieß. Und ich tigerte im Haus hin und her – schließlich war ich diejenige, die sie geholt hatte! Am Morgen ließ man die beiden Gefolterten frei.

Ein Mädchen fuhr Schlitten und drehte sich ihnen hinterher um – das war schon Grund genug, sie zu foltern. Was sollten wir tun? Natalka und ich setzten uns zusammen, berieten uns und schrieben einen Brief an das KGB in Bilschiwzi und das Rajonsparteikomitee. Ein paar Tage später kamen drei (das NKWD war wieder einmal auf Menschenjagd), betraten das Zimmer – die Wände und der Boden waren voller Blut. Sie schrieben irgendetwas auf, ein paar Tage später zog die Einsatzgruppe der sowjetischen Polizei aus und wir sahen Popow nie wieder.

Sie schickten danach andere, wieder in das gleiche Zimmer. Gruppenleiter war Mykytenko. Sie gingen immer irgendwohin, aber brachten niemanden mit, und es wurde ruhiger.

Noch ein Fall: in unserem Dorf gab es einen Mykola Schwekun. Er diente bei der Polizei und war sehr grausam zu seinen Leuten. Einmal kam ich von der Arbeit, und meine Familie und alle Nachbarn waren auf dem Feld bei der Ernte. Plötzlich hörte ich Schüsse in Richtung Dowbaky. Daran waren wir gewöhnt, daher machte ich einfach weiter.

Da kam Mykytenko und sagte: „Hör mal, ich krieche in die Versteckgrube (Kartoffeln gab es dort keine mehr, es gab bereits neue), deck' mich mit einem Strohballen zu." Und da hörte ich Schüsse aus der Grube. Hatte er sich etwa erschossen? Doch nein, zuerst bewegte sich das Stroh, dann kam sein Kopf zum Vorschein, er war heil. Er erzählte mir, wie seine Jungs und Schwekun am Wasser entlanggefahren waren, als aus dem Gebüsch geschossen wurde. Schwekun wurde getötet, und er schaffte es nicht mehr, zu schießen, daher musste er in der Grube schießen, damit man im Fall einer Kontrolle sehen konnte, dass auch er auf Banderiwzi geschossen hatte.

Zwischen 1939 und 1950 sind etwa 200 junge, verheiratete Männer aus unserem Dorf gestorben. Und wie viele wurden noch deportiert und verhaftet ...

Wolodymyr Uschenko

Drei Geschichten meiner Familie: ein Offizier, ein Partisan und ein erschossener Lehrer

Am Grab meines Onkels Hryhorij steht nach wie vor kein Kreuz. Auch das Grab selbst fehlt. Man weiß nur, dass es sich irgendwo im Dorf Teplowka bei Pyrjatyn in der Oblast Poltawa befindet. In der Ukraine gibt es Hunderttausende wie ihn. Keine Rehabilitierung, kein Grab, kein Kreuz.

Mein Vater, Mykola Uschenko, bekam seinen ersten Leutnants-„Würfel" (ein Erkennungszeichen in Form eines Messingquadrats) am 22. Juni 1941 in Nowosibirsk, nach dem Abschluss der militärischen Fernmeldeschule.

Sie reihten sich um 12 Uhr auf dem Platz auf. Der General, Leiter der Akademie, beglückwünschte die Absolventen und verkündete auf Russisch: „Zusammen mit dem großen deutschen Volk ..." Es gab eine Feier, Musik, Tanz ...

Um 16 Uhr (in Moskau war es 12) berichtete man von einem „hinterhältigen Angriff".

Danach kämpfte Papa. Den Krieg hat er 1945 in Prag beendet. Vier weitere Jahre diente er danach in den sowjetischen Besatzungstruppen in Deutschland.

Mein Onkel Dmytro Uschenko wurde im Frühjahr 1942 von den Deutschen aus einem Dorf in der Oblast Poltawa zu den Arbeiten bei den Pioniertruppen der Wehrmacht geholt. Er war 17 Jahre alt. Im Herbst 1942 ist er in Podlachien (dem heutigen Ostpolen) geflohen und in die Wälder gegangen, wo er den Reihen der UPA beitrat.

Im Sommer 1943 hat er zusammen mit zweihundert Kämpfern der UPA und Soldaten der Polnischen Heimatarmee (es gab eine solche Episode in der Geschichte des Krieges) den belarussischen Partisanen geholfen, gegen die Hitler sechs Infanteriedivisionen

Mein Vater, Leutnant Mykola Jewnemowytsch Uschenko. Cottbus, Deutschland, 1947

geschickt hatte. Stalin verweigerte den Belarussen die Hilfe – nach dem Motto: er war mit den Nazis woanders beschäftigt.

Für seine Tätigkeit bei den Partisanen erhielt Onkel Dmytro die Medaille „Partisan des Vaterländischen Krieges" II. Grades. Nach der Befreiung kämpfte er bis zum Kriegsende in den Reihen der Roten Armee als Panzerfahrer.

Sein ganzes Leben lang, bis zu seinem Tod 1973, hat Onkel Dmytro panisch die Wahrheit über die Zwangsarbeit für die Deutschen und den Kampf gegen sie in den Reihen der UPA versteckt. Dafür kam man damals ins Gefängnis ...

Mein anderer Onkel – Hryhorij – wurde im Oktober 1943 von Offizieren der sowjetischen Spionageabwehr vor den Augen der Bewohner desselben Poltawer Dorfes, seiner Frau und seiner Kinder erschossen. Hingerichtet wurde er „für Beihilfe ..." – es ging darum, dass er ein einfacher Dorflehrer war und es auch in der Besatzungszeit blieb. Wie es wirklich war, wusste niemand, und die, die es wissen, sagen es nicht ...

45 Jahre nach der Hinrichtung Onkel Hryhorijs wurden alle Archive nach ihm abgefragt:

Das Archiv der Roten Armee (Podolsk, Oblast Moskau): wurde nicht einberufen, hatte nicht gedient.

Archiv des Innenministeriums der UkrSSR (Kyjiw): keine Materialien des Nachrichtendienstes vorhanden, war nicht vor Gericht oder unter Strafverfolgung.

Archiv des KGB der UdSSR (Moskau): keine Erfassung in den Agentur- und operativen Akten.

Archiv der 3. Leitung des KGB der UdSSR (Moskau): nicht in Filtrationsakten und operativen Akten aufgeführt.

Archiv der 10. Abteilung des KGB der UdSSR: keine Erfassung in den Agentur- und operativen Akten der Abwehr, SD, Gestapo, Feldpolizei der Wehrmacht, der rumänischen militärischen Siguranţă, Spionageabwehr der Russischen Befreiungsarmee, Spionageabwehr der 14. Division der Waffen-SS „Galizien" oder der 15. Kosakenbrigade der Waffen-SS.

Archiv der militärischen Tschekisten-Operationen (Orenburg): keine Daten in den operativen Listen der „Teilnehmer und Bandenbeihelfer" der OUN und UPA vorhanden.

Archiv des regionalen Standesamtes: keine Todesbescheinigung ausgestellt.

Archiv des Dorfrates: keine Daten über den Tod und die Beisetzung auf dem Gebiet des Dorfrates vorhanden.

Also wurde er ohne Gerichtsverfahren und Ermittlung vor den Augen des ganzen Dorfes erschossen. Verräterisch, zwei kleine Kinder als Waisen zurücklassend. Man hatte ihn auf „befreitem Gebiet" ermordet, ihrer Macht und Herrschaft bewusst, ohne Eile, ohne vor jemandem wegzulaufen, ohne Spuren zu hinterlassen.

Das waren keine Banditen und keine Nazis. Das waren „Befreier" des NKWD, die den selbst für die damalige Zeit verbrecherischen und geheimen Befehl des Genossen Stalin „zur Säuberung der Gebiete im Hinterland der kriegsführenden Armee von nationalistischem Untergrund und dessen Beihelfern" ausführten.

An jedem Tag des Sieges beschwerten sich Papa und Onkel Dmytro, dass sie kein Kreuz auf Hryhorijs Grab aufstellen konnten.

Ich schließe nicht aus, dass der, der meinen Onkel erschossen hat (und der, der den Befehl dazu gab) heute – wenn sie überlebt haben – die 100 Gramm von Volkskommissars Gnaden trinkend, die sie für ihre „ehrlich" verdiente Rente gekauft haben, die ihnen mein Staat auszahlt, mit ihren Medaillen klimpern, den Sieg feiern und die „verdammten Banderiwzi" verfluchen.

Und die Generation der wirklichen Kriegsveteranen starb leider bereits zu Zeiten der UdSSR. Am Grab meines Onkels Hryhorij steht nach wie vor kein Kreuz. Auch das Grab selbst fehlt. Man weiß nur, dass es sich irgendwo im Dorf Teplowka bei Pyrjatyn in der Oblast Poltawa befindet.

In der Ukraine gibt es Hunderttausende wie ihn. Keine Rehabilitierung, kein Grab, kein Kreuz.

Ljudmyla Taran

Ich möchte die Erinnerungen meines Vaters Wasyl Taran (geb. 1925, gestorben Anfang 2010) an den Zweiten Weltkrieg teilen, besonders an seine Zeit in Kriegsgefangenschaft.

Meiner Meinung nach sind sie wegen der Direktheit der Person (eines ehemaligen Englischlehrers) wertvoll, die in jungen Jahren selbst, ohne Hinweise, begriffen hatte: Stalinismus und Hitlerismus sind „ein paar Schuhe".

Also, mein Vater wurde für den finnischen Krieg vorbereitet, doch er bekam Erfrierungen an den Füßen und konnte ihn so vermeiden.

Schließlich kehrte er 1942 in sein Heimatdorf in der Oblast Kyjiw zurück, wo er in Kriegsgefangenschaft kam.

Wasyl Taran: „Wie ich durch den Krieg kam"

1941, als ich 16 war, hatte ich acht Klassen der Mittelschule in meinem Heimatdorf Hrebinky in der Oblast Kyjiw abgeschlossen. Die 10. Klasse beendete ich erst 1951 ...

Es war 1941. Ich war 16 Jahre alt. Gerade hatte ich acht Klassen der Mittelschule in meinem Heimatdorf Hrebinky in der Kyjiwer Oblast abgeschlossen, mit den Noten „gut" und „sehr gut".

Ich erinnere mich gut an den schrecklichen Tag, als im Radio verkündet wurde, dass die deutschen Eindringlinge unser Land angegriffen haben. Es war ein Sonntag, der 22. Juni, die Leute versammelten sich am Lautsprecher, der im Dorfzentrum stand. Ich erinnere mich, wie mein Vater sagte: „Sie werden uns nicht besiegen, niemand hat uns je besiegt".

Mir und noch einigen Jungs wurde die Aufgabe zugeteilt, die Plakate im Dorfzentrum zu kleben.

Am 6. Juli kam der Einberufungsbescheid – wir sollten zur Schule kommen. Die jungen Männer, die

Am 22. Juni 1942, als die Leute die Meldung über den Angriff deutscher Eindringlinge hörten, waren sie sich sicher: „Sie werden uns nicht besiegen, niemand hat uns je besiegt".

1925, 1924 oder 1923 geboren wurden, sollten evakuiert werden, wie man damals sagte, hinter den Dnepr, denn wir waren zukünftige Soldaten. Wir sollten durch die Musterungskommission und davor versuchte mich Mama zu überreden: „Sag den Ärzten, du seist krank, der Arzt ist doch einer von uns".

„Nein, Mama, ich bin gesund", antwortete ich.

Damals war Hrebinky das Rajonszentrum, und von dort aus wurden über 800 Leute hinter den Dnepr geschickt.

Wir liefen nur nachts, damit uns die deutschen Kampfflieger nicht sahen und nicht bombardierten. Unser bescheidenes Hab und Gut transportierten wir auf Pferdewagen. Bei uns waren Kommandeure, die uns vom Wehrersatzamt zugewiesen worden waren. So kamen wir in Trachtemyriw an, wo wir über den Dnepr gebracht wurden – da wurden wir doch von den Deutschen bombardiert.

Am Bahnhof Jahotyn hat man uns in Waggons geladen und wir fuhren los. Man brachte uns nach Stalino (Donezk), und dort wurden wir auf Kolchosen aufgeteilt. Wir arbeiteten auf Feldern und ernteten. Man gab uns gut zu essen und wir wohnten jeweils zu zweit oder zu dritt in einem Haus.

Einmal gingen wir zu sechst zum Wehrersatzamt im Rajonszentrum, wo wir darum baten, an die Front geschickt zu werden. Davor hatten wir einen gemeinsamen Eid aufgeschrieben und diesen mit Blut unterzeichnet, und die Metallkiste mit diesem Papier bei der Station Solonyj vergraben. Im Wehrersatzamt sagte man uns ab.

Wir haben bis zur Annäherung der Front in der Kolchose gearbeitet, und im Herbst wurden wir erneut evakuiert. Zu der Zeit war es sehr kalt, es regnete, wir wurden nass bis auf die Knochen, doch keine Krankheit konnte uns etwas anhaben.

Wir gingen bis zur Station Tschertkowo in der Oblast Rostow, wo wir in Waggons ohne Dach gesetzt wurden, und so fuhren wir los. Wir waren hungrig, froren und hatten Läuse. In unserem Zug gab es drei offene Plattformen mit Hirse – das war unsere Nahrung. Die einen kochten das Getreide, die anderen aßen es roh. Ich tat Letzteres.

Wir kamen in Pensa an, wo bereits ein richtiger Winter mit starkem Frost und tiefem Schnee

Die jungen Männer, die 1925, 1924 oder 1923 geboren wurden, sollten als künftige Soldaten hinter den Dnepr evakuiert werden. Man transportierte sie in Waggons ohne Dach. Die Jungs waren hungrig, froren und hatten Läuse.

wütete. Wir konnten in der Soldatenkantine essen, unsere Kleidung wurde im Badehaus desinfiziert und wir mussten in diesmal überdachte Güterwaggons steigen. Wieder waren wir unterwegs.

Einige Zeit später hielt der Zug an und wir sahen die Aufschrift: „Station Kasan". So fanden wir uns in Kasan wieder. Vom Bahnhof wurden wir mit Lastwagen zu den Kasernen gebracht. Es war warm, nur die Läuse ließen uns nicht schlafen.

Am nächsten Tag waren Bad, Desinfektion und Militäruniform – aus zweiter Hand – angesagt und wir schliefen wie tot. Am Morgen wurden wir von der Musterungskommission untersucht. Ich hörte, wie die Ärzte über mich sagten: „Er ist gesund, aber sehr ausgemergelt".

Wir kamen in das Skibataillon, wo es tägliches Training gab. Die Kleidung war gut und warm, nur an den Füßen trugen wir Halbschuhe mit Wadenbinden. Als ich für das Soldbuch fotografiert wurde, erkannte ich mich auf dem Foto selbst nicht wieder: so dünn war ich.

Die Jungs waren warm gekleidet, doch das Schuhwerk waren für 30 Grad unter null sehr ungeeignet, daher bekamen viele zukünftige Soldaten Erfrierungen an den Füßen.

Die Temperaturen in der Gegend erreichten mehr als 30 Grad unter null. Daher bekamen nicht wenige trotz der entsprechenden Kleidung wegen der unzureichenden Schuhe Erfrierungen an den Füßen, ich ebenfalls. Es bildeten sich Blasen, danach Wunden.

Gleichzeitig hat uns einer der Kommandeure vertraulich verraten, dass wir für die Leningrader Front vorbereitet wurden, für das rückwärtige Armeegebiet des Feindes. Die Kommission gab uns Zeit, bis unsere Füße verheilten. Diejenigen, die statt Halbschuhen Winterstiefel trugen und keine erfrorenen Füße hatten, wurden an die Front geschickt. Später bekamen vier oder fünf Familien in Hrebinky den Bescheid: „Vermisst".

Währenddessen kam eine Anordnung heraus, die von Stalin unterzeichnet war: die Geburtsjahrgänge 1924 und 1925 sollten von der Armee befreit und in die Produktion geschickt werden.

Jeder von uns bekam Papiere ausgehändigt. Meine kenne ich noch heute auswendig: „Der Rotarmist Wasyl Iwanowytsch Taran ist aus den Reihen der Roten Armee entlassen und wird dem Wehrersatzamt Starobelskyj der Oblast Woroschylowgrad zugewiesen".

Bis dahin arbeitete ich in der Lederfabrik in Kasan. Wir bekamen nur wenig zu essen, im Wohnheim gefror das Wasser, mehr als einmal mussten wir in der Fabrik in der Trocknungshalle schlafen.

Schon im Frühjahr fuhren wir zu unserem Bestimmungsort. Ich arbeitete in der Kolchose des Dorfs Schulhynka. Hier wurden wir etwas aufgepäppelt. Einige Zeit später sollten wir bei der Einrichtung der Verteidigungslinie arbeiten.

Und wieder Evakuation. Die Nazis marschierten in Richtung Stalingrad. Ich kam in deutsche Einkesselung. Das war in der Oblast Rostow. Von dort machte ich mich auf den Weg nach Hause, in die Oblast Kyjiw – etwa 1000 Kilometer.

In Poltawa kam ich in ein Kriegsgefangenenlager, wo mich meine Geburtsurkunde gerettet hat, die wie durch ein Wunder noch bei mir war.

Nach Hause, nach Hrebinky, kam ich im September 1942. Das Dorf war okkupiert. Ich wohnte bei meinen Eltern, die bereits älter waren. Dort musste ich arbeiten, in einer Werkstatt für Seilherstellung. Hauptsächlich machten wir Verbindungsriemen für Pferdegespanne. In dem Gebäude, in dem ich arbeitete, war vor dem Krieg eine Kantine gewesen. Dort gab es eine recht große Küche mit einem riesigen Herd und Backofen.

Einmal rief jemand: „Razzia!" – und wir rannten alle los, um uns zu verstecken. Manche kletterten schnell nach oben und nahmen eine Leiter mit. Ich war nicht schnell genug und kroch in den Ofen. Eine Frau schloss die Tür und ich saß dort fast eine Stunde lang, danach ließ man mich heraus – die Durchsuchung war vorbei. Alle waren froh, dass sie auch diesmal entkommen waren. Aber obwohl ich mich die ganze Zeit hatte verstecken können, um nicht nach Deutschland zu kommen, hat man mich am Ende doch geschnappt. Wir wurden in Lastwagen zur Zuckerfabrik gebracht und in ein Gebäude getrieben. Einige Zeit später kamen deutsche Wagen und man setzte uns recht „zivilisiert" darauf. Ich bekam ein paar „Kolben" am unteren Rücken ab – gut, dass es nicht die Rippen waren. Ich spürte die Schläge noch lange, an die mich auch die furchtbaren blauen Flecken erinnerten.

Und dann wurden wir in einem strengen Konvoi zu den Kasernen in Bila Zerkwa geschickt. Dort

Die Deutschen führten Razzien durch: es kamen Wagen und die Leute wurden „zivilisiert" darauf geladen – mit Schlägen der Gewehrgriffe.

Die Deutschen gaben den Gefangenen einmal am Tag eine fade Brühe, die einfach durch eine Holzrinne in der Wand in ein Metallfass gegossen wurde. Manche hatten das Glück, eine Schachtel oder eine Tasse zu haben. Wer kein Geschirr hatte, schöpfte die Ekelsuppe mit den Händen oder mit der Mütze.

verbrachten wir etwa einen Monat und verrichteten vor allem Erdarbeiten. Wir bekamen einmal am Tag eine fade Brühe, die einfach durch eine Holzrinne in der Wand in ein Metallfass gegossen wurde. Gut, dass manche eine Schachtel oder eine Tasse hatten. Wer kein Geschirr hatte, schöpfte die Ekelsuppe mit den Händen oder mit der Mütze. Nach einem solchen Frühstück nahmen wir die Schaufeln und Spitzhacken und machten uns auf zur Arbeit. Wir bauten, warum auch immer, eine Schmalspurbahn nach Skwyra. Die Leute wurden zu Tausenden hierhergejagt, aus vielen angrenzenden Regionen.

Einmal, als wir die gefrorene Erde mit dem Keil bearbeiteten, streckte ich mich, um aufzuatmen, und da schlug mich ein Deutscher mit dem Gewehr in den Rücken. Ich fiel hin und er schrie auf Russisch mit deutschem Akzent: „Los, arbeiten!"

In der Regel gelangten wir zu Fuß zu unserem Arbeitsplatz. Und da sahen wir: auf einmal standen dort einige Wagen. Wir, etwa 20 Leute, wurden an die Seite geführt, dann in einen mit einem Segeltuch überdachten Wagen gesetzt, und in die Fahrerkabine setzte sich ein Deutscher mit Maschinengewehr. Ein anderer setzte sich zu uns auf die Ladefläche. Wir fuhren los. Zuerst begriff ich nicht, wo man uns hinbrachte, und dann orientierte ich mich, dass wir in Richtung meines Hrebinky unterwegs waren. So passierten wir das Dorf und bogen gleich rechts ab. Ich erkannte den Ort wieder: Es war ein Bahndamm, wo man während des Ersten Weltkrieges die Eisenbahn gebaut hatte. Hier befahl man uns, auszusteigen. Nördlich des Bahndamms standen deutsche Kanonen, die auf Ksaweriwka ausgerichtet waren. Dort im Dorf standen die sowjetischen Truppen. Von Zeit zu Zeit konnte man Schüsse hören, und die Geschosse explodierten chaotisch, an verschiedenen Stellen. Wir wurden gezwungen, so etwas wie Schützengräben zu errichten. Am Abend wurden wir wieder in den Wagen gesetzt, der losfuhr und überraschend in Hrebinky anhielt. Wir sahen einige Frauen, unter denen ich meine Mutter und meine Schwester Natalia erkannte. Sie liefen zum LKW und gaben mir einen Sack mit zwei Seilen: dort waren Lebensmittel. Ich setzte mir den Sack auf den Rücken, und das Brot, das da drin war, ragte aus dem Segeltuch des Wagens heraus. Der Deutsche begann, auf diese Beule mit seinem Gewehr einzuschlagen. Schließlich brachte man uns zurück nach Bila Zerkwa.

Als ich das Essen aus dem Sack herausnahm, sah ich, dass das Brot in Krümel zerfallen war – so sehr hatte der Deutsche darauf eingeschlagen.

Wie kam es, dass die Frauen an der Straße auf uns warteten? Wir mir später meine Mutter und Schwester erzählten, hatten sie beide den gleichen Traum gehabt, in dem eine Stimme sagte: „Geht hierhin und dorthin, dort trefft ihr Wasyl", also mich. Etwas Ähnliches hatten auch andere Frauen geträumt.

Ob die Frauen den Wagen, in dem wir fuhren, angehalten hatten oder ob es von selbst angehalten hatte, weiß ich nicht. Das, was passiert ist, war ein Wunder. Für einige Tage hatte ich etwas Verpflegung und teilte mit denen, die bei mir waren.

Etwas Zeit verging. Eines Morgens wurden wir jeweils zu viert in eine Kolonne gestellt und nach Südwesten getrieben. Zu beiden Seiten der Kolonne gingen Deutsche mit Gewehren und Maschinengewehren sowie ukrainische Freiwillige, Polizisten mit langen Stöcken. Man warnte uns: wenn wir uns nur ein – zwei Meter von der Kolonne entfernten, hatten wir eine Kugel zu erwarten.

Wir waren etwa 5000 Kriegsgefangene. Am Ende der Kolonne konnte man den Anfang nicht mehr sehen. Unterwegs gab es keine Verpflegung. Wenn wir an Dörfern vorbeikamen, warfen die Leute das, was sie hatten, in die Kolonne. In einem Dorf warf jemand einen Laib Brot, der mir vor die Füße fiel. Ich stürzte mich so schnell ich konnte darauf und griff mit beiden Händen nach dem Brot, doch da waren bereits viele Hände, und ich bekam nur das, was ich mit einer Handvoll hatte packen können. Ein anderes Mal brachte eine Frau ein Sieb mit Zwieback hinaus, und es stürzten sich einige Männer aus der Kolonne auf sie. Sie ließ das Sieb fallen, die Gefangenen nahmen sich den Zwieback, doch da fielen Schüsse und einige Männer fielen tot um. Glück hatten wir, wenn wir in eine Scheune oder einen Kuhstall getrieben wurden und es dort Mais gab – das war purer Luxus.

Die Deutschen trieben die Leute in Kolonnen zu 5000 Mann. Am Ende der Kolonne konnte man den Anfang nicht mehr sehen. Unterwegs gab es keine Verpflegung. Man musste das essen, was die Leute aus den umliegenden Dörfern einem zuwarfen.

Übernachtet haben wir in den Kuhställen der Kolchosen. Wir wurden so eng zusammengepfercht, dass wir nur Seite an Seite stehen konnten. Wer konnte, drückte sich in oder unter die Rinne, um sich etwas hinsetzen zu können. Eines Morgens, als wir zur Formierung hinausgeschickt wurden, waren in eine Ecke mit Heu oder Stroh einige Männer geklettert, um zu fliehen. Doch sie gerieten unter Gewehrsalven ... Unter ihnen war mein Freund aus Hrebinky, Schora Butenko ...

Wir wurden in die Siedlung Werchnjatschky in der Oblast Tscherkassy geführt. Dort gab es eine Zuckerfabrik. Wir wurden in einen alten Ochsenstall getrieben – ein großes Ziegelgebäude. Und wieder gab es einen Mangel an Platz zum Sitzen oder Liegen. Ein Teil der Männer kletterte nach oben unter das Dach.

Die Suppe für die Gefangenen wurde in einem rostigen Grubenwagen ohne Räder gekocht. Dort warf man alles hinein, was die Leute mitgebracht haben: Kartoffeln, Gurken, Tomaten. Sogar ein totes Pferd. Es gab eine Mahlzeit am Tag.

Zwei Tage gab es gar nichts zu essen, danach stellte man einen rostigen Grubenwagen ohne Räder hin und kochte dort irgendetwas: man warf anscheinend alles hinein, was die Leute mitgebracht haben – Kartoffeln, Gurken, Tomaten, sogar ein totes Pferd hatte man irgendwo beschafft und ebenfalls hineingegeben. Dieses Gebräu gab man uns einmal am Tag ohne einen Krümel Brot und ohne Geschirr: wir reichten gegenseitig irgendwelche Schachteln herum.

Man begann, uns für die deutsche Armee anzuwerben: manche willigten ein, nur um dieser Hölle zu entkommen. Zwei meiner Landsmänner aus Hrebinky hatten das Glück, zu fliehen und nach Hause zu kommen, und einer, der es nicht geschafft hatte, sich umzuziehen, wurde von sowjetischen Soldaten erschossen.

In dieser Hölle verbrachten wir etwa zehn Tage, dann ging es weiter zum Bahnhof Popeljuchy, wo wir in Güterwaggons stiegen. Vor uns trat ein deutscher Soldat, der in gebrochenem Russisch erklärte: „Ihr fahrt jetzt dorthin, wo Millionen wie ihr arbeiten. Glaubt nicht, dass ihr Butter und Wurst essen werdet, aber ihr werdet Essen haben und arbeiten".

Die Waggons wurden mit Draht umwickelt und wir fuhren los. Auf der ganzen Strecke warf man uns etwas Sonnenblumenkerne hinein, wie Hühnern – und das war's.

Wir kamen nach Przemyśl an einen Umsiedlungspunkt, wo die dreistöckigen Betten wie auch die Wände von Aussiedlern aus Russland, Belarus und der Ukraine beschrieben worden waren. Dort hielt man uns mehrere Tage fest, „bedient" wurden wir vor allem von Polen, die mit Peitschen herumliefen. Wir wurden zur Arbeit gezerrt mit den polnischen Worten: „Alle Männer an die Arbeit, und wer verdammt nochmal nicht rausgeht, kriegt seinen Arsch versohlt".

Schließlich wurden wir in einen deutschen Zug gesetzt und weitertransportiert. Wir kamen in Dresden an. Man trieb uns quer durch die Stadt, die durch amerikanische Bomben zerstört worden war. Wir gingen an der Dresdner Galerie vorbei, die teilweise beschädigt war.

Als unsere recht große Kolonne getrieben wurde, standen an beiden Seiten der Straße Deutsche und man konnte sehen, wer Mitgefühl mit uns hatte und wer nicht.

Wir wurden hinter die Stadt gebracht, wo sich bereits Tausende wie wir befanden. Hier, zu diesem „Handel", kamen „Käufer" und nahmen uns in Partien mit wie Sklaven. Wir aus Hrebinky und dem benachbarten Salywonky hielten zusammen. Wir wurden nach Kassel gebracht, wo wir auf Baracken aufgeteilt wurden, und mussten am nächsten Tag zum Waggonreparaturwerk.

Zum „Handel" mit Gefangenen kamen „Käufer" und nahmen die Leute in Partien mit, wie Sklaven.

Ich wurde aus irgendeinem Grund als Auszubildender einem deutschen Drechsler zugewiesen, der an einer halbautomatischen Maschine arbeitete. Der Deutsche nannte sich Schorsch, er war ein guter Mann. Er brachte mir gleich bei, wie man es anstellte, dass die Stromsicherungen „rausflogen" – dann musste ein Elektriker gesucht werden, um die Maschine anzuschalten, und man konnte in der Zwischenzeit etwas entspannen.

In der Reparaturwerkstatt brachte man mir bei, wie man es anstellte, dass die Sicherungen „rausflogen" – dann konnte man etwas entspannen, während ein Elektriker gesucht wurde.

Da ich von Natur aus aufmerksam war, begriff ich nach einiger Zeit des Aufenthalts in Deutschland: Hitlerismus und Stalinismus unterscheiden sich kaum voneinander. Bei beiden gab es Parteiversammlungen, Parolen, die UdSSR hatte die Pioniere, Deutschland die Hitlerjugend. Alles ist sehr ähnlich, nur die „Sauce" ist anders: die Deutschen waren national-sozialistisch, in der UdSSR war man anscheinend international-sozialistisch. In den deutschen Fabriken leitete der Meister eine Produktionsabteilung, in der UdSSR der Werkabteilungsleiter. Die Nazis trugen am Revers ein kleines rundes Abzeichen, auf dem „Nationalsozialist" stand und in der Mitte das Hakenkreuz abgebildet war. Die oberen Ränge trugen eine braune Uniform mit einer Armbinde, auf der das Nazi-Symbol war. Wie ich heute verstehe, hatte ich die Zeit in Gefangenschaft als eine Art Schule des Lebens genutzt: ich habe Schlussfolgerungen aus Fakten gezogen und die Realitäten des Nazi-Deutschlands und der Sowjetunion vor dem Krieg verglichen.

Wir bekamen dreimal am Tag das gleiche „Gericht" – eine Suppe aus Steckrüben, zu der es 200 Gramm Brot aus Mischmehl gab. Wir hatten chronischen Hunger und das zwang uns, alles zu stehlen, was es zu stehlen gab, wovon man irgendwie leben konnte, wobei wir oft unser Leben riskierten. Es ist bis heute furchtbar, daran zu denken: einmal hatte ich das Echtleder von drei Sesseln im Postwagen abgeschnitten und diese dann einem gefangenen Tschechen gegeben. Er gab mir dafür einen Laib Brot mit Kreuzkümmel – an den Geschmack kann ich mich bis heute erinnern. Hätte man mich damals in dem Wagen geschnappt, wäre das mein Todesurteil gewesen.

Auf dem recht großen Gebiet der Fabrik waren sehr viele Zugteile, die alle eine technische Überprüfung, Reparatur usw. brauchten. Oft waren diese Waggons mit irgendetwas beladen, und in der Mittagspause liefen wir herum und schnüffelten umher, was man davon gebrauchen konnte: ein Stück Brot, eine Zigarettenkippe oder Ähnliches.

Unweit der Straße zu den Baracken standen deutsche Flugabwehrkanonen, und neben ihnen zwei Mieten Kartoffeln. Mein Freund Dmytro Matwienko und ich beschlossen, uns Kartoffeln mitzunehmen. Das war eine riskante Sache, denn bei den Mieten patrouillierten deutsche Wachen – natürlich mit Maschinengewehren. Es gab nur blaues Licht, das man von oben nicht sah. Wir krochen hintereinander zu der Miete, schafften die gefrorene Erde und Stroh irgendwie beiseite und nahmen Kartoffeln mit. Hätten uns die Wachen bemerkt, dann hätten uns die Gewehrsalven augenblicklich getötet. Doch wir hatten so viel Hunger, dass wir, ohne nachzudenken, unser Leben riskierten.

Auf dem Weg zurück zur Baracke bemerkte uns ein Polizist. Er schrie: „Halt!" – und schoss. Wir ließen die Säcke mit den Kartoffeln schnell unter die Waggons fallen, liefen so schnell wir konnten zur Baracke, zogen die Jacken aus und legten uns hin. Die Polizei ging durch die Baracken, doch sie erkannten uns nicht wieder. In der gleichen Nacht, auch wenn wir wussten, dass dort ein Hinterhalt sein könnte, nahmen wir die versteckten Kartoffeln mit. Solche Fälle gab es zuhauf.

Im Frühjahr arbeiteten wir in den Küchengärten, damit man uns etwas zu essen gab: hauptsächlich gruben wir kleine Grundstücke um. Insgesamt behandelten uns die Deutschen gut, hatten Mitleid mit uns und gaben uns heimlich etwas zu essen.

Im Frühjahr arbeiteten die Gefangenen für ihr Essen in den Küchengärten: hauptsächlich gruben sie kleine Grundstücke um. Die Deutschen gingen in der Regel mitfühlend mit ihnen um und gaben ihnen heimlich etwas zu essen.

Einmal passierte Folgendes. Als ich an der Maschine arbeitete und ein Lazarettzug in die Fabrik gestellt wurde, lief dessen Personal irgendwo in der Nähe herum. Ein Offizier kam zu mir – er hatte dagestanden und zugesehen, wie ich ein Teil drechselte. Er fragte mich in gebrochenem Russisch: „Na, wie geht's dir, sowjetischer Metallarbeiter? Gibt man euch genug zu essen und bezahlt man euch gut?"

Ich dachte, das wäre ein Provokateur, doch einen Augenblick später sagte er weiter: „Feierabend, komm in den Wagen Nr. 7". Ich erzählte das einem Kollegen, der schon lange dort arbeitete, und der sagte, ich sollte keine Angst haben: der Deutsche wollte mir etwas zu essen geben (auch er selbst hatte mehrmals das Angebot von Offizieren bekommen). So betrat ich den siebten Waggon, der Offizier bot mir einen Ersatz-Kaffee und ein Brot mit Margarine an – das alles verschlang ich innerhalb einer Sekunde. Er fragte auf Deutsch: „Noch?" – ich nickte. Der Offizier gab mir eine zweite Portion, und wickelte dann einen Laib Brot in ein Papier ein und gab ihn mir. Ich hatte Angst, dass man mir beim Durchgehen das Geschenk wegnehmen würde, aber so weit kam es nicht. Das kam nicht nur einmal vor.

In der Zugwerkstatt arbeiteten Gefangene aus ganz Europa: Polen, Tschechen, auch Belgier, Holländer, Franzosen, Ukrainer, Belarussen, Russen, es gab auch Italiener, die nach dem Tod Mussolinis aus der Achse mit Hitler ausgetreten waren. Da Badoglio damals das Oberhaupt Italiens war, nannte man auch all diese Italiener Badoglio.

Im schlechtesten Zustand waren wir als Arbeiter aus der Sowjetunion sowie die Italiener. Alle anderen, besonders die Franzosen, und sogar die Polen, hatten es leichter. Die Leidensgenossen behandelten uns gut, jeder half, wie er konnte.

In der Nähe unserer Fabrik war ein Lager, in dem Gefangene aus der UdSSR wohnten. Darauf stand auf Deutsch: „Natalka von Poltawa".

Das Lager war umgeben von Stacheldraht, und wir wohnten unweit der Fabrik in Baracken, die nicht mehr umzäunt waren. Zwischen den Baracken stand ein kleines Haus, in dem der Polizist war, der uns zur Arbeit und zurück führte. Es war immer wieder ein anderer Polizist, und sie alle behandelten uns Kriegsgefangene unterschiedlich. Es gab solche, die uns nur anschrien, andere schlugen uns und schwiegen dabei. Für jeden hatten wir einen Spitznamen: „Fuchs", „Unfertiger", usw.

In der zweiten Hälfte des Jahres 1944 wurden wir von den Amerikanern intensiv bombardiert. Wir durften die sicheren Luftschutzbunker nicht betreten. Einmal hatte man uns in den Keller eines vierstöckigen Lagers getrieben – und genau dorthin fiel eine Bombe, sie explodierte buchstäblich über dem Keller, die Decke zerplatzte, wir wurden von Ziegeln verschüttet, aber es gab zwei Ausgänge. Wir schaufelten uns von den Ziegeln frei und traten hinaus in das Licht.

Auf dem Gelände der Fabrik gab es einen Luftschutzbunker, den sogenannten Winkelturm – ein pilzartiges Betongebäude mit einem spitzen Dach und anderthalb Meter dicken Wänden. Wir durften dort nicht hinein. Ich weiß noch, wie wir in einen Fluss gejagt wurden, der bei der Fabrik floss, und dort war ein Brettersteg. Einmal ging eine Bombe recht weit weg in die Luft, aber wir wurden wie Rohre so weggeschleudert, dass wir 10 – 15 Meter auf den Brettern flogen. Als auch die Fabrik zerbombt wurde, wurden die teuren Maschinen weggebracht, und die Ausländer verrichteten verschie-

Auf dem Lager, in dem Gefangene aus der Sowjetunion wohnten, stand auf Deutsch: „Natalka von Poltawa".

dene Arbeiten. Eine Brigade, der ich angehörte, grub einen Tunnel im Berg – als Luftschutzbunker; eine andere grub etwas weiter weg, und wir sollten zusammentreffen; laut Plan sollte der Tunnel U-förmig sein. In unserer Brigade waren sechs Ukrainer, zwei Italiener, ein Belgier und ein Deutscher – der Leiter und Fachmann.

1944 und 1945 hatten die Deutschen bereits verstanden, dass dem Hitlerismus der Untergang drohte. Manche, besonders die einfachen Leute, behandelten uns besser. Sie fragten ab und an: „Ist es in Sibirien sehr kalt?" Hitler machte ihnen damit Angst, dass, wenn die Russen kommen, alle nach Sibirien geschickt würden.

Kurz vor Silvester 1945 machten wir einen schweren Luftangriff durch. Im Tunnel tummelten sich bereits viele Ausländer und Ostarbeiter. Wir saßen dort lange, bis uns die Luft ausging. Als uns das Atmen schwerfiel, verließen wir den Tunnel – sonst hätten wir ersticken können. Danach hatte ich noch mehrere Tage Kopfschmerzen. Die Amerikaner hatten Bomben abgeworfen, die zeitverzögert erst eine Woche später explodierten, und so viele Flugblätter verbreitet, dass die Deutschen sie uns nicht mehr wegnahmen.

Es wurde Frühling, wir gingen in die Vorstadt, um irgendwo bei den Deutschen für Essen zu arbeiten. Mein Kamerad und ich hatten einen Bauer, zu dem wir nach der Arbeit oder sonntags für einen Zuverdienst gingen. Bei diesem Deutschen waren ein Pole, eine junge Polin und ein junger Franzose dauerhaft tätig. Dieser Franzose klaute dem Hausherrn Mehl, Getreide und einmal sogar Speck – der war für uns.

Als wir einmal auf dem Rückweg von dem Bauern gingen, begegneten wir zwei Deutschen und sie sagten zu uns: „Russische Schweine". Wir blickten uns um und verpassten ihnen eine derartige Tracht Prügel, dass sie von allein wegliefen.

Bald darauf, im Frühjahr 1945, wurde die zweite Front geöffnet, die Amerikaner und Briten kamen näher, und in Begleitung der Polizei wurden wir nach Osten evakuiert. Wir hatten Angst, dass man uns in Gaskammern bringen wollte, und vereinbar-

Als den Deutschen bewusst wurde, dass dem Hitler-Regime der Untergang drohte, hatten sie Angst, dass die Russen sie deportieren würden, und fragten die Kriegsgefangenen: „Ist es in Sibirien sehr kalt?"

Als sie begriffen, dass die Deutschen sie in Gaskammern schicken konnten, vereinbarten die Gefangenen im Voraus, dass sie sich auf die Waffen stürzen würden – irgendjemand würde ja überleben.

ten im Voraus: wenn das stimmt, dann stürzen wir uns auf die Waffen – irgendjemand würde ja überleben. Wir liefen etwa 30 Kilometer, die Polizisten waren irgendwo verschwunden, und wir waren allein, und doch gingen wir weiter nach Osten. Aber die Amerikaner holten uns ein – und wir waren frei.

So schnell hatte sich die Situation geändert: gestern noch Sklaven und heute schon freie Männer, Freiheit! Die gestrigen Kriegsgefangenen und Ostarbeiter fahren Fahrrad, Motorrad, die Amerikaner treiben Pferdewagen über die Nazi-Flagge. Freiheit! Freiheit! Wir kehrten um, aber wollten nicht nach Kassel und ließen uns in der kleinen Stadt Hann. Münden nieder, in dem es ganze drei Flüsse gibt: die Weser, in die Fulda und Werra münden – eine sehr malerische Landschaft. Wir wurden in einem ehemaligen Lager der Wehrmacht untergebracht. Hier landeten viele Vertreter verschiedener Völker Europas, vor allem Ukrainer, Russen und Belarussen. Wir konnten mehr oder weniger anständig essen. Die Amerikaner hatten Motoren und andere Militärausrüstung aus dem Gebäude geholt, und wir richteten so etwas wie ein Theater oder einen Klub ein. Wir bastelten eine Bühne, einen Vorhang aus Segeltuch, stellten Bänke hin, und jeden Tag traten hier ehemalige Gefangene aus verschiedenen Ländern auf. Ich glaube, am besten waren wir, die Ukrainer: es gab hervorragende Sängerinnen und andere „Künstler".

Nun, da sie frei waren, suchten die Leute diejenigen Einheimischen, die sie gemeinsam mit den Deutschen schikaniert hatten.

Später richtete man uns aus, dass in Kassel diejenigen gesucht wurden, die uns zusammen mit den Deutschen schikaniert hatten. Da war eine Ärztin, die sagte, wenn ein kranker Ostarbeiter zu ihr kam: „Geh arbeiten, wer soll denn sonst für das große Deutschland arbeiten?" Sie wurde hingerichtet. Dodoj, den Koch aus Ossetien, der Gefangene mit der Kelle auf den Kopf geschlagen hatte, wurde nicht gefunden: er war geflohen.

In Hann. Münden hielten wir uns etwa zwei Monate auf, dann brachten uns die Deutschen nach Halberstadt und quartierten uns dort im Lyzeum, einer ehemaligen Schule, ein. Das war keine schlechte Unterkunft und hochwertig ausgestattet – mit einem Observatorium, zwei Sporthallen, einem

Kinosaal, wunderschönen Klassenräumen, einer riesigen Eingangshalle und einer Aula.

Nach der damaligen Vereinbarung sollte die sowjetische Armee in diese Stadt einmarschieren, und die Amerikaner und Briten sollten sie verlassen. So kam es auch. Wir, einige Männer, konnten im Lager einer Metzgerei Arbeit finden. Etwas später wurden wir in die Armee einberufen, aber ohne Uniform – es gab schlicht keine. Wir wurden für den Krieg mit Japan vorbereitet – wir hatten uns alle als Freiwillige einschreiben lassen.

Als die sowjetische Armee kam, wurden ehemalige Kriegsgefangene und Ostarbeiter als Freiwillige in die Armee eingeschrieben – sie wurden für den Krieg mit Japan vorbereitet.

Damals wohnten wir in ehemaligen deutschen Kasernen, die gut ausgestattet waren. Oft wurden wir aus unbekannten Gründen in verschiedene Orte umquartiert. Einmal brachte man uns in ein ehemaliges Konzentrationslager, wo die Gefangenen eine Untergrundfabrik gebaut hatten, doch wir wurden dort untergebracht, wo die SS gewohnt hatte.

Gegen Ende des Sommers, im August, wurden wir auf Studebaker-LKWs über Polen zur ukrainischen Grenze gebracht. Wir kamen nach Wolodymyr-Wolynskyj. Hier in der Vorstadt gab es Abertausende von uns.

Wolodymyr-Wolynskyj ist ein Eisenbahnknoten. Einige Tage später kam der Güterzug, und am nächsten Tag fuhr er mit uns an Bord ab.

Wir hatten uns eigene Etagenbetten gebaut, indem wir ein verlassenes Gebäude in der Nähe des Bahnhofs auseinandergenommen hatten. Wie lange wir unterwegs waren, weiß ich nicht mehr. Als wir Ustymiwka passierten, sah ich den Schornstein der Zuckerfabrik in meiner Heimat Hrebinky. Wir wurden als Soldaten des 25. Arbeitsbataillons transportiert, mit uns fuhren Offiziere.

Endlich kam Dniprodserschynsk. Wir stiegen aus, kamen zum Wohnheim der Ordschonikidse-Kokerei. Das Wohnheim, erbaut 1930, wie auch die Fabrik selbst, sah nicht schlecht aus. Der Damenflügel war links, der Herrenflügel rechts. Es gab eine Kantine, eine Krankenstation, eine Abendschule, eine große Eingangshalle. Im zweiten Stock war ein Saal mit einer Bühne. Drumherum Grünpflanzen und ein Tanzplatz. Unsere Kommandeure waren ein Major, der Bataillonskommandeur, und ein Oberleutnant. Der Major war 35 – 37 Jahre alt,

In der Heimat baute man Fabriken wieder auf – es waren praktisch Ruinen, die, wie es schien, unmöglich wiederherstellbar waren. Doch oft nahm die Fabrik nach weniger als einem Jahr ihren Betrieb wieder auf.

ein toller Mensch, der uns immer gut behandelt hat, der Leutnant dagegen war ein eingefleischter Kommisshengst.

Am nächsten Tag gingen wir zur Fabrik – diese war praktisch eine Ruine. Ich dachte: wann sollen wir sie denn aufbauen? Aber das machte nichts: wir räumten den Schutt weg und bauten die Fabrik praktisch in unter einem Jahr auf – sie wurde in Betrieb genommen.

Ich wurde als Werkzeugmechaniker eingesetzt, und bald wurde ich dem Vertrauen gerecht. Wir bekamen ein Arbeitergehalt. Essen konnten wir in der Kantine, und morgens und abends gab es einen „Appell": eine Überprüfung.

Ein paar Tage nachdem wir angekommen waren, war der Major irgendwohin ausgerückt, und als er wiederkam, versammelte er uns und sagte, dass am nächsten Tag 30 Leute für zehn Tage nach Hause fahren würden, die Reisezeit nicht eingerechnet.

Ich gehörte nicht zu den Glücklichen. Aber ich bekam ein Telegramm von meiner Mutter, der der Arzt gesagt hatte, sie sei schwer krank. Der Major hatte es gern, wenn man sich bei ihm in der dem Rang gebührenden militärischen Manier meldete. Ich tat es und er gab mir die Erlaubnis für einen Urlaub. Ich fuhr in Güterwagen, und lief von Bila Zerkwa bis Hrebinky (20 Kilometer) zu Fuß.

Von der Straße aus ging es über das Feld, und dort sah mich meine Familie: meine Schwester Natalia und ihr Ehemann Andrij liefen mir entgegen, auch meine Mutter war dort ...

Nach dem Krieg gab es ein Versorgungssystem mit Lebensmittelmarken, wir hungerten. Dennoch legten wir Enthusiasmus und jugendliche Inbrunst an den Tag.

Die Nachkriegsjahre in der Industrie waren hart, Lebensmittel gab es nur gegen Lebensmittelmarken – wir hatten Hunger, auch wenn es diese und jene Lebensmittel gab, beispielsweise ein Kilo Brot. Doch wir waren alle jung und hatten trotzdem unseren Spaß.

Und da wurden wir in den Donbass einberufen, nach Woroschylowsk (heute Altschewsk). Mein Kamerad und ich beschlossen, nach Dniprodserschynsk zurückzukehren. Es war Winter, Frost, wir kamen kaum voran, auf dem Weg hielt uns die Polizei an, aber wir kamen davon. In Dniprodserschynsk wurden wir, wie man so schön sagt, mit offenen Armen empfangen. Zu der Zeit wurde unser Bataillon bereits aufgelöst, daher wurden wir zu einfachen Arbeitern. Das Leben ging seinen Lauf: es gab eine Finanzreform, die Lebensmittelmarken wurden abgeschafft. Mehrmals im Jahr besuchte ich meine Mutter: entweder auf Einladung per Telegramm oder im Urlaub. Ich wollte nach Hause, doch ich musste erst kündigen. Mehrmals war ich damit zum Fabrikdirektor gegangen, aber vergebens. Zu der Zeit war es sehr schwer, bei der Fabrik zu kündigen, fast unmöglich. Der Direktor versprach mir sogar eine Wohnung, damit ich meine Mutter dorthin mitnehmen könnte, aber ließ mich nicht gehen. 1949 half mir unser Werkabteilungsleiter Solowjow, dem ich bis heute dankbar bin. Er wurde in ein anderes Unternehmen versetzt, und er bot an, mir eine Bescheinigung zu schreiben, dass ich mit ihm gehen würde.

Bei der Arbeit in der Fabrik war ich bei allem aktiv, genoss Autorität bei meinen Kollegen, nahm an der Theatergruppe teil, aber doch wollte ich unbedingt nach Hause zu meiner alten Mutter. So kündigte ich und kehre endlich zurück nach Hause. Schon ein paar Tage später arbeitete ich in einer Autowerkstatt, ebenfalls als Werkzeugmechaniker. Ich ging zur Abendschule und holte die 9. Klasse nach. 1951 habe ich die 10. Klasse abgeschlossen. Im gleichen Jahr schrieb ich mich im Institut für Fremdsprachen in Bila Zerkwa ein, das ich 1955 abschloss – in Horliwka, wohin das Institut versetzt wurde. Gleich nach dem Abschluss bekam ich eine Stelle als Englischlehrer in der Mittelschule in Hrebinky, wo ich bis zur Rente 1986 arbeitete.

In der Nachkriegszeit war es fast unmöglich, bei der Fabrik zu kündigen. Man konnte nur in ein anderes Unternehmen versetzt werden.

Eduard Sub

Der Angriff der Deutschen kam nicht unerwartet ... „Wir wussten alle, dass der Krieg kommt. Wie konnte Stalin das nicht wissen?!"

Wenn im Radio das Lied „Das Mädchen verabschiedete den Soldaten zum Posten" gespielt wurde, schossen meiner Oma immer Tränen in die Augen. Doch ich denke, sie hegte keinen Groll gegen die Deutschen. Sie sagte, dass unter ihnen auch gute Menschen waren und „wenn Stalin und Hitler an den Köpfen zusammengestoßen wären, hätte es keinen Krieg gegeben, aber so haben sie so viele Menschen mitgezogen".

Ich – Eduard Iwanowytsch Sub – schreibe eine historische Kolumne in der Charkiwer Wochenzeitung „Pjatniza" [Freitag – Anm. d. Übers.]. Ich bin Historiker von Beruf, das ist meine Berufung und Lebensart. Daher verstehe ich sehr gut, dass aus der Sicht der Quellenkunde Erinnerungen die beinahe unbedeutendste Quelle sind.

Wenn ich mich jedoch daran erinnere, was meine Großmütter, mögen sie in Frieden ruhen, über den Krieg erzählt hatten, kommt mir unweigerlich Schewtschenko in den Sinn: „Wenn die alten Leute lügen, dann lüge ich mit ihnen".

Möglicherweise kommen es in meiner Geschichte zu viele Vorkriegsjahre vor, doch ich muss dazu sagen, wie meine Oma – Praskowija Antoniwna Sub (Mädchenname: Chrol), geboren 1918 im Charkiwer Gouvernement, zu Beginn des Zweiten Weltkrieges nach Galizien kam. Der „Westen" aus Sicht einer aus Sloboschansk stammenden Dörflerin – das war ja was!

Die Probleme begannen in Charkiw, als mein Opa, der Lehrer der siebenjährigen Ponomarenko-Dorfschule Wolodymyr Charytonowytsch Sub, auf eine Dienstreise in die „befreiten" Gebiete geschickt

1943, Abschlussfoto – das einzige, auf dem Oma und Opa zusammen zu sehen sind. Oma sitzt ganz links, Opa ist Dritter von links. Er war Lehrer, sie seine Schülerin. Später wurde sie seine Frau

wurde. An die Einweisung im Rajonsparteikomitee konnte sich Oma noch lange erinnern ...

„Er fragte: ist Ihr Kind getauft? Ich sitze da und weiß nicht, was ich sagen soll. Ich möchte nicht lügen und habe gleichzeitig Angst, zuzugeben, dass wir den Lehrersohn heimlich haben taufen lassen (meinen Onkel Wolodymyr, geb. 1937). Da sieht er mich an und sagt: ‚Auch wenn er ungetauft ist, sagen Sie dort allen, er sei getauft. Sonst hänseln ihn die anderen Kinder.'".

Sogar die Kleidung, in der die Ehefrau eines sowjetischen Lehrers reisen sollte, legten sie fest:

„Ich laufe im Hut durchs Dorf. Das erste Mal habe ich ihn aufgesetzt! Dein Opa hat mich gezwungen, weil sie es so gesagt haben. Ich gehe weiter und weine, weil alle über mich lachen: Paschka denkt wohl, sie sei eine Dame. Und Wolodka geht hinter mir und sagt: ‚Gewöhn dich daran! Dort wirst du nur so herumlaufen.'".

Oma und Opa sind etwa im Oktober – November 1939 nach Galizien ausgereist. Sie haben in den Kleinstädten Janiw und Maheriw gewohnt. Opa „wuchs", glaube ich, zum Inspektor der Rajonsabteilung für Volksbildung heran.

„Es war eine gute Arbeit", erinnert sich Oma scherzhaft. „Er fuhr irgendwohin und brachte immer ein Huhn oder eine Ente mit".

Lehrer wurden dort geschätzt: „Als wir gerade angekommen waren, wurden wir als Untermieter im Haus einer Familie einquartiert. Eines Morgens greife ich zur Axt und will Holz hacken, da kommt die Hausherrin hinausgelaufen, reißt mir die Axt aus den Händen und schreit, dass es sich für eine Lehrerfrau nicht gehöre!"

Zum „plötzlichen" deutschen Angriff 1941 hatte Oma ihre eigene Meinung. Oft wiederholte sie:

„Wir wussten alle, dass der Krieg kommt. Wie konnte Stalin das nicht wissen?! Die Focke-Wulf-‚Uhus' flogen, wie es ihnen beliebte."

Als auch noch die Bomber angeflogen kamen, wurde Opa in die Armee eingezogen, und meine Oma gemeinsam mit ihrem Sohn in den Zug gesetzt: die Familien des sowjetischen Fachpersonals wurden evakuiert.

„Wir waren an Charkiw vorbeigefahren und hatten nicht angehalten. Mir war klar, dass man uns zu den Kazapen[1] brachte. Nein, das wollte ich nicht ... ich sprang aus dem fahrenden Zug irgendwo hinter Kupjansk und ging zu Fuß nach Hause."

Zu Hause – das war das Dorf Chroly bei Charkiw. Sie war mehrere Dutzend Kilometer gelaufen mit einem riesigen Koffer, einem vierjährigen Kind und ... schwanger mit meinem Vater (er wurde an Weihnachten 1942 geboren).

Die Besatzung schilderte sie nicht ganz so, wie es uns in der Schule beigebracht wurde. Sie zählte immer nach, wer ihnen mehr weggenommen hatte. Die Deutschen hatten Hühner weggebracht (ich weiß nicht mehr, wie viele), und die „Unseren" beschlagnahmten Schafe, die sie sich während der Besatzung angeschafft hatten. Es stellte sich heraus, dass die Sowjets uns mehr weggenommen hatten. Im Dorf waren einige Zeit Kroaten stationiert:

„Sie sprachen nicht unsere Sprache, aber wir verstanden sie. Es waren gute Leute – sie schenkten deinem Uropa eine Mütze und ein Paar Stiefel."

---

1 Anm. d. Übers.: Eine abwertende Bezeichnung für Russen. Ursprünglich eine Bezeichnung für einige ethnische Minderheiten in Russland.

Sie erzählte oft, wie unsere „Umzingelten"[2] nachts an unser Fenster klopften: „Oh, Gott! Sie waren hungrig, verletzt, zerlumpt. Mehrmals mussten wir sie verstecken".

Einmal hatte sie deswegen ein Problem: jemand aus dem Dorf hatte sie bei den Deutschen verpetzt. Gut, dass die Nachbarn sie rechtzeitig warnen konnten: „Sie kommen zu dir!"

Oma sagte, dass sie damals viel Furchtbares aushalten musste! Die Deutschen stellten das ganze Haus auf den Kopf und hatten auch noch ... ihr Maschinengewehr vergessen. Sie sagte: „Als ich gesehen habe, dass da das Gewehr liegt, renne ich los, ihnen hinterher. Ich schreie: ‚Herr, Herr!', zeige das Gewehr, aber sie hören gar nichts, quatschen in ihrer Sprache. Dann haben sie mich gehört. Das Gewehr haben sie mitgenommen, aber mich wollen sie nicht gehen lassen. Sie piksen mich mit dem Gewehr, bedeuten mir: geh vor! Da denke ich, es ist aus ... Aber nein. Wir sind bis zu einer Ecke gekommen und sie zeigen auf ein Haus: dort lebt der, der dich verraten hat. Der ist ausgezogen, als die Besatzung vorbei war".

Ob man es glaubt oder nicht, Oma wusste bereits 1939, wie der Krieg für unsere Heimat enden würde.

„Dein Opa und ich gehen über Blahowischtschenskyj-Markt, und er fängt an, mich anzuschreien. Eine Zigeunerin sieht uns und sagt: ‚Hör nicht auf ihn! Er wird sowieso nicht bei dir bleiben. Und dein Kind wird im Feuer verbrennen.' So kam es auch."

Opa verbrachte seinen Lebensabend in Westaustralien (wie er dorthin kam, ist eine andere und recht dunkle Geschichte), und das besagte Kind – mein Onkel Wolodymyr – ist bei einer Minenexplosion 1949 gestorben. Er war 12 Jahre alt. Er starb gemeinsam mit anderen Jungs aus dem Dorf.

Meine Oma mütterlicherseits – Iryna Wasyliwna Fartuschko (geb. 1911) hat auch gerne von der Vergangenheit erzählt. Vor allem über die Kollektivierung und 1933, lieber als vom Krieg.

---

2 Anm. d. Übers.: Eine Bezeichnung für sowjetische Soldaten, die zwischen 1941 und 1945 von deutschen Truppen von ihrer Armee isoliert wurden. Viele kamen in Kriegsgefangenschaft, andere gingen unter die Partisanen oder halfen der deutschen Armee und Polizei.

Oma Ira mit meiner Mutter. 1945

Als Grundschüler fand ich ihre Geschichten schrecklich. Besonders ihr traditionelles „Intro": „Hör mal, Enkelchen, was sie gemacht haben, diese Kommunisten, diese Schweine ..."

Als Mama diese „Erziehung" eines Tages mitbekam, erschreckte sie sich gewaltig. „Gott bewahre, dass er sich in der Schule verquatscht". Ich verquatschte mich nicht. Damit fange ich erst jetzt an.

Über die unumstößliche Freundschaft der Völker der UdSSR sagte sie:

„Die Krankenzüge waren zur Hälfte gefüllt mit vakuierten (genauso sprach sie es aus!) Juden. Sie zahlten den Sanitätern Unsummen, um dort herauszukommen. Die Sanitäter wiederum vertranken das Geld und schmissen sie aus dem fahrenden Zug".

Hier kommt eine Alltagsszene. Es ist Sommer 1941, die halbe Ukraine brennt, und in Charkiw kämpfen die Leute in der Schlange um Bier:

„Unser Sanitäter stieg aus dem Zug – angeschlagen, selbst mit Verbänden, er hatte so große Lust auf Bier. Er kam und fragte höflich: ‚Genossen, können Sie mich vorlassen? Ich bin auf Dienstreise'. Und einer, mit so einem dicken Bauch, stand da und sagte auf Russisch: ‚Wir sind hier alle auf Dienstreise!' Ach, wie er dann den Karabiner von der Schulter gerissen hatte ... Nur so kam er an sein Bier."

Der Naturalismus in Omas Erzählungen kannte keine Grenzen:

„Meine Freundin und ich laufen auf dem Feld (Anfang 1943 bei Charkiw – E.S.). Kurz nachdem damals unsere „Katjuschas" die Deutschen aufgehetzt und versengt hatten, denn lange konnte man sie nicht ausräuchern. Es liegen überall abgerissene Arme, Beine. Da sehe ich, dass schon jemand hier gewesen war – die Deutschen hatten nichts mehr an … Einen hatten sie nackt aufs Pferd gesetzt, so hatte er sich den Ar …h abgefroren. Es war sehr kalt damals. Als meine Freundin bei einem einen Ehering am Finger gesehen hat, hat sie angefangen, ihn abzustreifen, doch es geht nicht. Da hat sie den Finger mit einem Messer abgeschnitten. Ich sage: ‚Sünde', aber was soll's …"

Über ihren Mann und meinen Onkel, Oleksij Oleksandrowytsch Kolesnyk, erzählte Oma nichts. Ich weiß nur, dass er vermisst wurde.

Wenn im Radio das Lied „Das Mädchen verabschiedete den Soldaten zum Posten" gespielt wurde, schossen meiner Oma immer Tränen in die Augen. Doch ich denke, sie hegte keinen Groll gegen die Deutschen. Sie sagte, dass unter ihnen auch gute Menschen waren und „wenn Stalin und Hitler an den Köpfen zusammengestoßen wären, hätte es keinen Krieg gegeben, aber so haben sie so viele Menschen mitgezogen".

Leider hat es noch niemand geschafft, die Vergangenheit zu überspielen …

Wladyslaw Faraponow

Der Krieg meiner Familie: Unbekannte Erinnerung und Heldentaten, die bekannt wurden

„Du hast eine Menge Leben gerettet, aber nie damit angegeben." Das kann meine Familie über einen echten Helden sagen, meinen Ururgroßvater.

„David Moisejowytsch Brusylowskyj, geb. 1890, war ein Sanitätsoffizier 2. Ranges, ein hochqualifizierter Chirurg und Leiter der medizinischen Abteilung eines mobilen Feldspitals. Im Januar und Februar 1942 hat er innerhalb von drei Wochen bei 18 Stunden Arbeitszeit pro Tag am OP-Tisch mehr als 1000 Verwundeten geholfen. Nicht auf die Zeit und seine Erschöpfung achtend hatte Genosse Brusylowskyj mehreren Hunderten Verletzten das Leben gerettet.

Er ist der staatlichen Auszeichnung würdig – der Medaille ‚Für Kriegsverdienste'".

Es war paradox, dass das lange Zeit niemand gewusst hat, weder meine Oma Ryma (Davids Enkelin) noch meine Uroma (seine Tochter Anna Dawydiwna). Das Einzige, was sie wussten, war, dass er ein Militärarzt war, genauer gesagt Chirurg. Wenn einem bewusst wird, dass der eigene Ururgroßvater Tausenden das Leben gerettet und mehr als eine Generation bewahrt hat, fühlt man sich unfassbar stolz.

Der Militärchirurg rettete Tausende Leben und bewahrte mehr als eine Generation.

Nach der Front-Anordnung Nr. 18/n vom 12. August 1942 wurde David Moisejowytsch Brusylowskyj die Medaille „Für Kriegsverdienste" verliehen. Leider hat unsere Familie diese Medaille nie gesehen, aber nachdem wir davon erfahren haben, waren wir stolz und froh, dass es die Möglichkeit gibt, darüber zu reden.

Denn das ist ein Teil unserer Erinnerung, den wir bewahren werden.

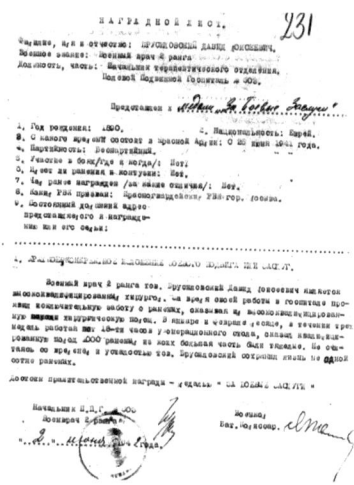

David Moisejowytsch Brusylowskyj

Empfehlungsschreiben für die Auszeichnung, 2. Juni 1942

Es ist schade, dass die Familienmitglieder, die ein ganzes Buch wert sind, nicht mehr davon erzählen können, was man aus anderen Quellen erfährt. Und es war interessant zu erfahren, dass manche Verwandten, die 30 Jahre nach dem Krieg dank der Ehe meiner Eltern erst zu Verwandten geworden sind, damals sozusagen auf entgegengesetzten Seiten der Barrikaden standen.

So gehörte zum Beispiel meine Uroma Akulina Wasyliwna Pedtschenko (später Schyptenko), die von allen liebevoll „Oma Klawa" genannt wurde, zur Partisanentruppe „Jakow".

Alle wussten davon, doch die gefundenen Dokumente bestätigen erneut die Worte Bohdan Stelmachs: „So ist sie, die Geschichte des eigenen Volkes"[1]. Die Geschichte eines Volkes.

Mein Uropa Iwan Tychonowytsch Faraponow bekam ebenfalls eine Auszeichnung. Er erhielt die „Medaille für Tapferkeit".

„Auf dem westlichen Ufer der Oder, bei Lebus, arbeitete er am Vermessungsnetz unter dem Feuer und den Bomben des Gegners aus der Luft – im Laufe der Monate Februar und März 1945 hat er genau die Linien vermessen und genaue Koordinaten

---

1 Zeilen aus dem Gedicht „Geschichte".

Foto aus dem Familienarchiv. 1941

Manchmal erfährt man, dass manche Verwandte, die nach dem Krieg dank der Ehe der eigenen Eltern erst zu Verwandten wurden, auf gegensätzlichen Seiten der Barrikaden standen.

ermittelt ", hieß es in der Anordnung. Opa Iwan arbeitete danach sein ganzes Leben in der Dorfschule in Nowoschmydtiwka im Rajon Nowoodessa, Oblast Mykolajiw.

Niemand weiß, wie es meinem Opa ergangen wäre, wenn die Lebensumstände für meinen Uropa Leonid Semenowytsch Woloschyn anders gewesen wären. Heute muss es nicht mehr verborgen werden, doch damals versuchte Opa Leonid, seine jüdische Nationalität zu verheimlichen, daher bezeichnete er sich nach dem Krieg als „Russe". Es ist nicht genau bekannt, wo er sich abgesehen von der Evakuation zwischen 1939 – 1945 aufhielt. Doch wir wissen genau, dass er in der Nachkriegszeit gegen die „Banderiwzi" gekämpft hat und verletzt wurde. Aber ich konnte feststellen, dass sein Vater, mein Ururopa Semen Hryhorowytsch Woloschyn, 1943 in der Schlacht bei Stalingrad gefallen ist. Sein Sohn, mein Uropa Leonid, hat auf eigene Faust in erbitterter Kälte das Grab seines Vaters ausgehoben. Er hatte Beerdigungen nie gemocht, und erst 2005, im Jahr seines Todes, fanden wir am 9. Mai den wahren Grund dafür heraus.

Ich weiß nicht, welche Heldentat bedeutender ist: Tausenden von Menschen das Leben zu retten oder sich auf diese Weise von einem geliebten Menschen zu verabschieden.

Tatsächlich erzählten meine Verwandten, die auf unterschiedliche Weise vom Krieg betroffen waren, fast nichts über diese Ereignisse und darüber,

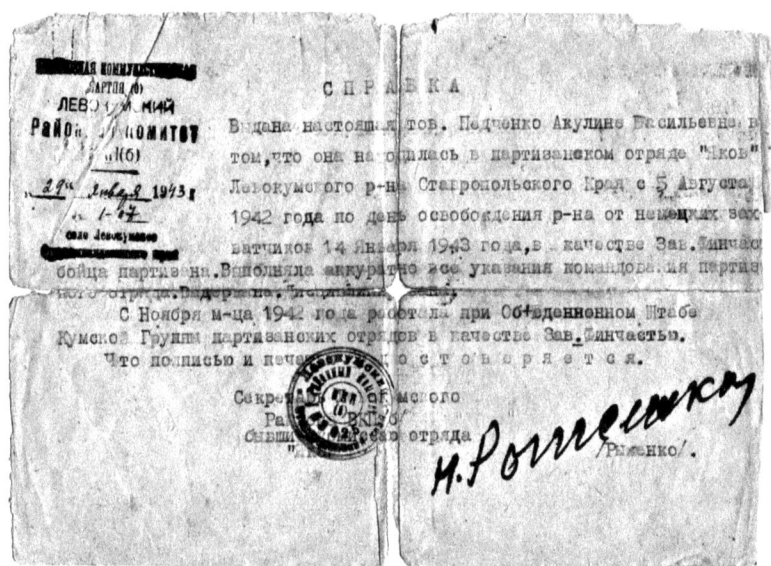

Die Bescheinigung über den Aufenthalt Akulina Wasyliwna Pedtschenkos in der Partisanentruppe „Jakow". 29. Januar 1943

Anordnung Nr. 18/n vom 12. August 1942

Links ist mein Uropa Iwan Tychonowytsch Faraponow. 1985

Was ist bedeutender: Tausende Leben zu retten oder dem eigenen Vater das Grab zu auszuheben?

was wirklich geschah. Die einen hatten Angst, dass ihnen dafür „etwas passiert", die anderen wagten nicht einmal daran zu denken, ihren Kindern zu erlauben, sich dieses schreckliche Leid vorzustellen, und wollten es selbst am liebsten schnellstens vergessen.

Die Wunden am Körper waren verheilt, die im Herzen jedoch …

Bohdan Iwtschenko

Die Geschichte der Feier zum Tag des Sieges in der Sowjetunion (1947 – 1965)

Stimmt es, dass der Staat in der Sowjetunion bis 1965 nicht den Tag des Sieges über den Nationalsozialismus feierte? Die Verwirrung über historische Fakten herrscht nach wie vor sogar in den Publikationen der Historiker. Dies ist eine Untersuchung des Materials der sowjetischen Presse der Nachkriegszeit.

Die meisten durchschnittlichen ukrainischen Bürger, die keine Erfahrung mit dem Leben in der Sowjetunion bis 1965 haben oder die damals noch Vorschulkinder waren, glauben an den in den Massenmedien verbreiteten Mythos, dass der Tag des Sieges auf staatlicher Ebene seit 1965 gefeiert wird.

Die besser informierten Ukrainer wissen, dass der Tag des Sieges in den ersten zwei Jahren nach Kriegsende, also bis 1947, durchaus gefeiert wurde, doch später vom sowjetischen Staat abgesagt wurde.

Die Notwendigkeit dieses Artikels besteht schon lange, denn die Verwirrung über die historischen Fakten wiederholt sich sogar in wissenschaftlichen Kreisen.

Beispielsweise bemerkte eine Mitarbeiterin des Instituts für Geschichte der Nationalen Akademie für Wissenschaften, Jana Prymatschenko, im November 2016 im öffentlichen Bericht „Georgsband vs. Gardeband: die wahre Geschichte der Siegesschleife", das im Rahmen des Projekts „Likbes[1]. Historische Front" vorgestellt wurde, dass der 9. Mai bis 1965 kein Feiertag war.

---

1 Anm. d. Übers.: Likbes steht für „Ausrottung des Analphabetentums".

Doch wir denken, dass dieser Tag bis 1965 mitnichten ein gewöhnlicher Tag war, sondern offensichtliche, unwiderlegbare Elemente der Feierlichkeit hatte. Daher lade ich Sie in diesem Artikel dazu ein, die Geschichte des Tages des Sieges in der Sowjetunion bis 1965 wirklich verstehen zu lernen.

Der 9. Mai als feierlicher Tag des Sieges wurde 1945 offiziell festgeschrieben. Dieser Tag wurde zum arbeitsfreien Feiertag.

Der 9. Mai als feierlicher Tag des Sieges wurde 1945 offiziell festgeschrieben, wodurch er zum arbeitsfreien Feiertag wurde. Gemäß der Anordnung des Präsidiums des Obersten Sowjets der UdSSR vom 23. Dezember 1947 wurde der Tag des Sieges wieder zum Arbeitstag, doch sein Status als feierlicher Tag verschwand nicht. Zum Vergleich: der Tag der Vereinigung der Ukraine, der 22. Januar, ist in der modernen Ukraine ein offizieller Feier- und dennoch gleichzeitig ein Arbeitstag.

Gemäß der Anordnung des Präsidiums des Obersten Sowjets der UdSSR vom 23. Dezember 1947 wurde der Tag des Sieges wieder zum Arbeitstag, doch sein Status als feierlicher Tag verschwand nicht.

Wie genau feierte man den Tag des Sieges von 1948 bis 1964? Erstens gab es in jedem dieser 16 Jahre am 9. Mai in allen Heldenstädten[2] und Hauptstädten der sowjetischen Republiken ein feierliches Artilleriefeuerwerk. Dabei muss man wissen, dass es das an einem gewöhnlichen Tag niemals geben würde.

Zweitens wurden auf den ersten Seiten der zentralen und anderen Zeitungen der Sowjetunion am 9. Mai offizielle Gratulationen zum Tag des Sieges an alle Beteiligten abgedruckt. Wäre dieser Tag nicht feierlich gewesen, dann hätten die Redakteure nicht das Recht gehabt, in den Spalten der Zeitungen Gratulationen abzudrucken.

Drittens wurde jedes Jahr am 9. Mai eine Anordnung des Ministeriums der Streitkräfte zum Tag des Sieges herausgegeben und offiziell veröffentlicht, in der allen, die am Sieg über das nationalsozialistische Deutschland beteiligt waren, gratuliert wurde.

Viertens druckte man in denselben zentralen Zeitungen viele Artikel, die dem Tag des Sieges gewidmet waren. Es lohnt sich, genauer zu analysieren, wie man den Tag in den Jahren gefeiert hat, in

---

2   Anm. d. Übers.: In der Sowjetunion erhielten 12 Städte und die Festung Brest, um die während des Krieges besonders blutige Schlachten stattgefunden hatten, einen Ehrenstatus „Heldenstadt".

denen er ein Arbeitstag war. Im Jahr nach der Absage des Feiertags, am 9. Mai 1948 gab es in Moskau, allen Hauptstädten der sowjetischen Republiken, in den Heldenstädten Leningrad, Stalingrad, Odessa und Sewastopol ein Feuerwerk aus 30 Artilleriesalven.

An diesem Tag, gemäß der Anordnung des Ministers der Streitkräfte, fand auch in Kaliningrad und Lwiw ein Artilleriefeuerwerk statt, obwohl diese Städte weder Hauptstädte sowjetischer Republiken noch Heldenstädte waren.

Warum genossen ausgerechnet diese Städte besondere Privilegien am Tag des Sieges neben den anderen Städten der Sowjetunion?

Man kann annehmen, dass das Feuerwerk in Kaliningrad deshalb stattfand, weil um seine Eroberung besonders erbitterte Kämpfe getobt hatten und die Teilnehmer an diesen Schlachten während der sowjetischen Zeit sogar eine gesonderte Medaille bekamen.

Das Ereignis in Lwiw ist möglicherweise dadurch begründet, dass Lwiw das Zentrum der Leitung des Karpatischen Militärbezirks war und seinerseits Hauptstadt der Westukraine, wo es antisowjetische Strömungen gab und zu der Zeit die Ukrainische Aufständische Armee aktiv war, und das öffentliche Feiern des Tages des Sieges das Ziel hatte, im Bewusstsein der Bewohner nicht nur den Sieg über Nazi-Deutschland, sondern auch den Sieg der sowjetischen Mächte in der Westukraine verwurzeln sollte.

Gemäß der Anordnung des Ministers der Streitkräfte der UdSSR wurde die Rolle Stalins als großer Heerführer festgelegt und auch den für die Freiheit und Unabhängigkeit der Heimat Gefallenen ewige Ehre erwiesen. Die zentralen Radiosender der UdSSR sendeten an diesem Tag ein Wunschkonzert für die Helden der Sowjetunion, danach kam eine Sendung über die Helden des Großen Vaterländischen Krieges, anschließend ein Konzert des Ensembles für Gesang und Tanz der Sowjetischen Armee. Im Zweiten Staatlichen Radiosender wurden Szenen aus dem Theaterstück „Die Sieger" sowie eine Erzählung über den Sturm auf den Reichstag gespielt. An diesem Tag gab es

Offizielle Veranstaltungen zum Tag des Sieges in den Jahren, als das Fest ein Werktag war: in den Heldenstädten und Hauptstädten der sowjetischen Republiken sowie in Kaliningrad und Lwiw gab es ein Artilleriefeuerwerk; auf der ersten Spalte der zentralen Zeitungen der UdSSR wurden offizielle Gratulationen an alle Beteiligten abgedruckt; eine Anordnung des Ministers der Streitkräfte zum Siegestag wurde herausgegeben und offiziell veröffentlicht, in dem allen, die an dem Sieg über Nazi-Deutschland beteiligt waren, gratuliert wurde; auf den Seiten der wichtigsten Zeitungen druckte man Artikel, die dem Feiertag gewidmet waren.

in Kyjiw abgesehen vom Artilleriefeuerwerk auch Massenfeste, die Bewohner besuchten eine Ausstellung, die den Ereignissen des Großen Vaterländischen Krieges gewidmet war, sowie eine Ausstellung eroberter Militärtechnik, anlässlich des Feiertags wurden in vielen Städten Sportwettbewerbe veranstaltet.

1949 wurde die gleiche Anordnung wie 1948 vom Minister der Streitkräfte der UdSSR zum Tag des Sieges veröffentlicht. Im Ersten Radiosender wurden am 9. Mai 1949 Gedichte über den Tag des Sieges gelesen, das musikalisch-literarische Konzert „Heldenstädte" übertragen, später erzählte der Generaloberst Zwetajew vom „Großen Sieg des sowjetischen Volkes", bevor die Aufführung „Die letzten Bastionen" kam, die den Ereignissen der finalen Etappe des Krieges gegen Nazi-Deutschland gewidmet war. Zum Tag des Sieges 1949 wurde auf den sowjetischen Kinoleinwänden der Film „Die Schlacht von Stalingrad" gezeigt, der sich großen Interesses beim Publikum erfreute.

In diesem Jahr gab es anlässlich des Feiertags in Moskau abgesehen vom Feuerwerk und den traditionellen Feiern zahlreiche Sportveranstaltungen, u.a. von Kunstfliegern, Motorradfahrern und Rennfahrern. Viele Moskauer Bürger besuchten an dem Tag das Museum der Sowjetischen Armee, wo sie dem Saal mit der „Siegesflagge", die über dem Reichstag gehisst war, besondere Aufmerksamkeit schenkten.

In Kyjiw begann die Feier anlässlich des Siegestages 1949 bereits am 8. Mai, denn es war ein Sonntag. An diesem Tag wurden in Kyjiw zahlreiche Treffen mit Kriegshelden durchgeführt, Vorträge gehalten, die dem Tag gewidmet waren, viele Städter kamen zur Ausstellung „Die Partisanen der Ukraine im Kampf gegen die deutsch-faschistischen Eindringlinge", viele besuchten das Grab des Generals Watutin, dessen Armee Kyjiw befreit hatte, und das Grab des Oberleutnants Scholudenko, der als Erster in seinem Panzer am 5. November 1943 nach Kyjiw vordrang. In den Stadien fanden zahlreiche sportliche Wettbewerbe zu Ehren des Feiertags statt. Am 9. Mai 1949, auch wenn es ein Werktag war, wurden in den Kyjiwer Unternehmen Versammlungen anlässlich des Festes durchgeführt, bei denen die Veteranen, die dort arbeiteten, auftraten. Die Gemeinschaft zur Verbreitung politischen und wissenschaftlichen Wissens hielt dort Vorträge mit klangvollen Titeln: „J. W. Stalin – großer Heerführer, Organisator der Siege der Sowjetischen Armee" und „Die Kunst der Heerführung des Generalissimus der Sowjetunion J. W. Stalin im Großen Vaterländischen Krieg". In diesem Jahr gab es in Lwiw einen sozialistischen Wettbewerb, bei dem sich besonders ein Arbeiter der Fabrik für Landtechnik „Lwiwsilmasch" hervortat, Oleksandr Krutyj, der am Sturm auf Berlin teilgenommen hatte. Unter anderen Städten und Siedlungen der Sowjetunion glänzten besonders Winnyzja und die gleichnamige Oblast, wo am 9. Mai 1949 eine Leichtathletikparade stattfand, an der 25.000 Menschen teilnahmen. Ähnliche Paraden gab es in der ganzen Oblast.

Das Ministerium der Streitkräfte wurde 1949 auf zwei Ministerien aufgeteilt: das Militär- und das Marineministerium, deswegen gab es auch zwei separate Anordnungen zum Tag des Sieges, obwohl beide sich nicht von den Anordnungen des Ministers der vorherigen Jahre unterschieden. Die Radiosendungen waren am Tag des Sieges 1950 genauso von militärisch-patriotischem Pathos durchtränkt wie die Jahre davor. Interessant war, dass am 9. Mai 1950 neben traditionellen Konzerten und Geschichtsvorträgen auch eine Lesung des Romans „Die Fahnenträger" von Oles Hontschar inszeniert wurde und Ausschnitte aus der Oper von Mejtus über die Untergrundkämpfer in der Stadt Krasnodon, Oblast Luhansk, gesendet wurden.

Am 9. Mai 1951 wurden genau wie im Jahr davor zwei Anordnungen zum Tag des Sieges veröffentlicht: eine vom Militärministerium und eine vom Ministerium für Marine. Während man 1948 bis 1950 darin zum Sieg über das „faschistische Deutschland" gratulierte, änderte sich 1951 jedoch die Terminologie etwas: das Militärministerium sprach vom Sieg über den „deutschen Imperialismus" und das Marineministerium wie früher vom „faschistischen Deutschland".

Wenn man das Programm der Radiosender am 9. Mai 1951 mit den vorherigen Jahren ver-

Am 9. Mai 1950 wurde im Radio eine Inszenierung nach dem Roman „Die Fahnenträger" von Oles Hontschar sowie Ausschnitte aus der Oper „Junge Garde" von Julij Mejtus gesendet.

9. Mai 1956. Erstmals seit 1945 gab es auf den Titelseiten der „Prawda" keine Gratulationen mehr

Am 9. Mai 1951 wurden im Radio Ausschnitte aus Oles Hontschars „Goldenes Prag" gelesen

gleicht, dann fällt auf, dass es weniger Sendungen gab, die dem Tag des Sieges gewidmet waren, doch man sollte auch die für die Ukrainer angenehme Tatsache anmerken, dass auch in diesem Jahr dem ukrainischen Schriftsteller Oles Hontschar Aufmerksamkeit zuteilwurde, indem Ausschnitte aus seinem Roman „Goldenes Prag" gelesen wurden. In Kyjiw begannen die Feierlichkeiten des Siegestages, wie auch im Vorjahr, bereits am 8. Mai.

Der 9. Mai 1952 zeichnete sich dadurch aus, dass im Radio, im Gegensatz zu den vorherigen Jahren, keine Sendung lief, die dem Tag des Sieges gewidmet war, doch das traditionelle Artilleriefeuerwerk, die Vorlesungen, Treffen in den Unternehmen und Bildungsstätten und Museumsausstellungen blieben erhalten.

Der Tag des Sieges 1953 wurde in der UdSSR ohne den „genialen Heerführer" Stalin gefeiert, der am 5. März in dem Jahr gestorben war. Zum ersten Mal fand Stalin in der Anordnung des Verteidigungsministers (1952 trug dieses Amt noch den Titel „Militärminister") vom 9. Mai 1953 keine Erwähnung, das Artilleriefeuerwerk sollte in Moskau, den Hauptstädten der Republiken und Heldenstädten stattfinden, aber Kaliningrad und Lwiw waren nicht mehr aufgeführt.

Nach 1953 erinnert sich niemand mehr an Stalin in den Anordnungen zum Tag des Sieges, auch

Treffen der Partisanen in Moskau am Tag des Sieges, Sydir Kowpak tritt auf. 1957

das Feuerwerk in Kaliningrad und Lwiw wird vergessen. Die traditionellen Vorlesungen und Treffen zum Feiertag werden weiterhin durchgeführt.

In der Anordnung des Verteidigungsministers vom 9. Mai 1954 wird erstmals die Rolle der Alliierten der UdSSR im Sieg über Nazi-Deutschland erwähnt, obwohl in den vorherigen Anordnungen nur vom Sieg der Sowjetunion über den Feind die Rede war. Die Tradition der Reden, Treffen, Ausstellungen und Sportveranstaltungen wurde fortgeführt.

Das erste Jubiläum des Siegestages 1955 wurde in größerem Umfang gefeiert als die vorherigen Feiertage am 9. Mai. In der Veröffentlichung des Verteidigungsministers zum Siegestag wurden die Alliierten der Anti-Hitler-Koalition und ihre Rolle bei der Bekämpfung des Gegners genannt. Am Tag davor, am 8. Mai 1955, fand in Moskau eine feierliche Versammlung zum Jubiläum statt, bei der Partei-, Staats- und Militärspitze der Sowjetunion anwesend war.

Das Präsidium der Versammlung saß auf der Hauptbühne des Staates, im Hintergrund hing ein riesiges Portrait von Stalin und Lenin, obwohl in der Anordnung des Verteidigungsministeriums zum Siegestag, wie in den vorherigen auch, Stalin nicht mehr erwähnt wurde.

Seit 1953 wird Stalin in den Anordnungen zum Siegestag nicht mehr erwähnt. Das Artilleriefeuerwerk in Kaliningrad und Lwiw wird abgesagt.

Als Erster trat auf der Versammlung der Vorsitzende des Ministerrats der UdSSR Nikolai Bulganin auf, der in seiner Rede ebenfalls Stalin nicht erwähnte, sondern nur die Führungsrolle der Kommunistischen Partei im Sieg über den Feind herausstellte.

Die Feierlichkeiten zum Siegestag begannen in Kyjiw ebenfalls am 8. Mai, denn der 9. Mai fiel auf einen Montag. In der ukrainischen Hauptstadt gab es am 8. Mai 1955 viele Sportveranstaltungen anlässlich des Feiertags.

Am 9. Mai 1956 wurde auf der ersten Seite der Zeitung „Prawda" statt einer Gratulation das Projekt des Gesetzes „Über staatliche Renten" abgedruckt.

Der 9. Mai 1956 war dadurch besonders, dass es zum ersten Mal seit 1945 am Tag des Sieges auf den Titelseiten der wichtigsten Zeitung der Sowjetunion „Prawda" [Wahrheit – Anm. d. Übers.] keine Gratulationen gab, stattdessen waren die ersten Spalten der Zeitung dem Gesetzesprojekt „Über staatliche Renten" gewidmet.

Das traditionelle Artilleriefeuerwerk, die Treffen, Vorlesungen zum Siegestag wurden wie früher durchgeführt, aber 1956 und in den Folgejahren wurden statt 30 Artilleriesalven nur noch 20 abgegeben.

Am 9. Mai 1956 wurde in der Anordnung des Verteidigungsministers an den Beitrag der Alliierten der Anti-Hitler Koalition zum Sieg über den Gegner erinnert, 1957 wiederum wurden sie zwar ebenfalls genannt, doch vor dem Hintergrund der damaligen außenpolitischen Situation wurde auch die „aggressive Politik der imperialistischen Staaten" festgehalten.

Die traditionellen Treffen, Lektionen, Artilleriesalven zum Siegestag wurden durchgeführt, wie auch in den Vorjahren, doch die Reporter der „Prawda" legten besonderes Augenmerk auf die ehemaligen Partisanen auf dem Platz beim Bolschoi-Theater in Moskau, wo der berühmte ukrainische Partisan Sydir Kowpak auftrat.

Am 9. Mai 1958, wie auch 1956, wurde die Feier des Siegestages in den Informationsbeiträgen der sowjetischen Presse in den Hintergrund gerückt, und im Vordergrund stand das Plenum des Zentralkomitees der Kommunistischen Partei der Sowjetunion, das den Bericht Nikita Chruschtschows zur Beschleunigung der Entwicklung der Chemieindustrie betrachtete. Dennoch führte man weiterhin traditionell Versammlungen, Reden und Feuerwerke anlässlich des Tages des Sieges durch, wie früher.

Am 9. Mai 1958 wurde in den Informationsberichten der sowjetischen Presse der Feiertag erneut in die 2. Reihe geschoben

1959 wurde der Siegestag erneut im ganzen Land gefeiert, doch er war nicht besonders im Vergleich zu den vorhergehenden Jahren.

Das 15. Jubiläum des Sieges über Deutschland feierte das sowjetische Volk 1960, es gab erneut ein Artilleriefeuerwerk aus 30 Salven statt 20, wie es 1956 bis 1959 gewesen war.

Die ganze Staats- und Parteielite dieser Zeit versammelte sich in Moskau für gemeinsame Feierlichkeiten. In Odessa wurde anlässlich des Feiertags das Denkmal für den Unbekannten Matrosen eröffnet.

Am 9. Mai 1961 salutierte man erneut aus 20 statt 30 Salven wie 1961 – so war es auch in den nachfolgenden Jahren.

Der feierliche Abend, der dem Tag des Sieges gewidmet war, fand im Kolonnensaal des Hauses der Union in Moskau statt. Geleitet wurde er vom Staatschef selbst – N. S. Chruschtschow. In anderen Städten gab es traditionelle Abende und Treffen mit Veteranen.

Der Verteidigungsminister veröffentlichte eine Anordnung zum Tag des Sieges 1962, doch er bemerkte darin, dass in Westdeutschland der Faschismus wiederauferstehe. Die berühmten Kukryniksy[3] veröffentlichten an diesem Tag eine inter-

---

3 Anm. d. Übers.: Eine Gruppe aus drei sowjetischen Illustratoren und Karikaturisten: Michail Kuprijanow, Porfirij Krylow und Nikolai Sokolow. Sie arbeiteten u.a. für große sowjetische Zeitungen und zeichneten Propagandaplakate.

Die Anordnung des Verteidigungsministers zum Tag des Sieges am 9. Mai 1963

essante Karikatur mit ihrer Art Botschaft an die „amerikanischen Aggressoren", dass ihnen das Schicksal Hitlers widerfahren könnte.

Im Kolonnensaal des Hauses der Union fand wieder ein feierlicher Abend zum Siegestag statt, bei dem wieder Chruschtschow auftrat, und wie früher wurden in anderen Städten Veranstaltungen und Treffen zum Feiertag abgehalten.

1963 betraf die Anordnung des Verteidigungsministers Rodion Malinowskis zum Tag des Sieges eher die damals aktuellen Ereignisse als den 18 Jahre zurückliegenden Sieg. Der Marschall legte das Augenmerk nicht auf den Sieg über Nazi-Deutschland, sondern auf die amerikanischen Imperialisten, die Wiedergeburt des Militarismus in Westdeutschland und auf die Vorbereitung der USA auf einen Atomkrieg.

Das Artilleriefeuerwerk in Moskau, den Hauptstädten der Republiken und Heldenstädten fand aus 20 Salven statt und wie immer gab es Treffen mit Veteranen, Ausflüge in Museen usw.

Die in den Vorjahren aufgekommene antiamerikanische Rhetorik blieb in der Anordnung des Verteidigungsministers zum Siegestag am 9. Mai 1964 bestehen, wenn auch nicht so direkt wie 1963.

Der Minister gratulierte den Bürgern zunächst zum Tag des Sieges und stellte dann fest, dass „die Imperialisten versuchen, um jeden Preis den siegreichen Vormarsch des Kommunismus aufzuhalten". Wie auch in den Vorjahren wurde das Feuerwerk aus 20 Artilleriesalven durchgeführt.

Am 9. Mai 1965 wurde der Tag des Sieges, wie vor 1947, wieder zum arbeitsfreien Feiertag und der Umfang der Festlichkeiten wurde größer, doch das ist ein Thema für eine andere Analyse.

Unsere Autoren

Antypowytsch, Taras – Schriftsteller (Poltawa – Kyjiw)
Artemow, Borys – Lehrer, Journalist, Schriftsteller (Saporischschja)
Faraponow, Wladyslaw – Student der Kyjiwer Nationalen Universität für Handel und Wirtschaft (Mykolajiw – Kyjiw)
Iwtschenko, Bohdan – Historiker, Mitarbeiter des historischen Museums (Charkiw)
Jazyschyn, Iryna – Lehrerin (Lwiw)
Kipiani, Vakhtang – Journalist, Chefredakteur der Website „Historische Wahrheit" | „Історична правда" (Tiflis – Kyjiw)
Klimakin, Eugeniusz – Journalist (Berdytschiw – Warschau)
Kolomyjez, Juri (†) – Dichter, Mitglied der New Yorker Gruppe (Kobeljaky – Chicago)
Kostura, Danuta – Journalistin, Aktivistin (Worsel)
Kowal, Eleonora – Doktorin der Biologie, Professorin (Kyjiw)
Kozarew, Oleh – Schriftsteller, Journalist (Charkiw – Kyjiw)
Krapywenko, Dmytro – Journalist, Chefredakteur des Magazins „Ukrainische Woche" | „Український тиждень" (Ýolöten – Kyjiw)
Kultschynskyj, Oles – Turkologe, Übersetzer (Kremjanez – Kyjiw)
Lebid, Anastasia (†) – politische Geflüchtete (Mazejiw – Worochta – Toronto)
Lubkiwskyj, Ihor – Radiophysik-Ingenieur, Psychologe (Terebowlja – Ternopil)
Lypowezkyj, Swjatoslaw – Publizist, Historiker (Ternopil)
Malko, Romko – Journalist, Fotoreporter (Ternopil – Kyjiw)
Matios, Maria – Schriftstellerin, Volksabgeordnete der Ukraine (Rostoky – Kyjiw)
Musaieva, Sevgil – Journalistin, Chefredakteurin der Website „Ukrainische Wahrheit" | „Українська правда" (Juma – Kyjiw)
Parchomenko, Wolodymyr – Lokalhistoriker (Hlynsk – Kyjiw)
Pokaltschuk, Oleh – Militärpsychologe (Luzk – Kyjiw)
Popowytsch, Natalia – Schriftstellerin, Aktivistin (Lwiw – Toronto)
Schamajda, Taras – Journalist, Jurist, Aktivist (Poltawa – Kyjiw)
Schtschupak, Ihor – Lehrer, Direktor des Museums „Erinnerung an das jüdische Volk und den Holocaust in der Ukraine" (Saporischschja – Dnipro)
Semenjuk, Stepan (echter Nachname: Dranyzkyj) – Mitglied der OUN, Soldat der UPA, politischer Gefangener in sowjetischen und polnischen Lagern (Harasdscha – Selena Hura)
Sintschenko, Oleksandr – Journalist, Redakteur der Website „Historische Wahrheit" | „Історична правда" (Charkiw – Kyjiw)
Slawinska, Iryna – Journalistin, Schriftstellerin (Kyjiw)

Slobodjanjuk, Elina – Doktorandin der Geschichtswissenschaften, Fachexpertin in wirtschaftlicher und politischer Kommunikation (Winnyzja – Kyjiw)

Solodko, Pawlo – Journalist, Mitbegründer der Website „Historische Wahrheit" | „Історична правда" (Kyjiw)

Stembkowskyj, Dmytro – Reiseleiter (Kyjiw)

Stezjuk, Valentyn – Oberstleutnant im Ruhestand (Kadijiwka – Lwiw)

Sub, Eduard – Historiker, Lokalhistoriker (Tscherkassy – Kyjiw)

Taran, Ljudmyla – Schriftstellerin (Hrebinky – Kyjiw)

Taran, Serhij – Politologe (Kyjiw)

Uschenko, Wolodymyr – ehemaliger Offizier des KGB der UdSSR (Boryspil)

Ukrainian Voices

Collected by Andreas Umland

1 *Mychailo Wynnyckyj*
Ukraine's Maidan, Russia's War
A Chronicle and Analysis of the Revolution of Dignity
With a foreword by Serhii Plokhy
ISBN 978-3-8382-1327-9

2 *Olexander Hryb*
Understanding Contemporary Ukrainian and Russian Nationalism
The Post-Soviet Cossack Revival and Ukraine's National Security
With a foreword by Vitali Vitaliev
ISBN 978-3-8382-1377-4

3 *Marko Bojcun*
Towards a Political Economy of Ukraine
Selected Essays 1990–2015
With a foreword by John-Paul Himka
ISBN 978-3-8382-1368-2

4 *Volodymyr Yermolenko (ed.)*
Ukraine in Histories and Stories
Essays by Ukrainian Intellectuals
With a preface by Peter Pomerantsev
ISBN 978-3-8382-1456-6

5 *Mykola Riabchuk*
At the Fence of Metternich's Garden
Essays on Europe, Ukraine, and Europeanization
ISBN 978-3-8382-1484-9

6 *Marta Dyczok*
Ukraine Calling
A Kaleidoscope from Hromadske Radio 2016–2019
With a foreword by Andriy Kulykov
ISBN 978-3-8382-1472-6

7 *Olexander Scherba*
   Ukraine vs. Darkness
   Undiplomatic Thoughts
   With a foreword by Adrian Karatnycky
   ISBN 978-3-8382-1501-3

8 *Olesya Yaremchuk*
   Our Others
   Stories of Ukrainian Diversity
   With a foreword by Ostap Slyvynsky
   Translated from the Ukrainian by Zenia Tompkins and Hanna Leliv
   ISBN 978-3-8382-1475-7

9 *Nataliya Gumenyuk*
   Die verlorene Insel
   Geschichten von der besetzten Krim
   Mit einem Vorwort von Alice Bota
   Aus dem Ukrainischen übersetzt von Johann Zajaczkowski
   ISBN 978-3-8382-1499-3

10 *Olena Stiazhkina*
   Zero Point Ukraine
   Four Essays on World War II
   Translated from the Ukrainian by Svitlana Kulinska
   ISBN 978-3-8382-1550-1

11 *Oleksii Sinchenko, Dmytro Stus, Leonid Finberg (compilers)*
   Ukrainian Dissidents
   An Anthology of Texts
   ISBN 978-3-8382-1551-8

12 *John-Paul Himka*
   Ukrainian Nationalists and the Holocaust
   OUN and UPA's Participation in the Destruction of Ukrainian Jewry, 1941–1944
   ISBN 978-3-8382-1548-8

13 *Andrey Demartino*
   False Mirrors
   The Weaponization of Social Media in Russia's Operation to Annex Crimea
   With a foreword by Oleksiy Danilov
   ISBN 978-3-8382-1533-4

14 *Svitlana Biedarieva (ed.)*
    Contemporary Ukrainian and Baltic Art
    Political and Social Perspectives, 1991–2021
    ISBN 978-3-8382-1526-6

15 *Olesya Khromeychuk*
    A Loss
    The Story of a Dead Soldier Told by His Sister
    With a foreword by Andrey Kurkov
    ISBN 978-3-8382-1570-9

16 *Marieluise Beck (Hg.)*
    Ukraine verstehen
    Auf den Spuren von Terror und Gewalt
    Mit einem Vorwort von Dmytro Kuleba
    ISBN 978-3-8382-1653-9

17 *Stanislav Aseyev*
    Heller Weg
    Geschichte eines Konzentrationslagers im Donbass 2017–2019
    Aus dem Ukrainischen und Russischen übersetzt von
    Martina Steis und Charis Haska
    ISBN 978-3-8382-1620-1

18 *Mykola Davydiuk*
    Wie funktioniert Putins Propaganda?
    Anmerkungen zum Informationskrieg des Kremls
    Aus dem Ukrainischen übersetzt von Christian Weise
    ISBN 978-3-8382-1628-7

19 *Olesya Yaremchuk*
    Unsere Anderen
    Geschichten ukrainischer Vielfalt
    Aus dem Ukrainischen übersetzt von Christian Weise
    ISBN 978-3-8382-1635-5

20 *Oleksandr Mykhed*
    „Dein Blut wird die Kohle tränken!"
    Über die Ostukraine
    Aus dem Ukrainischen übersetzt von Simon Muschick
    und Dario Planert
    ISBN 978-3-8382-1648-5

21 *Vakhtang Kipiani (Hg.)*
Der Zweite Weltkrieg in der Ukraine
Geschichte und Lebensgeschichten
Aus dem Ukrainischen übersetzt von Margarita Grinko
ISBN 978-3-8382-1622-5

Heller Weg:
Geschichte eines Konzentrationslagers im Donbass 2017–2019

Stanislav Aseyev

2017 wird der ukrainische Journalist Stanislav Aseyev im okkupierten Donezk verhaftet und wegen „Extremismus" sowie „Spionage" zu 15 Jahren Haft verurteilt – unter anderem, weil er in seinen Reportagen aus dem Kriegsgebiet das Wort „Donezker Volksrepublik" in Anführungszeichen gesetzt hatte. Zweieinhalb Jahre verbringt er in Haft, den Großteil in der so genannten „Isolation", einem Donezker Foltergefängnis mit der Adresse Heller Weg 3. Die dortige ehemalige Fabrik wurde 2014 in ein Konzentrationslager verwandelt und steht seither unter Moskauer Kontrolle. Hinter dem Gefängniszaun gelten keine Gesetze, das Leben ist bestimmt von Demütigung, Angst und Folter. Um in der Hölle des Lagers überleben zu können, schreibt Aseyev, wann immer er kann: auf Pappfetzen und Papierresten. Er lernt Textfragmente auswendig und sagt sie vor sich her. So kann er sie bewahren, obwohl ihm seine Aufzeichnungen später abgenommen werden. Offen, tiefgründig und emotional berichtet der Journalist von Leid, das im heutigen Europa unvorstellbar scheint. Seine Mission ist es zu überleben, um berichten zu können. Ende 2019 kommt Aseyev durch einen Gefangenenaustausch zwischen Russland und der Ukraine frei. Das Buch legt Zeugnis ab über ein heutiges Konzentrationslager, von dem nur wenige wissen, obwohl das UNO-Hochkommissariat für Menschenrechte dortige Folterungen dokumentiert hat. Diese Erzählung handelt davon, wie es gelingen kann, menschlich zu bleiben unter unmenschlichen Bedingungen; von Glauben, Vergebung, Hass – und dem Leben danach.

€ 16,80
206 Seiten, Paperback

ibidem Press

www.ibidem.eu | facebook.com/ibidem.Verlag

***ibidem**.eu*